내일을 위해 행동하는 리더만이 살아남는다.

리더십 그리고 비전

내일을 위해 행동하는 리더만이 살아남는다.

리더십 그리고 비전

강 대 영

한국학술정보(주)

추 천 사

오늘날 교회와 기독교가 처한 상황은 성장이냐 퇴보냐의 기로에 서 있다고 해도 과언이 아니다. 신도 수는 증가하는 듯하지만 진정으로 하나님을 섬기고 하나님의 말씀대로 살아가는 사람들의 수는 점차 감소하고 있다.

이러한 상황에서 가장 중요한 역할을 담당해야 할 사람들 중 하나는 목회자이며 목회자가 어떤 리더십을 발휘하는가의 여하에 따라 기독교가 처한 위기를 극복할 수 있다. 이러한 시전에서 강대영 박사의 "리더십 그리고 비전"은 목회자가 갖추어야 할 자세와 역할을 제시함은 물론 향후 기독교가 나아가야 할 방향을 제시했다는 점에서 커다란 의의를 가지고 있다.

사도 바울은 역경 속에서도 굴하지 않는 꿋꿋한 의지와 하나님에 대한 확고한 비전을 가지고 있으며 영웅적이지 않고 섬기는 자이며 곳곳의 교회에 끊임없이 편지 하는 끈기 있는 선지자의 모습을 가지고 있는바 강대영 박사는 바울의 리더십 특징을 성령에 의지하여 행동하고 사람을 세우고 섬기는 리더로 그리고 지적이고 하나님께서 주신 목적을 인간과 상황에 적용한 리더로 평가하고 있으며 이에 기초하여 목회자가 갖추어야 할 리더십을 기름 부음 받은 리더십, 섬기는 리더십, 목자의 리더십, 청지기의 리더십, 본을 보이는 리더십, 사랑과 관계중심의 리더십으로 제시함으로써 한국 교회의 성장 나아가 기독교의 성장의 발판을 마련했다는 점에서 본 저서를 적극적으로 추천하고자 한다.

전남대학교 경영대학 경영학부

김경수 교수

추 천 사

　　인류의 文明史에는 지도자의 역할이 있었고 스포츠의 감독과 코치가 게임의 승패를 좌우하며 학교 교육에서는 그 교장에 그 학교, 그 先生에 그 제자라는 말이 있어 교육의 질은 교사의 질을 능가할 수 없습니다.

　　교회에서도 그 목사에 그 교회, 그 목사에 그 성도란 말이 나올 수 있습니다. 이처럼 교회 조직의 성장과 조직 구성원의 내적인 질적 성장에는 목회자가 그 중심에 있음을 부인 할 수 없습니다.

　　목회자의 全人格 – 지성, 영성, 덕성, 인성 등 목회자의 知, 情, 意가 목회사역과 교회 성장과 전교인에게 영향을 미치게 됩니다. 따라서 목회자의 leadership이 교회성장에 가장 중요한 요소로 부각되고 있습니다.

- 교회조직체를 인도하고 교인들의 내적성장, 성숙을 발달시킬 수 있는 leadership paradigm은 무엇인가?
- 이 시대의 진정한 leadership paradigm은 무엇인가?
- 또한 성경에서 배워야 할 leadership paradigm은 무엇인가?
- 우리 한국교회에 적용시킬 수 있는 leadership은 어떤 것이 있는가? 에 대한 질문과 의문을 ITSC에서 신학박사 학위 논문을 leadership을 주제로 Biblical study를 한 지성과 영성을 갖춘 젊은 강대영 박사가 그 해답을 제시하고 있습니다.

　　21C의 강하고 창조적인 leadership은 성경 속에서 예수 그리스도의 leadership과 바울의 leadership을 통하여 새로운 leadership paradigm을 찾아야 한다고 봅니다.

　　그런데 예수 그리스도와 바울의 leadership도 servant leadership이

라고 성경을 통해서 제시하고 논증하고 있는 강대영 박사님의 이 책을 통하여 여러분 모두가 새로운 idea와 하나님이 원하시는 leadership 부흥과 성장의 획을 긋는 중요한 계기가 되길 바라면서 강대영 박사님의 땀과 눈물과 정성으로 이루어진 이 연구업적의 저서를 간절한 마음으로 추천하는 바입니다.

대불대학교 교육대학원장

신학박사 / 교육학박사   허창범 교수

추 천 사

여기 골방, 책방, 심방의 균형을 이룬 또 한사람의 후배를 둘 수 있어 매우 뜻 깊은 일이 아닐 수 없습니다. 세상이 고요히 잠든 새벽 일찍 일어나 세미한 신과의 대화를 통해 무릎이 헐도록 기도로 하루를 시작하고, 남들보다 더 연구하고 노력하고 손에서 책을 놓지 않은 책벌레 같은 열정적 삶에 성경책이 헐고, 양들을 최우선으로 여기며 신발이 헐도록 슬픈 일이나 기쁜 일이든지 앞장서서 돌보고 챙기며 윗사람이든 아랫사람이든 섬김과 사랑으로 감싼 어머니 품과 같은 목자를 보게 되어 자랑스럽기 그지없습니다.

"될 성 부른 나무는 떡잎부터 안다."는 말이 있듯이 아주 유능한 젊고 비전 있는 후배를 늘 가까이서 지켜봐 왔지만 역시 대성할거라 여긴 생각이 이제야 보게 된 것 같습니다.

섬김도 열정, 가르침도 열정, 목양도 열정, 연구도 열정인 나의 자랑스러운 강대영 박사에게 찬사의 박수를 마음껏 치고 싶습니다.

나의 성역 40년이 넘도록 많은 즐거움과 기쁜 일이 있었지만 그중의 잊을 수 없는 한 가지를 기억하라고 하면 바로 유능한 인재인 후배 강대영 박사라 말하겠습니다. 무한한 재능을 가지고 있고 미래를 향한 청사진도 제시하여 더 큰 종으로 사용되어질 것이라 여깁니다.

그리고 금번 "리더십 그리고 비전"이란 책을 출판하게 됨을 저로서는 한없는 기쁨이 아닐 수 없습니다. 그동안 갈고 닦아 연구한 것을 정리하여 책으로 낸다는 게 쉬운 일이 아닙니다. 바쁜 일정 속에서도 출판하게 된 이번 책은 많은 분들에게 미래의 비전과 꿈과 도전이 될 것입니다.

후배 강대영 박사에게 부탁이 있다면 처음 시작했던 심정 그대로 변함없이 나아가길 바라는 부탁과 함께 겸손의 미덕을 최우선으로 여기고 선배든 우배든 잘 섬겨서 우리 뇌 속에 오래오래 기억되어지고 하나님께만 영광이 되길 부탁하면서 후배의 "리더십 그리고 비전"이란 책 출판에 적극적으로 추천하는 바입니다.

두암중앙교회/ 증경 총회장

박갑용 목사

추 천 사

젊음을 불태우며 리더자로서의 손색이 없도록 연구하며 몰두해온 강대영 박사가 드디어 빛을 보게 되어 기쁨이 그지없다.

후배 목회자로서 열정을 가지고 연구에 몰두하는 자세가 오늘을 낳지 않았나 생각해 본다.

특별히 리더십은 그냥 주어지는 것이 아니라 피나는 연구와 노력과 자기의 희생과 겸손이 조화를 이루어 질 때 가능하리라 여긴다.

강 박사는 이를 위해 열악한 환경 속에서도 이를 극복하기 위해 고난과 고통을 무릅 쓰고 오늘의 이 저서를 통해 자기의 삶을 엿볼 수 있어 더욱 감회가 새롭다고 해야겠다.

젊음을 바쳤기에 교회가 젊어지고, 설교가 젊어지고, 영적 파워가 젊어지며 신앙과 믿음이 젊어지며 앞으로 한국 교회의 큰 기둥으로서의 리더를 발휘할 대들보로 여길 수 있을 것으로 사료 된다.

본 저서는 리더가 갖추어야 할 기본적인 자세부터 앞으로 리더가 추구해야 할 덕목까지 상세하세 나열하여 누구나 쉽게 접할 수 있어 더욱 값지다고 여겨진다.

본 저서는 배우는 학생들에게만 적용될 자료가 아니라 앞으로 리더가 필수적으로 갖추어야 할 내용이 수록되어 있으며

특별히 21C의 비전을 제시한 크나큰 내용도 수록되어 있어 기대가 한층 부풀어 진다.

아무쪼록 이 저서를 접하는 모든 자들에게 큰 발전과 도전의 정신이 생겨나길 기대하며 강대영 박사의 피나는 노력에 찬사를 보내며 리더십과 목

회 비전의 과업을 이루어야 할 우리의 현실이 아닌가 생각하며 이를 적극 추천하며 깊은 노고에 찬사를 보낸다.

아현제일교회 / 증경 총회장   정영민 목사

머 리 말

"한 송이 국화꽃을 피우기 위해 봄부터 소쩍새는 그렇게 울었나 보다" 어느 시인이 쓴 시의 한 소절처럼 리더가 된다는 것은 그리 쉬운 일만은 아니다. 그러나 사람들은 리더가 되기를 원한다. 왜냐하면 지배를 받는 것보다는 지배하기를 원하는 현상이 더 강하기 때문이다. 오늘의 시대 상황은 진정한 지도자를 필요로 하고 있다. 시대가 지도자를 만들고, 지도자가 시대를 이끌어 가는 상호 관계 속에서 지도자로서 조금도 손색이 없는 리더십을 가진 지도자가 나오길 고대하고 있다.

리더는 하루아침에 이루어지는 것이 아니다. 중요한 것은 하나님께서 그들을 택하셔서 부르셨다는 것이다. 리더십이 어려운 역할임에도 불구하고 우리가 리더가 되려고 하고 또 리더가 되어야 하는 이유는 그 부르심이 하나님께로부터 오는 것이기 때문이다. 리더에게는 하나님의 리더십 소명(leadership calling)이 분명해야 한다.

그럼에도 불구하고 오늘의 현실을 냉철하게 보면 가장 크고 심각한 문제가 수면위로 떠오르고 있는데 그것은 참다운 리더십(leadership)부재이다. 그래서 필자는 리더십이 소수의 전유물이 아니라 모든 사람들에게 좋은 영향으로 미치는 행위로서 그리스도인이 개발해야 할 리더십, 특히 목회자들에게 있어서 지도자 개발의 발전을 위하여, 목회자 비전에 초점을 두고 있다.

물론 리더십에 관한 책들이 너무 많아 홍수시대를 방불케 할 정도의 풍부한 자료가 많은 것이 사실이다. 당연히 문명 시대에서 누릴 해택인지도 모르겠다. 그러나 필자는 피부에 와 닿는 현실적이고 생동감 넘치는 목회 현장에서 꼭 필요로 한 리더 자가 갖추어야 할 알곡만을 정리해 놓아 매우 흥미롭고 매력적인 리더십에 관한 자료와 비전임을 밝혀 둔다.

필자가 미국 International Theological Seminary of California에서 신학박사(Th. D)학위 논문으로 연구한 내용을 정리 및 보충한 것으로 본인의 연구와 경험에서 나온 것이어서 목회자와 지도자가 되기를 준비하는 모든 분들이나 학생들에게 큰 도움이 되는 자료가 될 것으로 사료되는 바이다. 특히 시대에 발맞추어 주5일 근무로 인한 급격한 사회변화에 대처할 목회자의 비전도 수록하고 있어 책상에 꼭 한권쯤 두어야 할 필독서가 될 것이다.

끝으로 "리더십 그리고 비전"이란 얼굴로 다시 빛을 보게 되어 감격 그 자체이며 크신 주님의 은혜에 감사할 뿐이다. 그리고 물심양면으로 도움을 주신 월송교회 당회 및 성도들과 캘리포니아국제신학대학교 총장 프랭크리 스트레인저(FRANK E STRANGES)

씨, 부러운 내색을 하시면서도 자상하시고 꼼꼼하게 일처리를 해주신 나건용 박사, 원고정리를 위해 구슬땀을 흘리며 밤잠을 설치며 수고를 아끼지 않은 제자교회 위두환 목사, 선배라며 후배를 군기 잡듯 사랑의 매를 들었어도 표지 서체를 손수 써주시던 노회장 김은수 목사, 그동안 스터디(Study)그룹을 통해 꾸준히 공부하며 연구해온 설교연구회, 말씀연구회 회원들, 비용 절감을 위해 동분서주하시며 형님노릇을 톡톡히 하신 벌말교회 강대석 목사, 하루도 빠짐없이 심오한 기도로 밀어준 이금숙 아내와 아빠노릇을 제대로 못했으나 잘 자라준 은총, 요긴, 호은, 주빈 아이들과, 출판을 기꺼이 맡아준 한국학술정보(주) 사장님 등 모든 분들께 고개 숙여 감사드린다.

매미소리를 들으며 서재에서
저자 강대영

목 차

제1장 리더십의 필요성

제1절 리더십의 원인과 목적

시대는 급변하게 변화되어가고 있다. 세계는 정치, 경제, 문화, 종교 등 모든 분야에서 새로운 패러다임을 요구하고 있다.

한국은 60년대 이후 개발과 고도성장을 거치면서 급속한 사회변동이 있었다. 아직 합리적 사고와 민주적 질서가 잡히기도 전에 고도성장을 하면서, 사회가 급속히 자본주의 화하였고, 사람들은 물량주의, 물신주의, 절차와 과정을 무시한 승리주의와 성장주의에 물들어 버렸다.

21세기를 맞이한 한국사회, 이상과 현실, 진보와 보수, 아날로그세대와 디지털세대가 패러다임의 전환을 둘러싸고 갈등하고 있는 현실도 보게 된다.

사회가 이러한 시대적 변화로 인해 혼란에 직면하게 될 때 기독교는 시대의 가치변화를 주도해 나가는 리더십을 발휘해야 한다. 가치관의 혼란이 일어날 때 기독교는 오히려 오직 말씀으로 돌아가야 한다. 예수의 삶과 인격과 말씀으로 돌아가야 한다. 그분의 리더십으로 돌아가야 한다. 세계를 향한 복음전파의 열망으로 탁월한 리더십을 펼쳤던 바울에게 주의를 기울여야 한다.

최근 들어 일반 사회에서 뿐만 아니라 교회에서도 지도자 혹은 리더십에 대한 관심이 고조되고 있다. 교회조직을 이끌고, 구성원들로 하여금 내적인 성장과 성숙으로 이끌어 교회의 목표, 하나님의 목표를 이루어 가기 위해서는 우선 목회자 리더십이 필수적이다. 교회 성장을 위해서는 목회자가 리더십의 은사가 있어서 성도들을 믿음의 사람으로 만들고 하나님이 원하시는 방향으로 끌고 나가야 한다. 전 세계적으로 성장하는 교회는 예외 없이 강력하면서도 섬기는 목회자가 탁월한 리더십을 발휘하는 특징이 있다. 아울러 이러한 목회자 리더십을 보좌하는 평신도 리더십도 갖춰져 있다. 평신도 리더십은 사역을 위한 리더십이다. 평신도에 대한 관심은 최근 들어 교회사역은 목회자만의 전유물이 아니라는 점과 교회성장은 평신도의 적극적인 참여 없이 불가능하다는 평신도 신학적인 차원에서도 바람직한 일이다.1)

그러나 한국 사회는 오랜 세월동안 유교문화에 이끌려 왔기 때문에 합리적 리더십보다는 수직의 하이어라키(hierarchy)에 의한 권위주의적 리더십, 강압적 리더십이 주류를 이루었다. 사회는 자기 파괴적인 갈등을 겪었고, 인권이 늘 무시되었으며, 건강한 시민사회의 이념이 성숙하게 자리 잡지 못했다. 교회도 마찬가지다. 교회는 유교적 질서, 권위주의 문화로 인해 경직되었고, 내분과 교파분열을 거듭했으며, 민주주의적인 절차와 방법을 무시했고, 자본주의적인 사고와 방법을 추구한 나머지 사회로부터 많은 비판을 받아 왔다.

수많은 젊은이들, 특별히 70~80년대를 지나온 젊은이들은 교회의 이러한 권위주의와 명령과 복종의 시스템을 거부한다. 합리주의, 평등주의 위에서 있는 리더십, 새 시대를 이끌어 갈만한 통찰력을 가진 리더십, 섬김의 리더십, 신뢰받고 존경받는 리더십이 절대적으로 필요하다.

특히 많은 문제를 내포하고 있는 한국 교회의 양적 성장을 질적인 성숙과 함께 조화시켜 하나님의 나라를 건설하기 위해서는 제자양육, 더 나아가

---

1) 명성훈. 성경속의 리더십마스터키. 국민일보사. 2000. p.15

서 지도자 개발이 반드시 필요하다. 그래서 참된 리더십이 무엇인지, 우리
는 성경으로부터 어떠한 리더십을 배워야 하는지, 우리가 몸담고 있는 교회
현장에 어떤 비전을 가지고, 어떻게 적용해 나갈 수 있을 지 그 필요성을
말할 수 있어야 한다.

제2절 리더십의 필요성

앞에서 사회의 위기는 곧 리더십의 위기임을 언급하였다. 교회의 위기 또
한 리더십의 위기라 말할 수 있나.

교회지도자가 당면한 리더십의 위기는 무엇인가? 급변하는 사회의 시대
적 흐름에 대처하지 못하는 목회자의 무감각, 교인들에 대한 무관심, 무열
정, 무소신은 위기의 징조들이다. 뿐만 아니라, 외부로부터의 세속주의, 물
질주의, 그리고 개인주의에서 비롯된 권위에 대한 사회적 거부현상, 대중전
달 매체의 발달과 보급에 따른 지도자의 부정적 이미지 부각, 목회 지도자
보다 학식이 뛰어난 평신도의 출현, 평신도를 참 제자와 지도자로 양육하지
못한 목양의 부족은 교회리더십을 위협하고 있다.

위와 같은 리더십의 위기는 지도자들에게 또 다른 기회를 제공한다. 위기
는 곧 기회다. 리더십을 공부해야 하는 또 다른 이유는 다음과 같다.

첫째, 교회 안에 인적자원은 많으나 지도자가 부족하기 때문이다. 지도자
로서 교회를 이해하고, 성도들을 돌보고, 하나님의 뜻을 완성할 수 있는 준
비된 사람이 적다. 있어도 효율적이지 않다. 오늘날 우리가 직면한 어려운
문제들은 결국 사람의 문제가 아닌가? 교회를 다시 일으켜 세우고 세상을
변화시키는 하나님의 군대가 되기 위해 리더십을 배우고 훈련해야 한다.

둘째, 리더십과 교회성장은 밀접하게 관련되어 있다. 지도자의 성장과 발

전이 없이는 교회의 부흥과 발전도 없다. 목회자의 리더십, 평신도 리더십, 교사 리더십, 모두가 교회성장을 위해 중요하다.

셋째, 교회는 주님의 몸이요, 살아있는 유기체다. 그러나 동시에 사람들로 구성된 조직체다. 조직에는 조직을 움직여 가는 가치와 원리, 방법, 리더십이 있다. 이러한 조직체적 특성 때문에 리더십을 배우고 훈련해야 한다. 토마스 피터즈와 로버트 워터맨은 지도력의 중요성을 다음과 같이 말한다. "거의 모든 탁월한 조직체의 공통점은, 맨 먼저 한 조직체를 우수하게 만들 수 있는 많은 것을 지닌 한 사람(또는 두 사람)의 강력한 지도자이었다."[2]

교회의 지도자는 교회가 당면한 많은 위기들을 극복할 수 있는 지식과 훈련을 쌓아야 한다.

지도자는 주님의 성품을 가진 하나님의 사람이어야 한다.

지도자는 무엇이 문제이고, 문제를 어디서 어떻게 풀어야 할지는 아는 사람이어야 한다.

지도자는 비전과 함께 목표를 세우고, 그 목표를 달성할 전략을 세우고, 사람들을 동원하고, 동기부여 하여 그 목표를 달성하는 방법과 능력을 쌓아야 한다.

주님을 사랑하는 자는 주님을 따르는 제자가 될 뿐만 아니라 다른 사람으로 하여금 주님을 따르도록 도와주는 지도자가 되어야 한다. 그런 점에서 앞으로는 "제자훈련"(discipleship)만 강조해서는 안 된다. "지도자훈련"(leadership)으로 발전시켜야 한다. 제자훈련이 주님과의 영적 관계를 강조하는 것에 치우쳐 있다면 지도자훈련은 다른 지체들과 함께 사역하는 인간관계에도 큰 관심을 가지기 때문이다. 개인의 영적 성장을 위해서는 제자훈련이 필요하고 전체의 교회 성장을 위해서는 지도자 훈련이 필수적이다. 주님이 진정 우리의 주재권자가 되시려면 제자훈련의 도와 리더십의 도가 합해져야 한다.

---

2) Thomas Peters and Robert Waterman, In Search of Excellence (N.Y.: Warner, 1982), p.26.

제2장 리더십 개관

제1절 리더십에 대한 바른 이해

1. 리더십을 다루면서 주의해야 할 점들

인간은 살아가면서 누구나 발자국을 남긴다. 그 발자국 속에는 영원히 사라지지 않는 하나님의 숨결이 들어있다. 오늘 우리는 다음 세대에 어떤 발자국을 남길 것인지, 하나님께서 거인들의 발자국을 통해서 우리들에게 보여주시고자 하는 리더십의 원리가 무엇인지 하나씩 짚어갔으면 한다.

우선, 리더십을 정의할 때 '무엇을 해야 하는가' 하는 것보다 '무엇을 하지 말아야 하는가'를 살펴보는 것이 필요하다. 가장 하지 말아야 할 것은 성급하게 일반화 성향의 결론을 내리는 것이다. 리더십에 관한 세미나나 책자들을 읽어보면 위인전을 공부하는 식으로 진행을 한다. 예를 들면 '조지 워싱턴은 이러이러한 장점이 있으니 그대로 하자'는 식이다. 물론 이러한 방법도 유익은 있겠으나 위험부담이 크다.

첫 번째 이유는 시대가 다르다는 것이다. 계속 변화되는 기업세계에서 이러한 시대의 변화를 읽지 못하고 과거의 경향만을 좇다가 처참하게 무너지는 사례들을 우리는 많이 볼 수 있다. 아무리 조지 워싱턴이 탁월해도 그가 살았던 농경사회는 정보화시대를 살고 있는 우리의 사회와는 너무도 다르다.

두 번째는 장소와 문화가 다르다는 것이다. 리더십에 관한 탁월한 책이 나와도 각 나라마다, 문화마다 리더십에 대한 정의가 다르기 때문에 일괄적으로 접근하는 것은 위험하다. 대표적인 예를 들어보면 독일에서는 초점이 리더에게 있는 것이 아니라 전문가에게 맞춰져 있다. 아무리 사회적 지위가 높아도 전문적인 지식이 없으면 무시를 당한다. 물론 높은 지위까지 올라갈 수도 없다. 일본은 노동자에게 맞춰져 있다. 그들은 동료에게 받는 영향력이 많다. 프랑스 같은 경우는 귀족적 개념의 리더십이 강하다. 네덜란드는 서유럽 최초의 민주주의 국가인 만큼 언론의 표현이나 개성의 표현방법이 미국보다 훨씬 강하다.

세 번째로 살펴볼 것은 분야가 다르다는 것이다. 가령 '아브라함 링컨이 훌륭하니 우리도 그와 같이 살아야 한다.'라고 말하는 것은 잘못된 것이다. 그 사람은 정치인이다. 그는 흑인노예를 해방시키기도 했지만 동시에 서부를 개척할 때 인디언 학살을 승인하기도 했다. 이러한 정치 리더십의 개념을 교육계에 도입할 수 없다. 한 분야에서 탁월하다고 해서 다른 분야에서도 탁월하다고 말할 수 없다.

2. 리더십의 3요소

우리는 너무나 선장에게만 집중해 있다. 따르는 사람들도 잘 해주어야 한다. 또한 어떤 상황이 있어야 한다. 리더와 따르는 사람들, 그리고 상황이 조화가 되어야 한다.

엘리트와 리더와의 차이는 이것이다. 엘리트는 A를 택하기 위해 B를 버리는 사람인 반면 리더는 A와 B를 조화시키는 사람이다. 신학적으로 철저하면 은혜가 없다고 한다. 은혜를 추구하면 신학이 안 된다고 한다. 그러나 탁월한 리더들을 보면 은혜와 신학을 다 잡고 있다. 그분들의 설교는 재미도 있고 깊이도 있다. 이것이 균형의 힘이다. 역사를 통해 배울 수 있는 것은 역시 '균형의 힘'이다. 역사는 극에서 극으로 흐른다. 교회는 하나라도 포기하면 안 된다. 조화를 시켜야 한다. '우리교회는 해외선교를 하니까 국내선교는 포기한다'라고 해서는 안 된다. 초대교회를 보면 국내선교와 해외선교의 차이가 없다.

리더에게 있어 가장 기본적인 것은 영성이다. 그런데 이 '영성'을 정의하라고 하면 사람마다 다른 이야기를 한다. 성경은 영성을 다음과 같이 정의한다. "마음을 다하고, 성품을 하리고, 힘을 디헤 주 너의 하나님을 사랑하라."(Love the Lord Your God will all your heart, mind, and strength.) 이곳에 영성의 3요소가 있다. 'mind'는 지성이란 뜻이다.

영성은 곧 거룩한 지성(Sanctified Intelligence)이다. 세상 모든 학문에 대해 크고 예리하게 성경적인 시각으로 분석하고 고민하는 능력이 리더에게 필요하다. 지성이 기름부음을 받지 않은 것이 문제지 지성 자체가 문제는 아니다. 리더에게 있어서 예리한 지성이 꼭 필요하다. 학벌이 문제가 아니라 여러분의 지성이 기름부음 받기를 바란다.

두 번째는 감성지수이다. 하버드대학교의 대니얼 콜만이 약 7년 전에 EQ(Emotional Quotient)라는 저서를 썼다. 감성지수의 구성요소는 자기를 절제할 수 있는 힘, 자기보다 못한 상대를 품어주는 동정심, 일에 대한 무서운 열정, 사랑, 인내, 부지런함, 양보, 정직성, 창조력 등이다. 이러한 것들이 한데 모여 감성지수를 만든다고 했다. EQ중에서 가장 중요한 것은 사랑지수이다. 예수님께서 당시 리더들을 질책하셨는데 그 이유가 율법은 있으나 사랑은 없고, 정죄는 있으나 은혜가 없기 때문이다. 에스겔서 36 장 26절에도 보니까 마음이 따뜻해야 함을 알 수 있다. 리더십의 열쇠는 마음이 따뜻해야 한다는 것이다.

제3의 요소가 있다. 역경지수(AQ; Adversity Quotient)이다. 폴 G. 스토 츠라는 학자는 인생에서 장애물을 만났을 때의 사람들을 다음과 같이 분류 한다. 즉 장애물을 만나면 도망을 가는 사람(Quitter)이 있고, 기다리는 사람(Camper)이 있으며, 그 장애물을 뛰어 넘는 사람(Climber)이 있다 는 것이다. 역경을 이겨 내는 힘, 이것이 바로 성경에 나와 있는 힘이다. 지성과 감성, 역경을 이겨내는 힘을 가진 리더가 되길 바란다.

3. 리더십 스타일

프리즘을 통해 보면 빛은 여러 가지로 나눈다. 하나님이 만드신 리더십의 스 타일도 여러 가지 면이 있는데 우리는 많은 경우 강하게 이끌어 나가는 것만 리더십이라고 생각한다. 그러나 리더십의 스타일에는 여러 가지 종류가 있다.

첫 번째로 창조적, 비전 제시적, 개척자 스타일이 있다. 암울한 시대에 의 연히 일어서서 새로운 길을 제시하는 리더십이다. 그 사람만 보면 뭐든지 할 수 있을 것 같고 가슴에 불이 일어난다. 꿈만 꾸면 공상가일 뿐이다. 그 것을 현실화 시킬 사람이 필요한데 그 사람을 '전략가'라고 한다. 인간은 유 한하다. 따라서 비전을 이루기 위해 우선순위를 정하고 제한된 자원을 배치 한다. 이것이 전략이다. 비전이 아무리 아름다워도 그것을 정확하게 실천할 수 있는 전략이 필요하다.

두 번째 스타일은 구조 및 방향 재조정자이다. 아무리 잘 나가는 회사나 조직이라도 정체되기 마련이다. 그랬을 때 시대의 흐름을 따라서 새로운 방향을 제시해주는 리더십이 있어야 한다.

세 번째는 경영, 행정가 스타일이 있다. 조직이 새로운 아이디어를 갖고 방향을 바꿔갈 때 전체를 점검하는 경영, 행정가의 리더십이 필요하다. 이것은 상당한 치밀성과 성실성을 요구한다. 이와 동시에 목양 리더십이 필요하다. 행정가 리더십을 가진 사람은 일을 이루되 사람을 다치게 하는 경우가 있다. 그래서 상처 입은 사람을 보살피는 목양 리더십을 가진 사람이 함께 있어야 한다. 이런 리더십은 잘 드러나지 않지만 반드시 필요하다.

마지막으로 위기대처형 리더십이 있다. 잘 나가던 단체나 교회, 조직도 엄청난 어려움에 처할 때가 있다. 평상시에는 질 이끌던 사람도 위기가 닥치면 어쩔 줄 몰라 한다. 주로 경험이 없는 리더들이 위기 앞에서 무너져 버릴 때가 많다. 그러나 위기 앞에서 냉정하게 대처하는 리더가 있어야 한다.

이 여섯 가지 스타일을 보면서 필자는 여러분들에게 세 가지 권면을 드리고 싶다. 먼저 '나의 리더십 스타일은 뭘까?'를 주관적으로 파악하고 객관적으로 검증을 받아야 한다. 두 번째는 여러분이 하고 있는 일이 여러분의 리더십 스타일과 어느 정도 일치하는지를 판단하십시오. 또한 자신에게 없는 리더십 스타일을 가진 사람들을 만나게 해달라고 기도하십시오. 팀원들이 필요하다.

4. 좋은 리더십의 4대 요소

좋은 리더십이 되기 위해서는 4가지 요소가 있다. 먼저 균형 감각이 필요하다. 지성과 감성과 역경지수를 잘 조화시키면 비전 메이커가 될 수 있는 토양이 마련되어야 한다. 높은 자리에 오르는 것이 문제가 아니다. 높은 자리에 올라 무엇을 하느냐가 문제이다.

　인간에게는 육체적 계기판과 영적 계기판과 감정적 계기판이 있는데 이 모든 것이 균형 잡혀야 한다. 목사님들이 시험이 들었을 때, 지쳐있을 때를 보면 이중에 하나가 병들어 있다. 육체도 하나님이 주신 것이다. 관리를 잘 해야 한다. 동시에 영적인 관리를 잘 해야 한다. 여러분이 교인들에게 줄 수 있는 가장 좋은 선물은 육체적으로, 영적으로, 감정적으로 건강한 여러분이 되길 바란다. 두 번째로 인격과 신뢰성을 살펴보아야 한다. 리더십에 있어서 인격과 신뢰성이 얼마나 중요한지 모른다. 갈라디아서 5장에 나오는 성령의 9가지 열매가 왜 인격에 대해 이야기 하는 줄 아시는가? 설교를 잘 하는 것은 은사지 성령의 열매가 아니다. 하나님의 일을 하는 것보다 더 중요한 것은 하나님의 사람이 되는 것이다.

　스티븐 코비(Steven Covey)라는 미국 경영학 전문가가 인간의 위대성에 대해 말했다. "인간의 위대성에는 두 가지가 있다. 하나는 본질적인 위대성(Primary Greatness)이 있고 부수적 위대성(Secondary Greatness)이다. 부수적 위대성은 그 사람의 학벌, 지위, 재산, 외모 등이다. 많은 사람들이 리더를 뽑을 때 부수적 위대성을 보고 결정한다." 그는 수십 년간 성장을 계속하는 기업들의 경영자를 보면 본질적인 위대성 즉 인격의 투명함, 정직, 성실, 자기 절제, 동정심, 이해심 등 위에 부수적 위대성을 갖고 있었다고 말한다. 제임스 멕그리거(James MacGregor Burns)는 다음과 같이 말한다. "리더십에는 두 가지 종류가 있다. 상호 교환적 관계의 리더십(Transactional Leadership)이 있고 상호 변화적 관계의 리더십(Transformational Leadership)이 있다." 상호 교환적 관계의 리더십은 '왜 이 회사 종업원은 사장을 따르느냐?'에 관한 것이다. 사장을 존경하지는 않지만 월급을 주기 때문에 리더를 따른다는 것이다. 이해타산 때문이다. 그래서 사장도 종업원을 데리고 있다. 이것이 세상적인 리더십이고 어떤 면에서는 교회의 리더십이기도 하다.

상호 변화적 관계의 리더십은 이해타산적인 관계를 초월하여 서로가 변해 가는 관계를 말한다. 종업원은 월급이 적고 일하는 환경이 나쁘더라도 이 리더를 따라가면서 비전이 자기의 커지고 인격이 성숙해져가고 성취감을 느낀다. 이것이야 말로 예수 그리스도께서 보여주신 리더십의 원형이다. 상호 변화적 관계의 리더십은 본질적 위대성을 키워주는 리더십이다. 반대로 상호 교환적 관계의 리더십은 부수적 위대성을 키워주는 리더십이다. 여러분의 리더십은 어떤가? 얼마나 많은 교회들이 아직까지도 상호교환적관계의 리더십에 머물러 있을까? 이것이 우리가 풀어나가야 할 숙제이다.

리더십에서 제일 중요한 것은 인격이다. 이 인격을 여러 가지로 구분해서 볼 수 있는데 첫 번째로 배움에 대한 겸손과 열정이다. 리더는 열심히 배워야 한다. 히브리말로 '가르친다.'는 동시는 '배운다.'라는 동사와 같다. 가장 뛰어난 랍비는 가장 뛰어난 학생이다. 배우기를 포기한 선생은 선생이 되기를 포기한 사람이다. 인격의 파트너는 정직, 투명함이다. 팔복 중 '마음이 청결한 사람은 하나님의 나라를 볼 것'이라 했다. 비전은 정직한 사람이 본다. 잘 하는 것이 아니다. 잘 하지는 못해도 정직해야 한다. 리더는 용감해야 한다. 리더만 용감하다는 뜻이 아니다. 다 겁쟁이지만 리더는 5분 더 참는 자이다. 리더는 긍정적이어야 한다. 자기를 축복하라. 아무리 뭐가 안 되어도 자기를 축복하라. 그러면 그렇게 된다. 불가능한 상황 속에서도 자기를 축복하라. 두려워하지 마라. 만유의 주님께서 여러분 가운데 서 계시기 때문이다. 그리고 성실이다. 구약성경에서 하나님을 표현하는 단어로 가장 많이 나오는 것은 '헤세드'라는 단어이다. 이 말은 '하나님의 사랑하심과 인자하심이 변하지 '않는다.' 는 뜻이다. 리더십의 핵심은 성실이다. 여러분을 향한 주님의 사랑의 핵심은 성실이다. 주님은 여러분이 잘 될 때나 잘못될 때나 변함없이 사랑한다.

이 모든 것이 인격이다. 이것이 있을 때 능력이 있다. 인격과 함께 능력이 있어야 한다. 먼저 성령의 기름 부으심을 받은 지적능력이 있어야 한다. 이것은 학벌을 말하는 것이 아니다. 정보를 분석하고 활용할 수 있는 능력이다. 많이 아는 것이 문제가 아니라 그것을 활용하는 것이 문제이다. 리더는 집중력이 있어야 한다. 많은 경우 팔방미인들은 엘리트일는지는 몰라도 좋은 리더는 아니다. 우리는 모두를 다 잘할 수는 없다. 리더십들은 가장 잘 할 수 있는 것을 집중시켜 주고 다듬어주는 사람이다. 집중할 수 있는 리더가 되기를 바란다.

제2절 리더십의 정의

리더십은 무엇인가? 오래 전부터 많은 학자들에 의해 그 정의가 시도되었으나 아직까지 보편적인 정의에 도달하지는 못하였다. 리더십은 리더, 추종자 그리고 상황을 포함하는 복잡한 상호작용 현상이라는 점에서 리더십 연구자들 사이에 연구자들 수만큼이나 다양한 견해와 정의가 있다. 또한 리더십이 다양하게 정의되는 이유는 리더십 현상을 바라보는 초점이 다른 데서 기인한다.

어떤 리더십 정의는 리더십을 집단과정에 초점을 두고 파악한다. 이러한 시각에서 보면 리더가 집단 변화와 집단 활동의 중심에 위치하게 되고 집단의 의지를 통합하는 지위에 서게 된다.

또 다른 정의들은 리더의 특성에 초점을 맞추어, 리더십이란 다른 사람들로 하여금 과업을 성취하도록 행동을 촉발시키는 데 필요한 리더의 특성이라고 말한다.

또 다른 시각은 리더의 행동에 초점을 맞추어 리더십을 집단 내 변화를 도모하기 위해 리더가 취하는 행동이라 정의하고 있다.

한편 리더십을 리더와 추종자간의 권력관계에 초점을 맞추어 정의하기도 한다. 이 같은 관점에서 보면 리더는 권력을 가지고 추종자의 행동 변화에 영향을 끼치는 사람이다.

또 다른 리더십 정의들은 리더십을 목표달성의 수단으로 보고 리더는 집단성원들을 도와 그들의 목표와 욕구를 성취하고 충족시키는 사람이라고 한다. 이러한 리더십 개념은 비전 설정, 개별적 배려, 추종자의 자극, 추종자의 자발적 참여, 상호작용의 질 등을 통해 추종자들을 변화시키는 리더십 개념을 포괄한다.

이러한 리더십에 대한 다양한 관점과 정의의 내용을 보면 추종자들에 대한 영향력, 상호작용과정, 역할관계, 특정지위에 부여된 권한, 합법적인 영향력에 대한 추종자의 지각 등을 내용으로 하고 있다.

리너와 추종자들은 상호작용을 필요로 하는 공유된 목직 중심으로 조직화되어 있다. 리더십이란 리더가 그에게 주어진 권한을 통해 구성원들에게 조직목표달성을 위한 영향력을 행사하는 과정이다. 리더십은 영향력이다.[3] 이 과정에서 구성원들의 수용을 필요로 한다.

리더십은 관리와 다르다. 관리가 기능적이라면 리더십은 보다 더 근본적이고 포괄적인 개념이다. 리더십은 사물에 대한 관계가 아니라 구성원의 인격과 관계한다.

"리더십이 필요한 이유는 하나님의 뜻을 받고, 그 뜻을 이루기 위한 능력을 동원하기 위함인 것이다. 어떤 상황에서든지 리더십이 모든 것이다."[4]

사회학적으로 리더십은 집단 활동을 선도하고 집단을 통합, 유지해 가는 과정이다. 또한 직접적이고 강제적인 위협에 의하지 않고 설득과 호소를 통해 집단의 공동 목표를 성취해 나가는 과정이다. 리더십은 가장 적은 시간에 가장 적은 노력으로 최대의 효과를 낳아 집단의 공동 목표를 이루어 가

---

3) John C. Maxwell, Developing The Leader Within You, 강준민 역, 당신 안에 잠재된 리더십을 키우라 (두란노, 1998), p.16.
4) 명성훈, 성경 속의 리더십 마스터 키 (국민일보, 2002), p.19.

는 능력을 말한다. 그룹의 구성원들이 활동에 자발적으로 참여하여 목표를 달성하도록 유도하는, 구성원 상호간의 연대성을 확고히 해주는 기능을 말한다.

리더십을 정치학적으로 정의하면, 리더십이란 남의 복종을 유발시키는 행동이다. 리더십은 지도, 지도 관계, 지도 능력, 지도자 역할 등을 의미한다. 또한 집단이 바라는 한 목표를 향해 협동하도록 구성원에게 영향을 주는 행동이다. 리더십은 권력의 구체적 개념이라 할 수 있는 영향력을 최대로 발휘할 수 있는 개인의 자질이나 능력, 품성 등을 지칭한다.5)

리더십이란 바르고 옳다고 믿는 어떤 목적이나 방향으로 이끌어 주는 힘이다. 리더십은 사람들로 하여금 자신의 능력, 적성, 기술 등을 발견하도록 도와줌으로써 그가 자신의 잠재력을 완전하게 사용하고 환경에 훌륭하게 적응하면서 맡은 바 일을 효과적으로 행하도록 한다.

세상의 리더십이 한 지도자, 한 조직의 사적인 야망, 목적을 성취하는 것이 목표라고 한다면 기독교 리더십은 주님의 목적, 교회의 목적, 하나님 나라의 목적을 성취하는 리더십이다. 교회를 통해 하나님의 뜻을 이 땅에서 이루어 하나님께 영광을 돌리는 것이다.

크리스천 리더십이란 한마디로 말한다면 "하나님이 주신 능력(God-given capacity)으로 일하는 자" 그리고 "하나님이 주신 책임(God-given responsibility)을 이루는 일"이다. 즉, 그리스도의 몸의 지체들에 허락하신 하나님의 특별한 능력으로서, 미래를 위한 하나님의 섭리를 따라 목표를 설정하고, 이 목표를 다른 사람들에게 전달하여, 자발적으로 함께 그 목표를 성취하도록 함으로 말미암아 하나님께 영광을 돌리도록 하는 것이다.

그리고 크리스천의 지도자는 무엇보다도 하나님 중심적이다. 그 중심적 윤리가 하나님의 목적을 이루도록 영향을 미치게 하는 데에 있다. 하나님의 사람으로서 하나님의 뜻과 주권에 자발적으로 순복하는 자이다. 지도자 자

---

5) 황위섭, 크리스천 리더십 (크리스천서적, 2004), p.17.

신이나 그가 인도하는 그룹의 유익보다 그 그룹, 혹은 공동체에 향하신 하나님의 목적을 이루도록 지도하는 것이 지도자의 사명이다.

제3절 리더십 이론의 변천과 기능

1. 리더십 이론의 변천

리더십의 이론은 시대적 조류와 무관하지 않게 변천해 왔다. 리더십의 이론직 집근의 주창자는 플라톤이라 힐 수 있는데 그에 따르면 리더십이란 지도하는 기능을 갖는다고 하였다. 이런 전제 하에 전통적인 리더십에 관한 연구는 세 가지 특성을 가지고 주장되어져 왔다.

먼저 특질이론으로 지도자는 구성원과는 구별되는 신체적, 지적, 그리고 성격적 특성이 있다는 것이다. 지도자란 언제, 어느 곳에서도 일관성 있는 불변의 특성을 가지고 있다는 것으로 다분히 리더십을 선천적인 자질로 생각했다.

두 번째 전통적 이론의 흐름은 지위론이다. 즉 조직체 안에서의 높은 권위 있는 지위가 지도력을 보장해 준다. 지도력은 사람보다는 그가 차지하고 있는 위치에 달려있다.

세 번째 흐름은 지도자에 대한 유형론적인 연구이다. 즉 1930년 40년대에 레빈 리피드 그리고 화이트가 실험한 결과를 토대로 한 전제형, 민주형, 방임형의 세 리더십 유형이다.

이상과 같은 전통적인 흐름은 지도자에게 집중되어 있고, 지도자와 구성원의 관계라든지, 상황에 따른 리더십의 변화에 대한 연구는 미흡했다. 오늘날의 관심은 그룹의 역동성에 맞춘 연구가 활발하다.

지도자 중심을 벗어난 리더십의 연구는 먼저 휘들러의 상황 이론이다. 이 이론의 전제는 각기 다른 상황은 리더십에 있어서 다른 접근이 요구된다는 것이다. 어떤 상황이든 가장 효과적인 리더십을 발휘할 수 있으려면 다음과 같은 세 가지의 요소가 필수적이다. 즉 , 지도자 지위에 원래 부여된 힘, 수행해야 될 과제의 구조와 본질, 그리고 지도자와 구성원 간의 인간관계이다. 이 이론은 지도자에게 편중되었던 시각을 넓혀 주었다는 공헌은 있지만, 단순하고 문자적인 접근의 한계성을 보였다.

그 후 fellower 중심의 리더십 이론이 제기되었다. 이 이론은 지도자와 fellower가 상호관계하고 있는 중에 나타나는 관계의 질에 관심을 갖는다. 여기서는 지도자의 행위와 동기에 대한 구성원들의 이해와 공감이 이 중요한 역할을 하게 된다. 리더십은 한 상황 안에서 공동의 목표를 성취하기 위해 서로 의존하는 영향력 있는 사람들의 관계로 표현된다.

다음의 출현한 이론은 기능이론으로 리더십의 가치는 그룹의 목적과 목표 달성에 기여하는데 에 있다. 이 이론의 특징은 그룹의 목적과 목표에 기여한 사람이 지도자라 할 수 있다. 따라서 지도자의 기능은 구성원들로 하여금 다양하게 조화된 행동을 통해 그룹의 기능을 완성하는 것이다. 따라서 이 이론에서의 리더십이란 지도자로 인정된 사람과 부과되어진 목표 또는 회원 전원에 의해 선정된 목표를 달성하기 위해 리더가 함께 일하는 사람들과의 관계라고 할 수 있다.

끝으로 지도력 욕구 이론은 리더십을 그룹의 목표에다 초점을 맞추고, 그 목표를 수행하도록 기능과 역할을 그룹에게 주려는 욕구에서 생겨난다고 보았다. 따라서 지도자는 그룹의 욕구를 가장 잘 파악하고 있으므로 그룹이 중요하게 여기는 역할을 잘 수행할 수 있다고 하겠다. 여기의 욕구는 지배, 복종, 그리고 지도자의 기술, 자질, 바램 등이다.

이러한 리더십의 개념들은 조직화된 집단에서 점차 어떻게 유기적인 관계를 유지할 것인가에 관심을 기울이는 것을 볼 수 있다. 리더십의 이론의 초창기에는 단지 리더십이 지도하는 개념으로 지도자에게 편중되어 있었지만 시대적인 조류가 점차 민주적인 체제를 갖추어 나감에 따라 구성원과의 협력이란 차원에서 리더십이 조정되고 발전하였음을 볼 수 있다.6)

2. 리더십의 기능

지도자란 어떤 사회나 국가 또는 공동체의 중심인물, 가장 큰 영향력을 미치는 사람을 말한다. 지도자란 따르는 사람들에게 길을 보여주어 그 길을 가도록 안내하는 사람이다. 그래서 지도자라는 말 말고도 선도자, 선두에 선 사람, 지휘자, 통솔자라고 부르기도 한다.

기독교 지도자란 하나님께서 주신 능력을 가지고 하나님의 목적을 위해 그룹에 영향력을 미치도록 책임이 주어진 사람이다.

지도자란 하나님께서 주신 역량과 하나님께서 주신 의무를 다함으로써 구성원들로 하여금 그 집단을 향한 하나님의 의도를 이루도록 영향력을 행사하는 사람이다. 곧 지도자란 영향을 끼치는 사람이다. 자신의 주위에 있는 사람들에게 조직적으로 그리고 의도적으로 좋은 영향을 끼침으로 말미암아 보다 나은 삶을 살 수 있도록 해주는 사람이 지도자인 것이다.

"지도자는 자신의 추종자들과 더불어 공유하는 세 가지 가치행위자로서의 역할을 특별히 자각해야 한다. 전달자(carrier)로서의 역할과 교육자(educator)로서의 역할, 그리고 심판자(judge)로서의 역할이 그것이다. 전달자로서의 지도자는 자신과 조직의 가치들을 유포하고 선전하는 사람이다. 교육자로서의 지도자는 조직영역과 특별히 연관된 가치들을 가르치고 배우는 사람이다. 심판자

---

6) 임은화. 소그룹 리더십. 장로회신학대학교.

로서의 지도자는 비판자이며 의사결정자이다. 그는 가치분쟁들을 해결하며, 분쟁에 가치를 끌어들이고, 또 분쟁으로부터 가치를 이끌어내는 행정가이다."[7]

그리스도인 지도자란 하나님의 영광을 위해 사람들에게 영향을 주고받으며, 미래에 대한 방향과 목표를 구성원들에게 제시해 주는 가운데 하나님 나라를 이루어나가는 예수님의 동역자라고 말할 수 있다.

지도자는 예상된 성과를 얻기 위해 다음과 같은 몇 가지 원칙을 가지고 리더십을 수행해 나가야 한다.

첫째, 목표를 설정해야 한다. 무엇을 이룩하려고 하는지와 언제 이룩할 것인지를 결정해야 하는 것이다.

둘째, 필요한 행동의 계획을 세워야 한다. 이것은 목표를 이룩하기 위해서 해야 할 몇 가지의 중요한 행동을 결단해야 한다는 것이다. 목표는 일반적인 목표, 특수한 목표, 장기·중기·단기 목표가 있다.

셋째, 계획을 세워야 한다. 해야 될 중요한 일을 전부 목록으로 작성해 보면 때로는 급한 일이더라도 중요한 일이 아니라는 것을 발견하게 될 것이다.

넷째, 시간 계획표를 준비해야 한다. 계획대로 밀고 나가는 습관은 원만한 리더십의 소유자로 만들 수 있을 것이다.

다섯째, 조절 시기를 설정한다. 언제, 어디서, 목표에 견주어 얼마만큼 진행되고 있는지를 살펴보아서 통제해야 한다. 이렇게 해 나갈 때 수준기표가 정확하게 되고 필요한 곳에 적응할 수 있다.

여섯째, 책임과 의무를 명확하게 해야 한다. 즉, 계획된 책임, 권위, 관계를 모두 명확히 하고 서로 조절되고 조정되고 있는지를 주의해 보아야 한다.

일곱째, 대화의 문을 열어 놓아야 한다. 같은 위치에 있는 자들이나 아래 위치에 있는 자들, 혹은 보조자들, 그 외 관계있는 여러 사람들이 충분히 알고 있도록 해야 한다.

여덟째, 협동심을 키워야 한다. 성공적인 완수는 주로 함께 일하는 사람

---

7) Christopher Hodgkinson, The Philosophy of Leadership, 안성호역, 리더십철학 (대영문화사, 1992), pp.280-281.

들에게 달려 있다. 달성해야 할 목표를 명확하게 해야 한다.

아홉째, 문제를 해결하고 목적을 달성한다. 모임의 생각은 개인의 생각보다 몇 배의 힘이 있고 각 구성원들의 능력을 합력해 준다. 행동 계획을 결정하여 실천에 옮기고 목적에 충분히 비추어서 개선해야 할 점이 무엇인지를 검토해야 한다.

열째로, 믿기 어려운 곳에 믿음을 보여 주어야 한다. 목적을 성공적으로 이루도록 도와주는 모든 사람들을 충분히 인정하고 믿는다는 것을 시인하며 또 보여 주어야 한다. 왜냐하면 인정의 법칙은 행동과 반응의 법칙만큼 필연적인 것이기 때문이다.[8]

제4절 리더십의 원칙

1. 리더십의 6가지 원칙

오늘날 세상에서 가장 절실하게 필요한 것 중 하나는 훌륭한 지도자이다.

우리 사회에는 세 가지 분야, 즉 사업체, 비영리단체, 정부를 이끌어갈 지도자가 상당히 부족하다.

성경은 말한다. "나라는 …… 명철과 지식 있는 사람으로 말미암아 장구하게 되느니라."(잠언 28장 2절)

이 시대는 지도자를 필요로 하고 있다.

저는 수년에 걸쳐 여러 프로젝트를 수행하면서 탁월한 지도자들의 모습을 지켜보며 그들에게서 리더십의 중요한 법칙들을 발견할 수 있었다. 여기 그 여섯 가지의 법칙이 있다.

---

8) 황위섭, Op.cit., pp.26-27

1) 누군가 리더십을 발휘하지 않으면 일이 되지 않는다.

모든 일은 리더십으로 흥하기도 하고 망하기도 한다.

케네디가 "오는 십 년이 지나가기 전에 달에 사람을 보내라"고 말할 때까지 나사(NASA)는 우주계획이 없었다. 레이 크룩이 경영하기 전에는 맥도날드는 하나의 식당에 불과 했다.

어떤 사업에서건 대부분의 문제는 지도력 부족에서 기인된다.

지도자는 비전을 준다. 비전이 없으면 인류는 망할 것이다.

2) 리더십은 영향력이다.

좋은 의미로든 나쁜 의미로든 여러분이 다른 사람에게 영향을 준다면 리더십을 행사하고 있는 것이다.

학교 운동장에서나 십대들의 모임에서 혹은 회사의 위원회에서 지도자를 찾아내기는 쉽다. 다른 사람에게 영향력을 행사하는 사람을 찾으십시오.

가끔씩은 공식적으로 선출된 지도자가 아닐 수도 있다.

직함이 지도자를 만들지는 않기 때문이다.

3) 리더십은 추종자의 존재유무에 의해 판단 받는다.

여러분이 지도자인지 아닌지 알기를 원한다면 뒤를 한번 돌아보십시오.

옛 속담에 "길을 인도한다고 생각하나 추종하는 사람이 없으면 그저 혼자서 길을 가는 것과 같다"라는 말이 있다.

사람들에게 자신이 지도자라고 설명해야 할 때는 이미 지도자가 아니다.

상관이 되는 것과 지도자가 되는 것은 별개의 이야기이다.

4) 리더십의 기초는 성품이지 카리스마가 아니다.

지도자들은 각기 다른 모습과 인간성과 기질을 가지고 있다. 그러나 위대한 지도자의 공통점은 성품이다. 이미지나 평판은 다른 사람이 보는 당신인 반면 성품은 당신 자신이다. 신뢰를 주지 못한다면 다른 사람을 인도할 수 없다.

5) 리더십은 배울 수 있다.

그러나 리더십은 이미 지도자가 되었던 사람들에게서만 배울 수 있다.
지도자는 다른 지도자를 기를 수 있다. 여러분이 지도력을 연마하고 싶으면 여러분이 닮기를 원하는 사람에게 가까이 가십시오.

6) 배우기를 멈추는 순간 지도력을 잃을 것이다.

모든 지도자들은 배우는 사람이다. 그들은 자신이 한 일을 개선하기 위해 주위를 게을리 하지 않는다.
"무딘 철 연장 날을 갈지 아니하면 힘이 더 드느니라 오직 지혜는 성공하기에 유익하니라."(전도서 10장 10절) 성장이 멈추면 죽은 것과 같다.

2. 리더십 생각

보스는 사람들을 몰고 간다. 지도자는 그들을 이끌고 간다.
보스는 권위에 의존한다. 지도자는 선의에 의존한다.
보스는 '나'라고 말한다. 지도자는 '우리'라고 말한다.
보스는 '가라'고 명령한다. 지도자는 '가자'고 권한다.
보스는 등 뒤에서 일한다. 지도자는 공개적으로 일한다.

보스는 남을 믿지 않는다. 지도자는 남을 믿는다.

보스는 복종을 요구한다. 지도자는 존경을 모은다.

보스는 뒤에서 호령한다. 지도자는 앞에서 이끈다.

보스는 권력을 즐긴다. 지도자는 권위마저도 즐기지 않는다.

나는 어떤 사람입니까?

여러분은 리더가 되고 싶으십니까? 아니면 보스로 남기를 원하십니까?

제5절 당신은 어떤 리더십의 지도자인가!

자신은 지도자 '재목'이 아니라고 말하는 사람이 있다. 그런 사람들은 앞에 나가 서 말하는 것도 겁이 나고 많은 사람들을 설득하고 이끌어갈 자신도 없다고 한다. 충분히 이해가 된다. 그러나 우리는 어쩔 수 없이 지도자의 위치에 서게 된다. 우리가 원하든 원하지 않던 직장에서도 지위가 높아지면 지도자가 되어야 하며 가정을 이루고 자식을 갖게 되면 어쩔 수 없이 지도자의 위치에 서게 된다. 그러므로 지도자가 될 것을 포기해 서는 안 된다. 그러나 여전히 자신이 지도력이 없다고 느껴질 때는 어떻게 할 것인가? 지도자는 태어나는 것이 아니라 만들어진다. 그러나 그렇다고 해 서 훈련과 개발로 독특한 리더십을 만들어낼 수 있는 것은 아니다.

사람의 기질은 태어날 때부터 타고 나듯이 지도자의 기질도 타고나는 부분이 있다. 지도자는 태어나는 것이 아니지만 지도식의 스타일은 타고난다는 말이다. 예를 들어 바울과 바나바는 둘 다 위대한 교회의 지도자이지만 기질은 아주 달랐다 요한 마가의 일로 갈등이 생겼을 때 이 두 사람의 기질이 드러났는데(행15: 37-38) 그러한 기질은 바울과 바나바의 리더십 스타일에도 영향을 주었을 것이다.

구약의 왕들을 보아도 차이가 있다. 그 당시 왕들은 절대적인 권력을 가지고 있었기 때문에 대부분의 왕들이 강한 지배력을 보였지만 여호사밧 같은 왕은 비교적 민주적인 기질을 보여주었다.[9]. 이렇듯 사람의 기질과 관련 있는 리더십의 스타일은 선천적인 것으로 그 스타일은 지도력을 발휘할 때 나타난다. 흔히 지도자를 정형화시켜서 자신에게는 리더십이 없다고 말하는 사람이 있는데 엄밀히 말한다면 리더십이 있다 없다고 단정하기 보다는 어떤 종류의 리더십이 있는가를 찾아야 할 것이다.

일반적으로 다음의 다섯 가지로 나눌 수 있다.

1. 압도하는 힘을 가진 카리스마형

선천적으로 다른 사람을 압도하는 어떤 힘을 가진 사람이다. 언변이 뛰어난 경우도 있지만 그렇지 않더라도 사람들을 자신의 원하는 방향으로 몰고가는 힘이 있다. 역사에 나타난 독재자들은 대부분 이에 속한다. 충이 먹어죽었던 헤롯 왕이 좋은 예가 된다.[10]. 그렇다고 부정적인 것만은 아니다. 대 교회나 커다란 기업을 이끄는 데는 이런 형의 리더십이 유리하다. 지도자에게는 일일이 설명하지 않고도 복종을 요구할 경우가 있는데 카리스마적인 지도자에게는 그런 것이 가능 하다 그렇기 때문에 항상 하나님 앞에서 자신을 돌아보아야 하며 사람들과 인격적인 관계를 유지하도록 해야 한다.

2. 모든 면에서 탁월한 지휘자형

둘째는 지휘자형이다. 오케스트라의 지휘자처럼 모든 영역에서 탁월한 지식과 능력이 있어서 사람들을 효과적으로 이끌 수 있다 매사에 막히는 것이

---

9) 대하17-20.
10) 행12:21~23

없으므로 자신감이 있고 사람들을 압도할 수 있으며 목표를 총체적으로 보고 이끌 수가 있다. 오늘날 직장에서는 이런 형의 리더십이 가장 인정을 받는 것 같다. 그러나 이런 형의 지도자들 밑에서 따르는 사람들은 아무래도 주눅이 들거나 수동적으로 되기가 쉽고 창의력을 잃어버리게 된다. 이런 지도자들은 따르는 사람들의 입장을 이해하고 그들이 자라고 세워지도록 때로는 지도력을 유보하는 지혜와 여유를 가져야 할 것이다.

3. 솔선수범으로 함께하는 코치형

이런 스타일의 지도자는 자신이 솔선수범하며 사람들과 함께 호흡하면서 사람들을 이끌어 간다. 축구나 야구의 코치들처럼 따르는 사람들과 함께 생활하기 때문에 그들의 상황도 이해하지만 그렇기 때문에 강하게 요구 할 수 있다. 현장에서는 이런 형의 지도자들이 효과적일 것이다. 이런 형의 지도자는 장기적인 목표를 세우거나 사람들을 그 목표로 이끌고 가는 데는 부적합하다. 그러므로 항상 처음 시작할 때 가졌던 비전을 잃지 않도록 자기훈련을 해야 한다.

4. 뒤에서 밀어주는 상담가형

상담가형의 지도자는 앞에서 이끌어가기 보다는 따르는 사람들을 개인적으로 보살피면서 뒤에서 미는 식으로 이끌어간다. 사람들을 무리로 보기보다는 인격적으로 대해주기 때문에 소그룹을 인도하는데 적합하다. 그러나 개개인에 대한 관심이 크므로 커다란 프로젝트를 이루는 데는 부적합하다 이런 형의 지도자는 개인에 대한 관심 때문에 전체의 방향이나 전체가 추구하는 목표를 놓치지 않도록 해야 한다.

5. 민주적인 위임형

이런 형의 지도자는 따르는 사람들에게 자신의 권위를 많이 위임해서 그들을 통해서 전체를 이끌어간다 이들 밑에 있는 유능한 사람들은 자연스럽게 자신의 능력을 발휘할 수 있으며 결과 적으로 지도자와 팀워크를 이루게된다. 가장 민주적인 지도자라고 할 수 있으며 앞으로 이런 형의 지도자가점점 요구될 것이다. 그러나 지도자와 따르는 사람들 사이에 신뢰가 형성되지 못하거나 지도자가 책임감을 잃게 될 경우 조직이 크게 흔들릴 수 있다.

이상과 같은 지도력의 유형을 보면 각 사람이 어떤 유형에 속할지 자신은 어느 유형에 속할지 어느 정도 짐작할 수 있다. 물론 대부분의 사람들이 어느 한유형에만 속하지 않고 두세 가지 유형이 혼합되어 있기 때문에 어느 한 유형으로규정하기는 힘들 수 있다. 그렇지만 주변에 있는 사람들을 대상으로 맞는 유형을찾다 보면 그 사람들을 이해하는데 도움이 될 것이다. 이렇게 다른 사람이나 자기의 지도력의 유형을 이해하게 되면 지도자를 따르는데 나 지도력을 발휘하는데다양성을 갖게 된다. 그러나 이 때 유형이 틀이 되어서 약점을 고치고 자신을 더욱 개발하는데 방해가 되어서는 안 된다. 사람은 타고난 기질을 완전히 바꿀 수는 없지만 기질을 얼마든지 긍정적인 방향으로 개발할 수는 있기 때문이다.[11]

---

11) 일하는 제자들 9509

제3장 성경적 리더십 고찰

제1절 구약의 리더십 유형

1. 왕으로서의 리더십

이스라엘이 가나안에 정착하여 유목생활을 끝내고 농경생활을 시작하면서 그들은 자기들을 다스릴 새로운 지도자를 뽑게 되었는데 이들이 사사이다. 그 후 블레셋과의 싸움에서 패배한 이스라엘은 보다 더 강력한 리더십을 필요로 하였다. 나라가 조직화되고 확장되며, 외세의 위협 아래 있는 상황에서는 왕권의 도입이 필연적이었다.

히브리인들의 왕의 개념은 본래 하나님과 백성의 중재자요, 하나님의 대리자였다. 왕은 백성 위에 군림하거나 압제하는 존재가 아니라 백성에게 해방과 자유를 주고 연약한 자를 돕는 왕이다. 왕적 임무를 수행할 때, 그것은 항상 하나님과의 관계 속에서 의미가 나타나고 있다.

왕은 항상 하나님과 교제하는 신앙적, 영적 관계에 있어야 한다. 왕들의 왕은 하나님이시다. 그는 백성을 위한, 백성을 향한 존재로서 가치가 있을 뿐이다. 여기서 왕의 리더십은 종의 리더십으로 연결된다.

2. 종으로서의 리더십

종 또한 하나님과의 관계 속에서 불려지는 이름이다. 사람의 종이 아니라 하나님의 종이다. 종은 하나님께서 특별한 관심을 가지고 선택하셨고, 또 그에게 개인적으로 일을 맡기셨다는 것을 의미한다.[12] 우리가 '종의 노래'라고 부르는 이사야 42장 1절-4절, 49장 1절-6절, 50장 4절-9절, 52장 13절, 53장 12절을 통해 하나님이 보내시는 종의 의미와 목적을 잘 알 수 있다.

특히 이사야 50장 4절에서 9절까지는 종의 태도에 관해 묘사하고 있다. "주 하나님께서 학자의 혀를 내게 주사 나로 곤핍한 자를 말로 어떻게 도와줄 줄을 알게 하시고 아침마다 깨우치시되 나의 귀를 깨우치사 학자같이 알아듣게 하시 도다. 주 여호와께서 나의 귀를 열으셨으므로 내가 거역하지 아니하며 뒤로 물러가지도 아니하며 나를 때리는 자들에게 나의 뺨을 맡기며 수욕과 침 뱉음을 피하려고 내 얼굴을 가리우지 아니하였느니라. 주 여호와께서 나를 도우시므로 내가 부끄러워 아니하고 내 얼굴을 부싯돌같이 굳게 하였은즉 내가 수치를 당치 아니할 줄 아노라. 나를 의롭다 하시는 이가 가까이 계시니 나와 다툴 자가 누구뇨. 나와 함께 설지어다. 나의 대적이 누구뇨. 내게 가까이 나아올지어다. 주 여호와께서 나를 도우시리니 나를 정죄할 자 누구뇨. 그들은 다 옷과 같이 헤어지며 좀에게 먹히리라."

여기서 보면 하나님의 뜻을 깨달은 종은 하나님께 거역하거나 뒤로 물러서지 않고 온갖 수욕을 참는다. 그러나 하나님은 개인적으로 그 종을 의롭다 하신다.

여호와는 그의 종을 민족들에게 공의를 가져오기 위하여 여호와의 영을 부여받은 선택된 자로 소개한다. 하나님께서 선택하신 종은 하나님의 대리자요, 하나님의 리더십을 대행하는 사람인데 그 종은 철저히 하나님의 방법을 사용한다.

하나님의 방법은 위에서 살펴 본대로 온갖 수욕을 참고 견디는 것이다.

---

12) 사44:1-2

이 종의 리더십은 하나의 모형인데 그 모형은 예수 그리스도에게 연결된다. 예수 그리스도께서는 이사야 53장에 나타난 "고난의 종"의 모습을 그대로 나타내셨고, 하나님은 이 고난의 종의 모습을 교회의 지도자상으로 제시하신 것이다.

이 예수 그리스도의 종 된 모습은 사도들에게 전승된다.

사도 바울은 로마 교인들에게 스스로 예수 그리스도의 종임을 밝힌다. "예수 그리스도의 종 바울은 사도로 부르심을 받아 하나님의 복음을 위하여 택정함을 입었으니."[13]

앞에서 살펴 본대로 성경에 계시된 하나님의 종의 길은 매력 있는 삶의 길이 아니다. 치러야 할 대가가 크다. 그러나 종으로 부름 받고 일하는 것은 영광스럽고 특별한 일이다.

출애굽기에서 지적하는 바와 같이 그 종은 억지로 끌려간 종이 아니요, 힐 수 없이 고된 노역을 하는 종이 아니요, 그 짐을 빗어버리기를 소원하는 종이 아니다.

"종이 진정으로 말하기를 내가 상전과 내 처자를 사랑하니 나가서 자유하지 않겠노라 하면 상전이 그를 문이나 문설주 앞으로 데리고 가서 그것에다가 송곳으로 그 귀를 뚫을 것이라. 그가 영영히 상전을 섬기리라."[14]

교회 지도자들, 그들은 하나님의 종이지만, 특별한 종이요, 자원하여 그 영광스런 짐을 짊어진 종이다.

3. 제사장과 예언자적 리더십

1) 제사장적 리더십과 예언자적 리더십의 비교

교회지도자의 모델을 이야기할 때 개신교에서는 제사장보다 예언자를 선

---

13) 롬1:1
14) 출21:5-6

호하게 된다. 율법 보다는 복음을 우위에 두며 제사의식 보다는 예언서의
말씀을 강조하는 종교개혁의 전통 속에서는 제사장에 관한 것은 오히려 비
판의 대상이 되어 왔다. 왜냐하면 예언자는 하나님의 부르심을 받아 하나님
의 말씀을 전하는 사명을 감당하는 지도자이지만 제사장은 그 직분을 세습
적으로 이어받기 때문이라는 것이다. 예언자는 영적인 능력을 인정받아 예
언자로 나타나지만 제사장은 제도적이며 관습적인 힘에 의지해서 지도자가
되기 때문이라는 것이다.

그러나 이스라엘의 평신도들과 가장 많이 대면하고 삶의 문제와 신앙에 대
해 상담하며 이스라엘 신앙 공동체를 대중적으로 줄기차게 이끌어 온 지도자
는 예언자라기보다 제사장이었음을 우리는 분명히 보아야 한다. 헤이스(John
H. Hayes)는 제사장의 역할이 중요했음을 다음과 같이 주장하고 있다;

　……고대 이스라엘에서는 예언자들이 아닌 제사장들이 영혼들을 보살피는
　책임자들이었으며, 제사장신학이 삶의 여러 면에서 그리고 삶의 여러 위기 상
　황에서 삶 전체를 대처해 나갈 수 있는 의미체계를 고안해 내었다.

우리는 여기서 예언자적 리더십과 제사장적 리더십을 비교하여 제사장적
리더십의 상대적 장점과 특수한 면을 찾아내어서 21세기를 위한 새로운 목
회자 리더십의 모델을 창출해 보고자 한다.

(1) 권위의 인정 유무

분명히 예언자는 이스라엘의 종교적 흐름을 크게 혁신시킨 지도자들이었
지만 제사장의 역할을 과소평가하는 것은 분명히 문제가 있다. 그러면 과연
세습적이며 제도적인 힘에 의해서 종교 지도자가 된다는 것이 지도력의 약
화현상을 초래하게 될까? 이스라엘 제사장들과 예언자들을 비교해 보면, 제
사장들은 자신의 권위와 자격에 대해 별로 주장하지 않는 반면 예언자들은
자신의 권위와 자격에 대해 강하게 주장하고 있다. 예언서 마다 있는 소위

'소명설화'라는 것이 바로 예언자의 권위에 대한 주장이다. 왜 예언자들은 자기주장을 하고 자기 방어를 해야만 하는가? 그 이유는 제도적인 권위가 뒷받침되지 않는 지도자인 예언자들의 경우 스스로 권위를 만들어 나가야만 하기 때문이다. 따라서 많은 예언자들이 저마다 권위를 주장하고 있기 때문에 누가 거짓예언자인지 누가 참예언자인지 구별하기가 쉽지 않다. 예레미야의 경우 평생 이러한 논란에 휩싸여 있음을 볼 수 있다. 한편 제사장의 경우 그 권위는 세습적이며 제도적인 힘에 의해 주어지기 때문에 스스로 자신을 방어할 필요가 없다. 제사장의 권위 있는 지도력은 제사장으로 임명받는 복잡한 의식에서부터 이미 대내외적으로 알려지게 된다. 이 지도력은 백성들 사이에 이미 인정된 것이기에 안정적으로 그 영향을 미칠 수 있다. 분명 종교권을 장악하고 지도력을 발휘하는 지도자는 제사장이었다. 그러나 제사장이 그 권위와 지도력을 잘못 사용했을 때는 비난의 표적이 되기도 하였다.

21세기는 기존의 권위가 계속 파괴될 것이지만 자체 개혁을 통해 살아남는 권위도 있다. 새로운 시대에 걸맞은 모습이 될 때 그 권위는 살아남을 뿐 만 아니라 새로운 권위를 창출할 수 있을 것이다. 과학이 발달할수록 인간은 영적갈증을 느끼면서 종교의 필요성을 절감하게 되지만 종교를 선택하거나 종교단체를 선택하는 안목도 높아질 것이다. 역사적으로 검증되고 사회에 긍정적으로 기여하는 종교단체는 권위가 더욱 높아지겠지만 역사적으로 검증되지 않거나 사회에 기여하지 못하는 종교단체는 몰락의 길을 걸을 것이다. 목회자의 제사장적 권위와 지도력은 계속 공격을 받고 도전을 받겠지만 그 본연의 핵심적인 임무를 수행할 수 있도록 자체적으로 부단히 개혁할 수만 있다면 분명 새롭고도 강력한 지도력을 행사할 수 있을 것이다.

목회자가 기존의 제사장적 권위를 활용하면서 그 지도력을 높여나가기 위해서는 개인이나 개교회 차원의 노력도 중요하지만 보다 더 큰 효과를 얻기 위해서는 노회와 총회 차원의 노력이 필요하며, 더 나아가서 교단 연합 차원에서의 노력이 절실히 요청된다. 노회도 총회도 교단연합활동도 이제는 획기적인 개혁을 통해 살아남기 위한 전략을 구상해야 하고 더 나아가서 더 큰 신뢰를 받을 수 있는 방안도 마련해야 한다.

(2) 생활과 행동양식의 차이

예언자와 제사장은 생활과 행동양식에 있어서도 서로 판이하게 다르다. 예언자들의 경우 일치된 생활자세와 행동양식이 나타나지 않는다. 따라서 특수한 소수의 사람들이 예언자들의 생활과 행동양식을 이해하고 권위를 인정해 주지만 많은 대중이 인정해주기 어려운 면이 있다. 반면 제사장의 경우는 먹는 음식(레 10:8-9, 12-20), 입는 의복(출 28:2-39; 40-43), 결혼(레 21:7, 13-14) 등 일상생활의 행동들을 엄격하게 규정하고 있으며 시체에 접근하는 행동까지 규정하고 있다(레 21:1-4, 11). 이러한 행동양식은 외식적인 행동이라 비판하기에 앞서서 일상생활을 정결하게 유지하기 위한 생활양식임을 눈여겨보아야 한다. 또한 많은 사람들이 종교지도자로 받아들이고 인정해줄 수 있는 전형적인 생활태도와 행동양식이기에 제사장의 지도자적 권위를 한층 더 강화시켜 준다.

21세기의 목회자는 신뢰받을 수 있는 생활양식과 행동양식을 개발할 필요가 있다. 특히 개신교 목회자는 가정생활을 영위하면서 목회를 하기 때문에 모범적이며 정결한 가정생활이 요구되어진다. 목회자가 자신의 욕심을 채운다는 오해를 불식시키기 위해서는 경제생활의 투명함이 있어야 하고 도덕적인 지도력을 높이기 위해서는 자신의 행동이 먼저 도덕적이어야 할 것이다. 이미 실명제가 실시되고 있고 모든 것이 전산화되어 가는 흐름에 비추어 볼 때 목회자와 교회의 재정상황도 이러한 추세에 적응할 수밖에 없을 것이며 이 경우 재정운용의 정당성을 갖추어야 권위를 인정받을 수 있을 것이다. 아마도 목회자임을 나타내는 특색 있는 복장을 개발하고 그 복장을 입은 목회자들이 훌륭한 행동을 계속하는 노회나 교단이 있다면 그 노회와 교단은 21세기에 높은 권위를 인정받고 더욱 강력한 목회자적 지도력을 발휘할 수 있을 것이다.

한편 제사장 특유의 생활양식과 행동양식이 나타나지 않을 때 그 지도력은 약화되고 사라질 수도 있다. 제사장 엘리의 아들들의 행패와 제사장 사무엘의 아들들의 악행은 제사장의 지도력을 상실하게 되었을 뿐 만 아니라 생명까지 잃게 되었다.

강력한 종교적 지도력은 지도자의 말과 생활자세 그리고 행동의 일치에서 나온다는 점을 염두에 둔다면 21세기 목회자들 역시 신뢰받을 수 있는 생활자세와 행동양식이 무엇인지 심각하게 고려해야 할 것이다.

(3) 종교지도자를 위한 전문 교육

지도자는 어떠한 형태이든 교육을 받은 인물이다. 예언자가 하나님의 부르심을 받는다고 해서 교육이 불필요한 것은 아니다. 많은 예언자들이 정규교육 혹은 비정규교육을 받은 인물들이지만 그 모습은 천차만별이다. 흰편 제사장은 종교지도자 교육을 정식으로 받은 지도자라 할 수 있다. 물론 오늘날 신학대학원 같은 교육은 아니지만 제사장 가문에서 자라나 그 생활습관과 행동양식을 체득하고 제사를 집전하기 위한 전문적인 지식과 태도를 배우게 된다. 대부분의 경우 아버지 제사장이 아들 제사장을 교육시키는 도제교육의 형태이지만 예루살렘 같은 큰 성전에서는 도제교육의 규모가 상당했을 것으로 짐작할 수 있다. 또한 사무엘의 경우에서 볼 수 있듯이 교육을 받을 때 제사장 신분을 상징하는 세마포 에봇을 입고 교육을 받는 현장교육이 있었음을 알 수 있다(삼상 2:19). 나답과 아비후가 제사를 잘못 집전하다가 죽은 사건(레 10:1-2)을 통해 미루어 짐작할 수 있는 것은 제사장교육이 상당히 엄격하게 시행되었다는 것이다. 또한 제사장은 율법을 가르치는 일(겔 44:23; 대하 17:7-9)과 종교적인 재판을 하는 역할(신 17:8-13: 21:5)도 담당해야 함으로 이러한 역할을 수행할 수 있도록 교육이 실시되었음을 알 수 있다. 우림과 둠밈을 사용하여 하나님의 뜻을 가르쳐 주는 제사장의 역할은 전체의 상황을 통찰하는 통찰력과 분별력을 필요로 한다.(레 8:8). 그리고 환자의 상태를 판별할 수 있어야 하며(레 15:1-33) 동물들의

정결함과 부정함을 구별할 수 있어야 하는 제사장(레 11:1-47)은 동물들에
관한 상당한 지식이 있어야 됨을 알 수 있다. 밀그롬(Jacob Milgrom)은
제사장 교육이 교육여건의 안정성과 전문가에 의한 높은 수준의 교육이라
지적하였다. 많은 사람들로부터 인정받을 수 있는 높은 수준의 전문적인 교
육을 받은 사람이 그렇지 않은 사람보다 안정되고 권위 있는 지도력을 발휘
할 수 있으리라는 것은 쉽게 짐작할 수 있다.

(4) 제의를 통한 리더십과 말을 통한 리더십

예언자는 하나님의 말씀을 맡아서 전하는 임무를 위주로 한다면 제사장은
제사의식을 집전하는 임무를 주로 하게 된다. 언뜻 생각하기에는 제사의식
은 형식적이며 말은 내용을 전달하는 것으로 생각하기 쉽다. 그러나 글보다
는 말이 더 생동감이 있을 것이며 감각을 활용하며 함께 참여하는 제사의식
은 훨씬 더 생생한 체험을 나눌 수 있다. 제사의식은 오늘날의 예배의식과
마찬가지로 그 형식 속에 신앙의 핵심이 담겨있다. 이러한 의식을 반복해서
시행하며 함께 참여하는 활동을 통해 하나님과 만나며 자신의 신앙을 고백
하는 것이다.

이스라엘에서 실시되었던 제사의식의 독특한 점은 개인적인 제사가 많은
부분을 차지한다는 것이다. 죄를 용서받기 위해서 그리고 감사의 마음을 표
시하기 위해서 개인들은 각자의 예물을 들고 제사장의 인도를 받아 제사를
드렸다. 중요한 것은 제사 드리기 전 반드시 제사장과 상담하는 과정을 거
쳐서 제사를 드린다는 점이다.

그리고 제사장은 제사의식을 통해서 신앙교육을 실시하였다. 문자가 보편
화되어 있지 않은 시대에서, 그리고 말로서 설명하기 힘든 신앙을 가르치기
위해서 제사장은 제사의식을 통해 종합적이며 지속적인 신앙교육을 실시할
수 있었던 것이다. 자신의 죄 때문에 소중하고 귀여운 짐승이 피를 흘리며
죽어가는 모습을 보면서 그리고 피 냄새를 맡으며 속죄제를 드리는 사람은
죄의 결과가 무엇인지를 체험적으로 배우는 것이다.

21세기의 시대는 감각적이며 개인들의 개성이 뚜렷해지는 시대라 볼 수 있다. 말과 글만으로 신앙교육을 실시하기보다 영상매체와 가상세계 기법을 활용하는 시대가 21세기라면 우리는 감각을 활용하며 개개인이 직접 참여할 수 있는 예배의식을 중시하고 새롭게 개발할 필요가 있다. 어른을 위주로한 예배의식이 아니라 각 연령층에 맞는 예배의식을 개발하고 하이테크를 활용한 예배모형 그리고 드라마, 무용, 음악, 미술 등 다양한 소재를 활용한 예배를 개발할 필요가 있다. 예배를 "보는" 것이 아니라 예배에 직접 참여하여 하나님과 인간이 "만나는" 예배를 개발하여야 한다.

21세기는 각자의 개성이 강하며 개개인이 목회자와 대화하는 상담이 더욱 필요해질 것이다. 정보매체의 발달로 목회자는 언제 어느 곳에서도 목회자와 교인 개개인과 상담할 수 있기에 21세기는 그 어느 시대보다 목회자의 상담기술을 절실하게 요구하게 된다. 대중을 구름같이 이끌어가던 시대는 흘러가고 이제는 개개인을 개성 있게 만나야 하는 시대가 다가오는 것이다. 목회자가 죄인의 고백과 회개를 유도하고 용서의 확신을 줄 수 있어야 하는데 개신교의 목회자들은 그동안 "만인제사장설"이라는 이론에 근거하여 이 책무를 너무 소홀히 여겨왔다. 이제는 개인적인 상담을 활성화시켜 목회자가 제사장적 지도력을 강화해 나아가야 할 때이다.

이상 네 가지 면에서 찾아 본 제사장적 리더십의 상대적 장점과 특수한 면들은 21세기 목회를 위한 중요한 리더십 모델을 제시해 주고 있다. 관습적이고 제도적인 권위를 바탕으로 하는 제사장적 리더십은 기존의 권위가 갖는 전통적 리더십을 말한다. 새로운 리더십을 창출하는 것도 중요하지만 많은 사람들이 쉽게 수용할 수 있고 인정해주는 기존의 리더십을 십분 활용하는 것이 현명하다. 신앙을 지도하는 목회자는 그 어느 지도자보다 말과 생활 및 행동의 일치를 보여주어야 한다. 많은 사람들로부터 인정받을 수 있고 공감할 수 있는 목회자의 생활태도와 행동양식은 목회자의 지도력을 한층 높여 줄 수 있을 것이다. 목회자의 리더십 전체가 교육에 의해 이루어

지는 것은 아니지만 안정되고 선진화된 고학력 사회에서 높은 수준의 전문
교육을 받지 않은 목회자가 강력한 지도력을 발휘하기는 점점 더 어려워진
다. 감각적이며 개성이 뚜렷한 21세기의 교인들을 지도해야 할 목회자는 제
사장들이 마련했던 제의를 통한 신앙교육의 현장을 재개발하여야 하며 목회
상담의 기법을 활용하여 개인적인 지도를 강화시켜야 할 것이다.

2) 회막을 중심한 제사장의 리더십

(1) "만남"을 선도하는 제사장

회막(會幕)이라는 용어는 제사장자료(Priestly Source)에서 성전을 가
리키는 단어로 사용되었다. 회막은 천막으로 만들어져 있으며 쉽게 이동할
수 있도록 되어 있다. 이스라엘 백성이 시내산에 머무를 때 완성되었다고
전해지는(출 40장) 회막은 광야에서 잠시 머무를 때 이스라엘 백성들의 천
막들 한가운데 자리 잡게 된다. "구름이 회막에 덮이고 여호와의 영광이 성
소에 충만하다"(출 40:34)는 것은 하나님이 회막의 지성소에 계시다는 의
미이다. 하늘이나 시내산 정상에 계시는 하나님이 아니라 이스라엘 백성 한
가운데 살고 계시는 하나님을 보여주고 있다. 광야를 이동하는 이스라엘 백
성을 밤에는 불기둥으로 낮에는 구름기둥으로 선두에서 인도하실 때 제사장
은 회막과 그 기구들을 인솔하여 하나님과 백성의 중간에서 행진하게 되고
백성들 앞에서 행진하게 된다.

회막은 문자 그대로 "만남의 장막(Tent of Meeting)"이다. 제사장은
바로 이 회막을 지키는 사람들이며 회막에서 제사를 집전하고 레위인들과
더불어 회막의 이동과 설치를 책임지고 있다. 제사장은 하나님이 세운 거룩
한 사람으로 먼저 하나님의 명령을 받아 활동하는 사람이다. 즉 제사장은
"만남의 장막"에서 만남을 주선하고 촉진시키는 역할을 한다. 하나님과 사람
이 만날 수 있게 하고, 사람과 사람이 만나 하나님 앞에서 친교를 도모하도
록 주선한다. 물론 제사장은 이러한 만남에 장애요소가 되는 것을 제거하는

역할도 하고 있다. 기본적인 제사장의 리더십은 바로 "만남의 장막"에서 "만남"을 선도하는데서 나온다.

21세기의 목회자들은 기존의 교회와는 다른 교회들을 만날 수 있다. TV를 통해 교회를 형성하는 단계를 넘어서 영상을 주고받는 컴퓨터로 연결되는 교회(Cyber Church)도 만날 수 있다. 분명한 것은 지역적이며 공간적인 요인이나 시간적인 요인에 비교적 적게 구애받는 새로운 교회공동체가 탄생될 수 있는 것이다. 한 곳에 있는 교회가 아니라 움직이는 교회도 가능해진다. 하나의 큰 교회가 아니라 여러 개의 작은 소집단들을 목회하는 목회형태도 가능할 수 있다. 어떠한 형태의 집단들을 목회하든 중요한 것은 목회자의 리더십을 확보하기 위해서는 목회자가 하나님과의 "만남"을 주선할 수 있어야 하며 하나님을 만난 경험이 있는 사람들의 친교와 화목을 도모할 수 있어야 한다. 다시 말하면 그 특정 집단이 어느 곳에 있든지 혹은 이디로 이동하든지 그 집단의 중심에 하나님이 계시는 "회막"을 설치할 수 있어야 하며 그 집단이 하나님을 중심으로 사랑을 나누는 공동체를 형성할 수 있어야 한다는 것이다. 이를 위해서 목회자들은 새로운 집단에 파고들 수 있는 새로운 기술을 습득해야 한다. 이러한 노력을 통해 목회자는 하나님과의 만남이 중심이 되는 새로운 공동체를 형성하게 되는 것이다. 목회자가 하나님과의 만남을 바라는 교인들의 영적인 요구에 부응하지 못할 때 그 리더십은 뿌리째 흔들리게 된다.

(2) 정결한 "회막"을 유지하는 제사장

하나님이 떠난 회막은 무용지물이다. 하나님이 없는 회막을 지키는 제사장은 아무런 리더십을 발휘할 수 없다. 제사장이 회막 만을 설치하는 것이 아니라 회막에 하나님이 계실 수 있는 환경을 마련해야 한다. 그 첫째 번 방법은 부정한 것이 회막을 침투하지 않도록 회막을 경비하는 것인데 이 일은 제사장이 제사장직을 은퇴한 후에도 계속하는 평생의 임무이다. 목회자는 교회에 하나님의 자리를 넘보는 모든 것들 그들이 상업주의, 물질주의,

정치권력, 혹은 퇴폐문화 등 어떤 형태이든 하나님의 자리를 위협하는 것들로부터 교회를 방어해야 한다. 성전을 청결하시면서 "내 집은 만민이 기도하는 집이라"(막 11:17)는 예수님의 호통소리를 상기할 필요가 있다.

두 번째 방법은 백성들의 죄 문제를 신속하게 해결하여 백성들의 죄로 인해 오염된 하나님의 환경을 정상화 시켜야 한다. 사람들이 죄를 지으면 그 죄의 결과는 하나님이 계시는 회막을 오염시키는데 개인적인 죄는 회막 뜰에 있는 제단을 오염시키고, 집단적인 죄와 제사장의 죄는 성소를 오염시킨다. 그리고 회개하지 않는 죄는 지성소를 오염시키는 가장 흉악한 죄로 나타난다. 제사장은 죄인들이 자신들의 죄를 회개하고 고백할 때 속죄제(정화제사) 혹은 속건제(배상제사)를 드리게 된다. 이 때 제사장은 희생제물의 피를 받아 오염된 부분에 뿌림으로 그 부분을 정결하게 만드는 것이다. 지성소를 오염시킨 회개하지 않은 죄는 일년에 한번 대제사장이 대신 죄를 고백하고 지성소에 희생제물의 피를 뿌려 정결을 회복시킨다. 이로서 하나님은 오염이 제거된 회막에서 편안하게 살 수 있으며, 회막을 중심한 백성들은 하나님의 보호를 받아 평화를 누릴 수 있게 되는 것이다. 그러나 제사장이 태만하거나 백성들이 너무 많은 죄를 저지를 경우 하나님은 극심하게 오염된 회막에 살 수 없어서 회막을 떠나게 된다. 하나님이 계시지 않는 회막을 둔 백성들은 하나님의 축복과 보호를 받지 못하기 때문에 파멸할 수밖에 없다.

제사장의 역할 가운데 가장 중요한 일이 하나님을 편안하게 모시는 일이다. 그래서 예수님이 베드로의 목회자적 리더십을 점검할 때 먼저 물으시는 것이 "네가 나를 사랑하느냐?"(요 21:15-17)라는 질문을 하신 것이다. 목회자가 하나님을 편안하게 회막에 살 수 있도록 모시는 방법은 바로 백성들의 죄 문제를 신속하게 해결하는 것이다. 이 때 중요한 것은 백성들이 죄를 스스로 회개하도록 인도하는 것이며 회개하지 않은 죄에 대해서는 제사장이 백성의 대표로 하나님 앞에 죄를 회개해야 한다는 사실이다. 이러한 역할을 수행함으로서 제사장은 공동체를 파멸에서 구할 수 있으며 공동체를 살리는 사람으로 제사장은 리더십을 튼튼하게 확보할 수 있는 것이다.

죄 문제를 소홀히 여기는 목회자는 21세기 교회에서도 리더십을 확보하기 어렵다. 인간의 기본적인 마음의 짐을 덜어주지 못하고 공동체를 파멸시키는 죄의 연쇄적인 악영향을 차단하지 못하는 목회자는 그 지도력이 무시될 수밖에 없다. 회개를 촉구하는 목회자가 되기를 꺼려하는 경향이 있지만 이러한 역할을 하지 못하는 목회자는 그 존재 자체를 위협받게 된다. 죄로 인해 공동체가 파멸할 때 그 공동체를 이끄는 제사장이 제외될 수 없는 것이다. 공동체에 대한 사랑도 중요하지만 공동체를 책임질 수 있는 선한 목자로서의 책임의식이 필요하다.

3) 예배의식과 삶을 연결시키는 제사장적 리더십

회막을 중심한 제사의식은 이스라엘 백성의 일상적인 삶의 핵심 부분에 자리 잡고 있고 일상적인 생활과 직접 연결되어 있다. 정결하고 거룩한 백성이 되는 길은 일상생활 속에서 이루어지며 그 행진의 선두에 회막이 이동하고 있는 것이다. 레위기 19장에는 제사장들의 문서 중 하나인 성결법전(Holiness Code)의 핵심이 있는데 그 내용은 2절에 요약되어 있다; "……너희는 거룩하라. 나 여호와 너희 하나님이 거룩함이니라." 거룩을 강조하는 19장은 제사의식을 강조하기보다 일상적인 삶의 윤리를 확립하는데 더 중점을 두고 있다. 제사 가운데도 공동체의 친교를 증진시키는 화목제를 이야기하며, 가난한 자와 약한 자를 위하여 배려하고 동물의 생명까지도 귀하게 여길 것을 강조한다. 이러한 경향은 18절의 "이웃 사랑하기를 네 몸과 같이 하라"라는 구절에서 극명하게 나타나 있다.

(1) 생명을 존중하는 제사장적 리더십

이스라엘 백성은 생명이 피에 있다고 믿었다(레 17:11). 그리고 생명은 하나님의 소유이며 인간은 관리자임을 분명히 하였다. 이러한 의미의 상징적인 것은 '생명나무'를 인간에게 넘겨주지 않는 하나님의 조치에서도 발견할 수 있다(창 3:22-23). 생명을 선물로 받은 인간은 생명에 손을 댈 수 없으며 동물의 생명까지도 존중하도록 제사장은 지도하였다. 즉 동물을 희생 제물로 도살할 때는 제사장이 반드시 그 피를 제단 옆에 쏟음으로서 그 생명을 하나님께 돌려드리도록 하였다. 또 동물을 사냥할 경우에는 그 피를 땅에 쏟아 흙으로 덮도록 하였다. 인간의 건강을 위해 동물을 음식물로 허용하되 동물의 생명인 그 피를 결코 먹지 않도록 금령을 내렸다(창 9:3-6; 레 17:10-14). 만약 이러한 명령을 어길 경우 즉 동물을 불법적으로 도살할 경우 살인죄에 해당하는 형벌을 받게 된다. 피를 먹지 말라는 금지명령은 이스라엘 백성에게만 내려진 것이 아니라 인류 전체에게 내려진 명령이다. 이러한 금령은 고대 근동지역에서 발견하기 어려운 특별한 종교적 명령으로 이스라엘 제사장들의 독창적인 신학으로 여겨진다. 제사장들은 이 명령을 통해 제사의식과 생활윤리를 연결시켰다.

21세기의 사회는 전자공학의 급속한 발전으로 인간과 비슷한 역할을 하는 로봇이 크게 활약을 할 것이고 유전공학의 발전은 인간복제를 보편화할 수도 있을 것이다. 인간의 생명이 천하보다 귀한 생명이요 하나님의 것이라는 생각보다 network의 한 부분이요 생산해기도 하고 폐기처분할 수도 있는 상품의 하나로 취급될 수도 있을 것이다. 인간이 발전시킨 하이테크 사회 속에서 인간의 생명이 위협받지 않도록 그리고 수많은 로봇 속에서 인간이 비명을 지르며 살지 않도록 인간 생명을 존중하는 생명경외의 신학이 절실히 필요하다. 이러한 신학은 모든 사람들이 공통으로 받아들일 수 있고 공감할 수 있는 것이기에 선교적 차원에서도 가장 필요한 신학이다. 이러한 신학을 바탕으로 실시되는 리더십이 바로 제사장적 리더십이다.

21세기의 사회는 network를 통해 모든 개인이 모든 사람과 연결될 수 있는 사회이다. 따라서 다원화 현상이 심화될 것이며 각자 자신의 개성과 자신의 가치기준을 발전시킬 것이다. 기존의 권위와 집단적인 가치기준을 쉽게 인정하지 않으려는 사람들에게 줄 수 있는 윤리적인 기준이 무엇일까?

그것은 모두가 소중히 여기는 생명을 존중하는데서 찾을 수 있을 것이다.

(2) 환경을 살리는 제사장적 리더십

제사장은 정결한 것과 부정한 것을 구별할 수 있어야 하며 시체를 가까이 할 수 없다(레 21:10-12). 부정한 것이라 선언한 것들을 살펴보면 죽음과 상관있는 것들이 대부분이다. 몸에서 피가 흐르는 유출병은 부정한 것으로 분류되는데 이는 생명인 피가 몸 밖으로 나오는 것으로 죽음과 관련 있다. 문둥병이라 부르는 악성피부병도 부정한 것으로 분류되는데 이는 피부가 흰색으로 변하는 현상이 시체의 창백한 모습과 비슷하기 때문이다. 제사장은 죽음이나 죽음과 관련이 있는 것을 공동체에서 제거하는 노력을 기울이고 있으며 공동체의 중앙에 있는 회막에는 결코 죽음의 그림자가 드리우지 않도록 철저한 노력을 기울인다. 제사징은 회막을 중심으로 하는 공동체 내부에 생명의 기운이 가득 차도록 노력해야 하며 이러한 노력을 통해 공동체가 생동감 넘칠 수 있게 만드는 것이다.

제사장신학에서의 공동체의 개념은 인간 공동체만을 의미하지 않는다. 인간이 사는 마을 한 복판에 "하나님의 집"이 자리 잡고 있고 인간이 하나님의 환경을 이루고 있다. 하나님은 인간에게 생명을 주고 보호하며 인도하고, 인간은 하나님께 감사와 찬양을 드린다. 한편 인간이 죄를 지을 때는 "하나님의 집"이 오염되고 심하면 하나님은 그 집을 떠나게 된다. 하나님께 심각한 영향을 미치는 것은 악령이 아니라 인간이라는 점이 중요하다. 이러한 모습은 하나님과 인간이 어울려 더불어 살아가는 공동체의 모습이라 할 수 있다. 분명히 신과 인간은 구별되지만 서로가 사랑하는 관계 속에서 서로가 영향을 받는 모습은 공동체로 보아 무방할 것이다.

이 공동체에는 동물을 비롯한 자연을 또한 제외시킬 수 없다. 인간은 자연을 관리하며 자연은 인간의 살 수 있는 환경을 마련해준다. 하나님과 자연 또한 창조자와 피조물로서 땅은 하나님의 명령을 따르게 되며 때로는 하나님께 호소하기도 한다. 하나님과 인간 그리고 자연이 함께 어울려 사는 공동체는 하나님의 작품이며 하나님이 주도적 위치에 있지만 지상에서는 제사장이 그 일을 대신하게 된다. 제사장은 하나님의 명령을 받아 인간과 자연을 살리는 방향으로 그리고 하나님도 이 공동체 안에서 편안히 계실 수 있도록 노력을 하는 것이다.

이 공동체를 병들게 하고 상처를 입히는 구성원은 바로 인간이다. 마치 악령과 같이 인간은 막강한 힘을 행사한다. 인간이 많은 죄를 짓고 제사장은 죄 문제를 해결하는 직무에 게으르면 하나님은 "하나님의 집"에서 떠나게 되고, 하나님의 보호가 없는 인간의 마을과 그 땅은 재앙을 만나게 되는 것이다. 현대의 상황을 예로 들어 설명한다면 다음과 같다; 인간이 죄를 지으면 하나님의 환경은 오염되며 자연은 인간의 죄로 인해 생태계가 파괴되고 공해에 시달리게 된다.

21세기의 세계적 중요한 문제는 바로 환경문제이다. 이 문제는 과학이나 경제 혹은 정치적 문제이기 이전에 인간윤리의 문제이며 신학적인 문제이다. 창조주가 인간에게 맡긴 자연을 인간이 상처 입히고 파괴시켰다면 인간은 다시 자연을 회복시킬 방안을 모색해야 할 것이다. 이 일을 선두에 서서 진두지휘해야 하는 사람들이 바로 제사장들이며 21세기의 목회자들이다.

(3) 자유와 복지를 위한 제사장적 리더십

왕을 비판하며 지도자들을 질책하는 모습은 예언자들이 할 몫으로 보통 생각하고 있다. 그러나 쿠데타를 일으켜 새 왕을 추대한 여호야다는 바로 대제사장이었다(왕하 11:4-20). 유다왕 요시야의 개혁을 위한 문서는 성전에서 나왔으며 제사장의 손에서 건네받았다(왕하 22:1-20). 제사장은 정치에 어느 정도 개입하고 있었을까? 정치와 종교가 분리될 수 없는 시대에 왕과 제사장은 가장 가까운 사이일 수 있다. 때로는 왕이 제사장을 임명하기도 하고 제사장이 왕권 유지에 적극 동참하기도 한다. 다윗의 경우와 같이 왕의 아들들이 제사장이 되는 경우도 있었다.

억눌린 자가 해방되고 가난한 자가 기본 생활권을 되찾는 일은 주로 예언자들이 외칠 항목이라 생각하기 쉽지만 안식년과 희년을 선포하는 내용이 나타나는 곳은 제사장이 저술한 "성결법전"이다(레위기 25장). "이웃을 네 몸과 같이 사랑하라"는 명령도 제사장들이 강조한 내용이었다(레 19:18). 제사장은 결코 회막에 갇혀있는 사람들이 아니었으며 전통 속에 굳어있는 사람들도 아니었다. 공동체 구성원들이 자유를 누리고 기본적인 생활권을 향유할 수 있도록 실질적인 일을 하였다. 이상적인 계획을 제도화하고 의식으로 변형시켜 열매를 맺을 수 있도록 노력하였다는 것이다. 제사장들이야말로 종교지도자들 가운데 가장 종교권을 많이 장악하고 있으며 개혁을 현실적으로 이끌어갈 수 있는 지도자들이었다.

사회정의와 경제정의를 부르짖는 지도자들은 예언자들이었지만 정의로운 사회와 정의로운 공동체를 만들어가는 지도자들로서는 제사장이 적합하다. 21세기의 목회는 정의로운 공동체를 만들어 나가는 목회이다. 사회로부터 격리되어 교회 안에서만 맴도는 목회는 설 자리를 잃게 될 것이다.[15]

4) 예언자(預言者, 豫言者)의 영성(靈性) -예언자적 감각-

예수 그리스도는 이스라엘 예언자의 반열에 서있는 예언자이며, 우리 목회자 역시 이 같은 예언자의 전통을 이어받은 이 시대의 예언자로서 부름을 받은 것이다.

예언자라고 번역된 히브리어의 '나비'는 '부름받은자', '소명받은자', 곧 '하나님의 특별한 사명을 받은자'라는 뜻이다. 이토록 하나님의 부름심을 받아 특별한 사명을 부여받은 예언자가 할 일은 하나님의 말씀을 선포하고, 하나님의 뜻을 계시하며, 하나님의 때(Kairos), 즉 심판의 때, 구원의 때, 결정적인 종말의 때를 알리고 회개를 촉구하는 일이다. 이 같은 사명을 수행해야 하는 이스라엘의 참 예언자는 하나님의 말씀을 잘못 전하는 거짓예언

---

15) 정중호. 21세기 목회를 위한 제사장적 리더십. 계명대학교

자들과 하나님의 뜻을 거역하는 지상의 불의한 권세자들과 맞서야 했으며 때로는 박해와 고난을 당하고 죽음까지 불사(不辭)하였다.

예수 그리스도는 이 같은 예언자의 전통에 서 있다. 신약성서의 기자들은 예수를 마지막 날에 나타날 예언자요, 그가 곧 메시야라는 것을 주장하기를 주저하지 않았다. 베드로는 그의 성전설교에서 신명기 18장 15절을 인용하면서 모세가 예언한 그 예언자가 곧 예수라고 증언하였으며(행 3:22-23), 예수는 자기 자신을 선지자라고 말했을 뿐만 아니라(막 6:4, 눅 13:32-33), 오히려 선지자보다 더 큰이라고 하였다(마 12:41, 13:17). 그리고 그는 가르치는 일에나 이적을 행하는 일에 있어서 그가 참 예언자요 메시야라는 것을 직접적으로, 간접적으로 나타내셨다(마 21:11, 46, 눅 7:16, 24:19, 요 3:2, 4:19, 6:14, 7:40, 9:17 등).

이토록 예수 그리스도는 예언자로서 새 시대의 도래, 하나님의 나라를 선포하였으며(막 1:15), 때로는 장차 일어날 일을 예고하기도 하였다(마 24:3-31). 특별히 예수 그리스도는 무서운 환난날(심판의 때)이 예루살렘에 임할 것을 눈물을 흘리면서 예고하였다(눅 19:41-44). 즉 그는 이스라엘의 참예언자들과 같은 길을 걸으면서 의를 외치고, 하나님의 때-종말의 때, 무서운 심판의 때, 하나님의 나라-를 선포하였으며, 이 같은 심판에서 구원함을 받도록 여호와 하나님께 돌아 갈 것-회개-을 부르짖었으며, 이 같은 일로 인하여 그는 유대인들의 미움을 싸게 되었으며 멸시와 천대를 받고, 매를 맞기도 하였으며, 고난을 받으시다가 결국 십자가를 지셨다. 이 길이 바로 참 예언자들이 걸어가야 할 길이다. 예수 그리스도는 예언자로서 이 길을 묵묵히 걸어가신 것이다.

여기에서 우리는 예언자가 누구이며, 그의 사명이 무엇인가를 한마디로 정의한다면, 그것은 하나님의 말씀(Text)을 이 세상(Kontext)을 향해 선포하는 '말씀의 봉사자'(Diener am Wort)로서 선포적 사명을 감당하는 일이라 하겠다. 따라서 이 같은 예언자의 전통을 이어받은 우리 목회자들은 하나님의 말씀을 받아 전하는 말씀의 봉사자로서 선포적 사명을 감당해야 하는 이 시대의 예언자로 부름을 받은 것이다. 이 시대의 예언자로서 우리 목회자들이 해야 할 일은 먼저 하나님의 말씀(Text)을 받아 듣고 간직하는 일(預言)이고, 그리고 그 말씀으로 '시대의 징조'를 분별하고, '하나님의 때'를 깨달아 알고 예고(豫告)하는 일이다. 후자는 전자의 예언(預言)과는 다소 다른 의미를 지닌 예언(豫言)이라 하겠다.

하나님의 말씀을 받아, 그 말씀을 듣고 간직하기 위해서 우리 목회자들이 예언자(預言者)로서 해야 할 일이었다. 그것은 하나님의 말씀을 듣는 일에 촉각을 곤두세우고 세미하게 들려오는 하나님의 음성에 귀를 기울여 경청하는 일이다. 이일은 이 시대를 향하여 하나님께서 무엇을 말씀하시는가를 듣는 일이며, 하나님의 뜻과 섭리가 무엇인가를 깨달아 아는 일이다. 이것이 바로 목회자(혹은 설교자)들이 설교를 준비하기 위하여 글방(서재)에서 주식하고 골빙(기도실)에서 말씀을 명상하는 일이다. 이깃은 곧 바울이 "성령께서 주시는 특별한 재능, 특히 하나님의 말씀을 받아 전하는 예언의 은사를 간절히 구하십시오"(고전 14:1, 현대어성경)라고 권면한 말과 "하나님의 말씀을 명료하게 설교할 수 있는 예언자가 되도록 간절히 원하십시오"(고전 14:39, 현대어성경)라는 권면의 말과 맥을 같이한다. 그러므로 우리 설교자들은 무엇보다도 예언하기에 정열(Passion, Leidenschaft, 고난)을 다해야 하며, 이 일을 위해 넉넉한 시간을 할애하여 설교를 준비하고, 정열을 다하여 설교해야 한다. 또한 시대의 징조를 분별하고 하나님의 때─심판의 때, 구원의 때, 결정적인 종말의 때─를 깨달아 알고 선포해야 하는 예언자(豫言者)로서 우리 목회자들은 '예언자적 감각'을 가져야 한다(F. Novalis. R. Bohren). 예언자적 감각이란 시대의 징조를 분별하고 시대정신을 꿰뚫어 보는 통찰력을 말하며, 그 통찰력으로 하나님을 거역하고 인간을 파멸로 이끌어가는 악령의 정체를 밝혀내는 영적 지각력이며, 또한 예언자적 감각이란 하나님의 때─심판의 때─를 깨달아 알고, 심판을 선포하며, 그 심판(위기)을 피해 구원으로 갈 수 있도록 회개를 촉구하고 새로운 역사의 방향을 제시하는 영적 감각이다.

보렌(R. Bohren) 교수는 이 같은 '예언자적 감각'(Sinn der Weissa-gung)을 가질 수 있는 것은 '성령론적 사고'(pneumatologisches Denken)를 할 때 가능하다는 것이고, 성령론적 사고는 바로 '시대의 징조를 올바르게 분별하는 사고'(die Zeichen der Zeit-gerichtets Denken)라고 한다. 여기에서 보렌교수는 누가복음 12장 54-56절의 말씀을 가지고 시대의 징조를 올바르게 분별하는 사고로서 성령론적 사고를 설명한다. 예수는 당시 사람들에게 "너희가 천지의 기상은 분별할 줄 알면서 어찌 이 시대는 분변치 못하느냐"(눅 12:56)고 책망한 바 있다. 여기서 말하는 '기상'은 '징조'를 말하는 것이고, '시대'는 '때'(카이로스)를 말한다. '때'는 하나님의 때, 구원의 때, 심판의 때, 새로운 때(시대), 즉 하나님의 나라를 말한다. 예수는 이토록 새로운 때, 하나님의 나라(하나님의 통치, 하나님의 지배)가 이미 도래 했음에도 불구하고 당시 사람들이 그 때를 분별하지 못하고 안일에 빠져서 방향감각을 잃어버린 채 둔감한 상태에 있음을 안타까워하신 것이다.

오늘날의 우리 목회자들이 성령론적 사고를 함으로서 예언자적 감각을 가지고 선포적 사명을 감당하는 일은, 곧 이 시대정신을 비판하고, 이 시대의 풍조인 물량주의(황금만능주의), 세속주의, 성공주의, 실적주의, 형식주의 성장제일주의 속에 도사리고 있는 악령의 정체를 밝혀 고발하는 일이며, 그리고 이 같은 시대정신을 우상으로 섬기는 "우리 모두가 하나님의 심판 가운데 있다"는 사실을 선포하는 일이다. 이런 의미에서 '시대의 징조를 올바르게 분별하는 사고'는 바로 '시대 비판적 사고'라고 하겠다. 그러므로 우리 목회자들은 이 같은 성령론적 사고를 함으로서 예언자적 감각 내지 예언자의 영성을 갖추어야 한다. 뿐만 아니라 우리 목회자들이 예언자(豫言者)로서 이 시대의 징조를 올바르게 인식하는 예언자적 감각과 예언자적 영성을 갖추기 위해서는 신문을 읽어야 한다(K. Barth). 신문을 읽는다는 것은 사회과학자들과 인문과학자들, 그리고 자연과학자들과 만나 깊은 대화를 하고 그들로부터 배우는 것을 의미한다.

우리 목회자들이 하나님의 말씀을 받아 예치한 예언자(預言者)이며, 그 말씀을 선포하는 이 시대의 예언자(豫言者)로서 '말씀의 봉사자'라는 것을 앞에서 이미 언급한 바 있다. 말씀의 봉사자는 하나님의 말씀에만 복종하고 그를 섬기는 자이며, 그러므로 말씀의 봉사자인 우리들은 하나님의 말씀에 목숨을 걸고 우리의 유일한 주인이신 하나님께만 충성하는 종이 되어야 한다. 충성스런 종은 주인을 위해 목숨을 바친다. 이것은 베드로와 요한이 공회 앞뜰에서 "도무지 예수의 이름으로 말하지도 말고 가르치지도 말라"는 금지 명령을 받았을 때, "하나님 앞에서 너희 말 듣는 것이 하나님 말씀 듣는 것보다 옳은가 판단하라. 우리가 보고 들은 것을 말하지 않을 수 없다"(행 4:18-20)는 담대함을 보인 것과 같은 것이다. 여기서 사도들은 어떤 위협에도 두려워하지 않았다. 이것이 하나님의 말씀에 복종하는 충성스런 종의 모습이다. 이토록 우리 목회자들은 말씀의 봉사자로서 하나님의 말씀에 목숨을 걸고 죽기까지 충성해야 한다. 이것이 바로 이 시대에 목회자들이 갖추어야 할 '예언자의 영성'이다.16)

4. 구약의 리더십의 사람들

1) 민족의 지도자, 모세

모세는 처음 애굽 궁정에서 공주의 아들로서의 지위를 갖고 있었다. 그 자체만으로도 '지위이론'에 의하면 리더십을 발휘할 수 있는 조건이다. 그래서 모세는 자신의 힘, 자신의 방법, 자신의 지위를 이용하여 동족을 구해 보려고 시도하다가 실패하고 만다.17)

이때부터 하나님이 이끄시고 훈련시키시는 진면목이 나타난다. 모세는 자신의 지위가 한없이 낮아져 40년간을 이방인의 고용인으로 살게 된다. 이

---

16) 김종열, 새천년의 도전과 미래교회의 목회 패러다임2.
17) 출2:11-15

준비 과정을 통하여 불같은 그의 성품이 바뀌었다. 이렇게 철저히 인간의 방법이 무너진 후 하나님은 하나님의 방법을 깨닫게 하시고, 그때 비로소 모세에게 소명을 주셨다.

모세는 하나님의 종으로서 탁월한 리더십을 발휘하였는데 그의 독특한 특징이 온유함이었다. "이 사람 모세는 온유함이 지면의 모든 사람보다 승하더라."[18]

모세는 이스라엘 백성을 가나안까지 이끌어 가는데 민족적 비전이 있었다. 그리고 그 사명과 비전을 위하여 강한 추진력으로 백성들을 이끌었다.

또한 모세는 리더를 개발, 육성하는 리더십을 발휘하였다. 모세는 자기의 임무가 너무 많아 처리할 수 없어서 중간 관리자를 뽑아서 과업을 분담시켰다. 천부장, 백부장, 오십 부장 등 중간 관리자들을 두고 각 직급에 따라 지위와 역할을 부여하고, 자신의 권한을 위임하였다.

히브리서에서는 모세에 대하여 몇 가지 긍정적인 평가를 한다. 즉 그의 믿음에서, 그의 성실성에서, 그의 통찰력에서, 결단력에서, 복종심에서, 책임감에서 히브리서 저자는 그를 긍정적으로 평가하고 있다.[19]

2) 불굴의 지도자, 여호수아

여호수아는 모세의 후계자였다. 그는 '제2의 모세'라고 할 만큼 지도력이 탁월했다. 여호와께서는 모세와 함께 하셨듯이 여호수아와 함께 하셨으며[20], 이스라엘 백성들은 모세에게 복종했듯이 또한 여호수아에게 복종했다.[21]

모세가 백성들에게 성결을 명령했듯이, 여호수아도 성결을 명령했으며[22], 모세가 이스라엘 백성을 이끌고 홍해를 건넜듯이, 여호수아도 이스

---

18) 민12:3
19) 황위섭, Op.cit., p.177.
20) 수1:5
21) 수1:17
22) 출19:14; 수3:5

라엘 백성을 이끌고 요단강을 건넜다.[23)]

모세가 율법을 돌 판에 적었던 것 같이, 여호수아도 율법을 돌 판에 기록했으며,[24)] 여호와께서 모세의 음성을 들었듯이, 여호수아의 음성도 들으셨다.[25)]

모세가 불붙는 가시떨기 앞에서 들었던 것과 똑같은 내용의 말씀 "네 발에서 신을 벗으라." 을 여호수아도 들었으며[26)], 모세가 이스라엘 앞에서 높임을 받았던 것과 똑같이 여호수아도 백성 앞에서 높임을 받았다.[27)]

모세가 이스라엘 민족을 애굽에서 인도하여 내었듯이, 여호수아는 이스라엘 민족을 가나안 땅으로 인도하였다.

믿음의 사람 여호수아는 오고 오는 모든 세대 가운데 하나님 앞에 성공적인 지도자였다.

그가 모세와 같이 위대한 하나님의 종이 되어 민족을 이끄는 탁월한 지도자가 된 것은 그가 준비된 사람, 맡겨진바 책임을 다하는 사람이었기 때문이다. 그는 기도의 사람, 영적인 체험이 있는 사람, 죄를 무서워하는 사람, 하나님께만 영광을 돌리는 사람, 큰 비전의 사람, 백성에게 인정받는 사람이었다.

여호수아는 모세가 시작한 일, 곧 이스라엘 백성을 애굽에서 인도하여 가나안으로 인도하는 일을 완성한 사람으로, 광야 40년간 모세를 보좌하면서 지도자 훈련을 받은 사람이었다.

여호수아는 애굽에서 나온 기성세대들이 다 죽고, 그 후세대들을 이끌고 요단강을 건너 가나안 땅으로 들어간다. 가나안 땅에서 여호수아는 여리고 전투, 아이성 전투, 가나안 남부지방 전투, 가나안 북부지방 전투 등을 통해 모두 31왕을 물리치고 가나안을 점령해 들어갔다.

가나안 땅의 정복과 땅의 분배를 통해 우리는 여호수아의 탁월한 리더십을 잘 볼 수 있다.

---

23) 출14:1-31; 수3:7-4:24
24) 출24:4; 수8:32
25) 신9:19, 10:10; 수10:14
26) 출3:5; 수5:15
27) 수3:7; 4:14

3) 강한 지도자, 다윗

다윗은 주전 1000년에 왕위에 올라 약 45년 간 이스라엘을 통치하였다. 그는 이스라엘의 두 번째 왕으로서 첫 번째 왕 사울과는 대조적인 인물이다. 처음에는 한낱 양치는 목동에 불과했으나, 하나님의 부르심을 받고, 하나님의 목적에 헌신하고 충성하므로 위대한 왕이 되었다.

다윗은 신앙이 투철하고 명철했으며 백성에게 존경받았던 인물인데 반해 사울은 천박하고 지도자에게 기대할 수 있는 덕성은 거의 찾아 볼 수 없었던 사람이었다.

다윗이 성공적인 리더십의 비결은 무엇인가? 다윗은 외교 정치에 있어서 현명하고 뛰어났다.28) 관대함, 그의 인간성 등으로 다윗은 많은 지지를 얻었다.

다윗은 항상 하나님의 축복을 구했고,29) 하나님의 축복을 받아 그의 통치를 훌륭하게 해냈다.30) 그 나라의 번영과 성공이 자신 때문이고, 자신의 업적이라고 생각하지 않고, 항상 하나님의 은혜와 복 주심으로 돌렸다.

영적인 지도자로서 다윗은 백성들로 하여금 하나님을 찬양하도록 이끌었다.31)

다윗은 위로 하나님을 향한, 아래로 백성들을 향한 태도에서 하나님께 인정을 받았다. 사무엘하에서부터 역대기상까지, "(나의)종 다윗"이란 직접적인 표현이 30여 차례나 나타난다.

" …… 내가 내 종 다윗의 손으로 내 백성 이스라엘을 구원하여 블레셋 사람의 손과 …… "32)

" …… 오직 내가 이 나라를 다 **빼앗지** 아니하고 나의 종 다윗과 나의 **뺀** 이스라엘을 위하여 한 지파를 네 아들에게 주리라 하셨더라."33)

---

28) 삼하5:11
29) 삼하6:12-15
30) 삼하5:12
31) 삼하6:15
32) 삼하3:18
33) 왕상11:13

하나님의 종으로, 백성의 왕으로서 다윗은 온전한 리더십을 행사하였다.

4) 지도자 중의 지도자, 느헤미야

영향력 있고 권위 있는 지도자로서 가장 두드러진 사람은 느헤미야다.[34]
바벨론에서 돌아왔으나 성벽을 재건하지 않고 안일하게 살아가던 백성들
을 규합하여 훼파된 성벽을 재건하였다. 흩어진 백성들을 모아 조직하고 그
들에게 동기를 부여하고 외부의 반대와 백성 내부의 중상모략을 이겨내고
52일 만에 예루살렘 성을 중수한 과업 지향적인 리더십이었다.

느헤미야는 구성원을 자발적으로 동기부여 시키는 지도자였다.

느헤미야는 비전의 리더였다. 느헤미야는 하나님이 도와주신다는 것을 회
중에게 확신시킨 후 가가이 업무를 할당해주고 그들을 조직시켰다.

느헤미야의 탁월한 면은 그의 조직력에서 찾을 수 있다. 그는 사람들을
그 직책을 따라, 업무를 따라 책임을 분담시키고 역할을 맡겼다.[35]

그는 탁월한 행정력의 소유자였다. 해야 할 일이 무엇인지, 어떻게 해야
하는지, 누가 해야 하는지 잘 알고 적재적소에 사람들을 배치하였다.

그의 계획은 주도면밀하였다. 그는 감독자로서의 능력이 탁월하였다.

그는 인격을 갖춘 지도자였다. 많은 반대와 소극적으로 따르는 구성원들
사이에서 흔들림 없이 그들을 목적으로 이끌어 갔다. 그 인격은 그의 기도
로부터 나온다. 느헤미야는 기도의 사람이었다. 통찰력, 기술, 공명정대함,
결단력에서 탁월한 리더십을 보여준다.

오늘날 지도자가 된다는 것은 비판받는 사람이 되는 것을 의미한다. 한
세기전만 해도 지도자가 베일(Veil) 뒤에 숨는 것이 가능했다. 그러나 사회
가 급격하게 빠른 속도로 민주화(民主化)되어가고 모든 사람의 모든 것이
공개되는 정보시대가 되어가면서 우리는 이른바 지도자의 노출시대를 맞이

---

34) 황위섭. Op.cit., pp.185-187.
35) 대상9:26-32, 23:24-32 참조

하고 있다. 근대 미국의 대통령 선거 때마다 후보들의 숨겨진 과거들이 적나라하게 드러나게 되자 한 미국의 코미디언은 앞으로 대통령감은 인간 속에서는 찾아낼 생각을 말아야 한다고 경고(?)아닌 경고를 할 정도가 되었다.

그럼에도 사도 바울은 지도자가 된다는 것은 선한 일을 사모하는 것이라고 말한다(딤전3:1).

새로운 영어성경 번역(New English Bible)은 이 구절을 「지도자 됨을 열망하는 것은 명예로운 야망이다」(To aspire to leadership is an honourable ambition)라고 옮기고 있다. 그리스도인 지도자의 경우 우리는 특히 그를 가리켜 「영적인 지도자(spiritual leader)」라고 불러 지도력의 「존귀성(integrity)」를 부각시키고자 한다.

「영적 지도력(spiritual leadership)」과 「세속적 지도력(secular leadership)」의 이원적 구분을 본질적으로 거부한다. 우리가 지도력을 행사하는 영역에 따라 지도력의 영성(spiritual)이 결정된다고 보지 않는다는 말이다. 다시 말하면 우리가 가진 목사라는 신분이 곧 우리의 영작 지도자 됨을 의미하지 않는다는 말이다. 오히려 우리가 우리의 지도력을 행사하는 동기와 태도와 목표가 지도력의 영성을 드러낸다고 본다.

일찍이 예레미야선지는 서기관 바룩에게 「네가 너를 위하여 대사를 경영하느냐 그것을 경영하지 말라. 보라 내가 모든 육체에게 재앙을 내리리라」(렘45:5)고 경고하지 않았는가! 시편 기자가 「여호와여 영광을 우리에게 돌리지 마옵소서 우리에게 돌리지 마옵소서 오직 주의 인자하심과 진실하심을 인하여 주의 이름에 돌리소서」(시 115:1)라고 기도한 이유를 알 만하다.

그렇다면 우리가 「영적 지도자」임을 자긍하기에 앞서 우리가 소위 「영적 지도자 됨」을 인식하는 근거가 무엇임을 먼저 물어야만 한다. 참으로 하나님의 영광 「때문에」그리고 하나님의 영광을 「위하여」사역의 자리에 설 때 비로소 우리의 지도력의 영성을 말할 수가 있다고 믿는다. 지나간 구약시대의 지도자 느헤미야는 설교자도 전도자도 아니었다.

그에도 우리가 영적 지도력을 말할 때마다 그를 천거함은 왜일까? 그것은 분명 그가 종사한 사역의 유형(類型, Type)때문이 아니고 그의 사역의 동기와 태도, 목표 때문이었던 것이다. 지도자가 쏟아져 나오고 있는 지도자의 물량적 과잉 공급시대에 오히려 지도자의 없음을 말해야 하는 이 혼돈의 시대에 느헤미야를 살펴보는 것은 가히 충격이라고 할 만하다. 그는 한 시대를 살아간 분명한 역사적 인물이면서도 그의 모본(example)은 실로 시대를 초월한다. 그는 어제의 사람이면서 너무나 신선한 오늘의 사람으로 우리에게 걸어온다. 그의 투명하고 견고한 그림자에서 우리는 참된 영적 지도력을 만난다. 그리고 그가 살아 있는 몸으로 시연(示演)한 역사의 무대 위에서 우리는 성경적 지도자론의 정체를 벗겨보기로 한다.

(1) 기도의 사람

이 말은 단순히 그가 기도를 하는데 많은 시간을 바친 사람이라는 뜻이 아니다. 물론 그는 기도를 많이 했으리라고 믿는다. 그러나 그가 기도의 사람이었다는 말은 그보다 더 근본적인 의미를 지닌다. 기도는 「바라봄」이다. 진실로 느헤미야는 하나님과의 관계에선 세상을 바라 본 사람이었고, 하나님의 자리에서 그 세상에 대한 해답을 바라보고 있었던 사람이었다. 우리가 표리 적으로 기도하는 성자(聖者)를 생각할 때 우리는 무엇보다 눈을 감고, 귀를 닫고, 산에 엎드린 고행의 수사(修士)를 연상한다.

그러나 느헤미야의 기도 출발점은 그가 아침에 읽은 조간신문의 뉴스였다. 그는 그의 사랑 하는 조국 예루살렘의 형편을 소식으로 "듣고", 훼파된 예루살렘의 참상을 "보고" 기도를 시작한다(느 1:2~4). 그는 닫힌 귀가 아닌 열린 귀의 소유자였고, 닫힌 눈이 아닌 열린 눈의 소유자였다. 우리는 흔히 기도할 때 「이 세상일을 다 잊어버리게 하옵시고……」라고 말한다. 그

것은 기도가 아니라, 도피의 주문에 불과하다. 역사의 현장을 떠난 곳에 기도는 설 자리가 없다.

그러므로 기도는 곧 역사의식이라고 할 수 있다. 우리가 처한 역사에 대한 올바른 상황인식은 우리로 하여금 책임의 자리에 서게 한다. 여기서부터 기도는 출발한다. 기도의 사람은 우리가 처해 있는 「그 현실에 응답하는 사람들(people responding to reality)」이다. 느헤미야의 기도의 눈물은 역사적 현실에 대한 '지각(知覺)의 눈물'이었던 것이다. 그는 자기의 백성 이스라엘을 위하여 기도하며 「나와 나의 아비 집이 범죄 하여……」라고 자복한다(느1:6). 존 화이트는 이것이 느헤미야의 "공동체적 책임감각(a sense of corporate responsibility)"이요, 우리가 기도할 때에 반드시 터득해야 할 "동일시의 원리(the identification principle)"라고 일컫는다 (John White, Excellence In Leadership, p.23).

다니엘의 기도에서 우리는 같은 원리를 발견할 수 있다. 그는 민족을 위하여 금식하며 베옷을 입고 재를 무릅쓰고 기도한다. 「우리는 이미 범죄하여 패역하며 행악하며 반역하여 주의 법도와 규례를 떠났사오며」(단9:5)라고 다니엘은 범죄와 유랑의 역사 한복판에 서서 민족의 수치를 연대화 하며 기도하고 있는 것이다. 그래서 그는 지도자일 수 있었다. 이것은 오늘날이 책임이 다른 지도자, 혹은 다른 정당에만 있는 것처럼 절규하는 무책임한 지도자와는 얼마나 다른가. 역사적 책임을 떠맡기보다 떠맡기려 하는 자에게는 결코 지도자의 훈장을 달게 해서는 안 된다. 왜 기도하는가?

내 책임임을 알기 때문이다. 더 이상의 설명을 약하고 십자가의 의미를 물어보자. 예수의 십자가가 우리의 허물과 죄를 담당하심이라고 얼마나 우리는 자주 고백하여 왔는가. 그는 친히 우리의 책임을 자신의 책임으로 떠맡으셨다. 그래서 그는 우리의 주님, 우리의 지도자가 되신 것이 아닌가. 그의 십자가는 인류가 경험한 가장 처절하게 벌거벗은 "기도의 자리"였다. 그는 기도의 사람이었기에 십자가의 사람일 수 있었다. 아니 십자가 앞에 무릎 꿇어진 사람이기에 진실로 기도의 사람일 수 있었다. 오늘이 시대의 목자들인 우리는 십자가를 지고 가는 사람인가? 우리의 머리에 씌어져 있는 것은 가시 면류관일까? 황금의 면류관일까?

(2) 사람을 움직일 줄 아는 사람

사람을 움직일 수 없었던 이를 지도자라고 부른 일은 없었다. 지도자(leader) 라는 단어자체가 '인도한다(lead)'는 뜻이 아닌가. 그러면 마땅히 지도자는 사람을 리드해야 한다. 그러나 문제는 "어떻게 움직이느냐?"이다. 단순히 '내가', '내 뜻대로' 회중을 움직이고자 할 때 이는 종종 인간에 대한 조작(manipulation) 이나 이용일 수 있다. 다시, 중요한 것은 지도자의 지도동기(motives)와 결과 (results)라 할 수 있다. 제임스 번스(James M. Buns)는 지도자를 두 가지의 형태로 나눈다. 하나는 "교환형의 지도자(the transacting leader)"요, 또 하나는 "감동형의 지도자(the transforming leader)"라고 말한다(Robert D. Dale, Ministers As Leaders, pp.11~12).

교환형의 지도자는 서로서로 '주고' '받는' 지도자이다. 그는 가치를 흥정 하고 교환하는 자이다. 원색적으로 말하면 '이용하는 관계(quid poi quo), 즉 무엇인가를 위해 무엇인가를 주고받는 관계(something for something-relationship)라 할 수 있겠다. 오늘날 대부분의 지도자와 피지도 자의 관계가 이런 유형이라면 지나친 진단일까.

번스는 더욱 바람직한 새 시대의 지도자상으로 "감동형의 지도자"를 천거 한다. 이 감동형의 지도자는 피지도자의 필요를 공급하여 그를 감동시켜 따라오게 함으로 피지도자와 지도자를 궁극적으로 함께 유익하게 하는 지도자 이다. 그가 먼저 앞세울 관심은 자신의 필요이기보다 피지도자의 필요이어 야 한다. 피지도자의 필요가 지도의 최고선(最高善)으로 존재하는 '지도력 의 스타일(leadership style)'을 의미한다. "교환형 지도자"는 대부분 공 동체를 유지하는(maintain)자이나, "감동형의 지도자"는 공동체를 자라게 (build)한다.

느헤미야의 최고 최대의 관심은 '지도자가 되는 일'이 아니었다. 그의 궁극적 관심은 이스라엘 백성의 보금자리인 예루살렘 성의 중건(重建)이었던 것이다. 그는 이것이 주 앞에 순수하고 투명한 목적일진대 하나님이 그 일을 축복하실 것이라고 믿었다. 그리하여 그는 주위에서 친히 그 일에 관계된 사람들을 주님 자신이 움직여 주십사고 기도하였다. 그는 자신이 사람을 움직이기보다 하나님으로 하여금 사람을 움직이게 하신 것이다.

당시의 예루살렘성은 페르샤의 아닥사스다왕 지배 속에 있었고 느헤미야는 마침 이 왕을 시중들며 국정을 말하는 '술장관'이었다. 그는 그가 가진 사회적 지위와 영향력으로 얼마든지 왕에게 접근할 수 있는 기회를 가지고 있었다. 그럼에도 그는 먼저 기도하였다. 「주여 구하오니 귀를 기울이사 종의 기도를 들으시고 …… 오늘날 종으로 형통하여 이 사람(아닥사스다 왕)앞에서 은혜를 입게 하옵소서」(느 1:11). 이 기도를 한 뒤에도 그는 4개월을 기다린 다음 왕 앞에 나아갔다(2:1 참조). 하나님의 때에 하나님의 방법으로 나아간 그는 하나님이 예비하신 정확한 응답을 허락받을 수 있었다. 그리고 마침내 백성들이 「일어나 건축하자 하고 모두 힘을 내어 이 선한 일을 하고자 함」(느2:18)을 볼 수 있었다. 이 얼마나 바람직한 지도자상인가.

(3)계획의 사람(비전의 사람)

계획 없는 지도자의 성취를 본 적이 있는가? 계획(plan)에 관한한, 우리는 언제나 두 가지의 서로 반대되는 양극단의 입장을 보게 된다. 한 입장은 "기도 없이 계획"하는 스타일이다. 그 결과는 종종 자기 야망의 성취일 뿐 하나님의 뜻의 실현은 아니다. 이는 대부분 인본주의적 지도력의 입장이라 할 수 있다. 그러나 또 다른 입장은 "계획 없는 기도"의 스타일이다. 그의 기도는 허공을 치는 기도일 수밖에 없다. 무엇을 위해 기도했는지 모르는 자가 무엇을 응답받았는지를 어떻게 알 수 있는가. 교회사에 나타난 대부분의 신비주의자가 역사 안에 아무것도 성취하지 못한 이유가 여기에 있다. 느헤미야는 2장에서 아닥사스다왕이 그가 원하는 바가 무엇인가를 물었을 때 즉각 그가 기대하고 있는 성취의 목표를 구체적으로 설득력 있게 제시할 청사진을 가지고 있었다(2:5~8 참조).

씨릴. 바버(Cyril J. Barber)는 "느헤미야는 그가 백성들을 위해 설정한 목표가 성취 가능한 목표이어야 함을 알고 있었다"고 지적한다(Cyril J. Barber, Nehemiah, p.42). 그런 의미에서 분명히 그는 지혜로운 지도자였다. 만일 그가 성취 불가능의 요구조건을 왕에게 제시했을 경우를 상상해 보자. 혹은 백성들이 도달하기 어려운 성취의 목표를 제시했을 경우 백성들의 실망과 낙담을 상상해 보기는 그리 어려운 일이 아니다. 그러나 동시에 그의 목표는 쩨쩨한 것도 아니었다. 거대한 도성 전체의 재건이라는 참신하고도 도전적인 과업이었던 것이다. 그리하여 그의 목표는 진실로 비전(Vision)일 수 있었다.

오늘날 얼마나 많은 지도자들이 이른바 "적극적 사고방식"의 이름으로 허영에 찬 바벨론왕국의 건실을 꿈꾸고 있는가. 그런가 하면 또 얼마나 많은 지도자들은 먹고 살고 즐기기에 족한 쩨쩨한 밥그릇으로서의 목장(牧場)을 꿈꾸고 있는 것일까. 대부분의 영국의 설교자들이 "택한 백성"을 돌보는 교리적 양육에 몰두하고 있었을 때 복음을 한번도 들어보지 못한 수천, 수만의 인도의 영혼들의 방황을 바라 본 윌리암 케리(William Carey)의 선교비전은 실로 도전적이 아니었는가. 그러나 우리의 비전은 또한 양적인 수확에만 머물 수는 없다. 비전은 멀리 볼 뿐 아니라 안으로 깊이 볼 수 있는 것이어야 한다(Vision includes insight as well as foresight).

바리새인이 바라 본 한사람 베드로는 무식한 갈릴리의 배우지 못한 어부에 불과했다. 그러나 나사렛 예수가 바라 본 베드로 안에는 한 시대의 세계를 움직일 사람 낚는 어부의 가능성이 숨쉬고 있었던 것이다. 이 한사람 안에서 하나님나라의 운동력과 폭발력을 보고 그를 제자로 삼고자 계획하신 나사렛 예수야말로 오늘 이 시대가 기다리고 있는 참 지도자의 모형이 아닐 수 없다. 느헤미야는 선하신 하나님의 손의 도우심을 믿고 담대한 계획을 수립하였으며 형통케 하실 하나님을 온 마음으로 신뢰하였다. 「……하늘의 하나님이 형통케 하시리니 그의 종 우리가 일어나 건축하리라」(느2:20). 실로 자기의 시대를 가장 강력하게 그리고 영구 하도록 영향을 끼친 사람들은 모두가 다른 사람들보다 더 많이 그리고 더 멀리 "볼 수 있었던 사람들"(seers)이었다(J. Oswald Sander, Spiritual Leadership, p.48).

(4) 협력하여 일할 줄 아는 사람

느헤미야 3장은 넘치는 예증들을 제시한다. 15개 이상의 다양한 직종을 지닌 75명 이상의 인물들이 어깨를 나란히 하고 완성한 이 성의 역사는 가히 압권이었다. 그들은 "함께" 일어나 건축하였다. 3장에 제일 많이 나오는 단어는 "그 다음은(Next him / them)"이라는 말이다. 저마다 자기의 위치를 지켜가며 어떻게 그 다음 사람과 훌륭한 협력과 조화의 관계를 맺고 있었는가를 보여주는 낱말이다. 대제사장, 금장색, 정치인, 상고(상인)등 다양한 색깔의 사람들이 한 목적 앞에 한 마음으로 일하게 한사람이 누구인가? 그가 바로 지도자 - 느헤미야였던 것이다.

그러나 그렇게 하기 위해 그는 철저하게 자기의 공적을 노출하지 않고 있다. 하지만 동역자들의 성취에는 애써서 강조 위에 강조를 더하고 있음을 보라. 예컨대 3장 20절에는 「그다음은 삽배의 아들 바룩이 한 부분을 힘써 중수하여……」라고 기록하고 있다. 그 작은 성취를 크게 격려하며 기록으로 남기는 느헤미야의 섬세한 민감성을 대할 때마다 나는 나의 동역자들을 향한 무감각한 지나침을 부끄러워하고 자책한다. 75명의 이름의 나열 그 자체가 가장 작은 동역자들까지도 놓치지 않고 격려하려는 느헤미야의 심성이 아니겠는가. 그런 가운데서도 각 사람의 은사와 소명을 따라 반드시 있어야 할 자리에 일꾼들을 있게 하는 느헤미야야 말로 리더십 천재성의 화육(化肉)인 듯싶다.

그러나 중요한 전제는 리더십의 목표 그 자체를 지도자의 필요가 아닌, 피지도자와 공동체의 필요에 두는 일이다. 이 전제가 분명하다면 결국 이 지도자는 팀 빌딩(Team-building)의 결과를 초래할 것이라고 믿는다. 그 동기가 숨길 수 없기 때문이다. 그래서 로렌스 리쳐드 (Lawrence O. Richards)는 그의

유명한 저서「교회 지도력의 신학」(A Theology of Church Leadership)에
서 "리더십의 과제를 건강한 몸의 세움"으로 정의하고 있다.

그는 몸의 건강과 성장은 결국 몸에 속한 지체 하나하나가 제자리에서
건강하고 조화롭게 기능을 성취할 때에만 가능함을 역설한다. 그리고 그것
은 결국 사랑 안에서 움직이는 지도력으로만 일어날 수 있는 일인 것이다
(Lawrence O. Richards and Clyde Hoeldtke, A Theology of
Church Leadership, pp.88~93). 그때에만 교회는 비로소 진정한 '그
리스도의 몸'으로 세워진다. 그리고 이 모든 것은 교회지도자 지도력의 스타
일에 가장 결정적인 영향을 입는다. 리쳐드는 앞으로 교회가 영적으로 성숙
해 갈수록 더욱 '세워주는 자(equipper)'로서의 지도자를 요구할 것이라
고 예언한다. 독재자인 지도자들이 많을수록 그 나라의 교회는 영적 퇴보를
면할 수 없을 것이다.

(5) 장애물 극복의 의지와 결단력과 판단력을 가진 사람

신기하게도 느헤미야의 사역은 전적인 하나님의 인도이었음에도 처음부터
장애물은 존재하고 있었다. 장애물을 회피하고자 하는 자는 먼저 지도력의
선한 야망도 버려야 한다. 처음 말에서 강조한 대로 지도자가 되는 것은 비
판을 받는 사람이 되는 것을 의미한다. 때로 이 비판은 지도자 자신의 연약
성에 기인하지만 또 여러 경우에는 지도자의 잘못과 상관없이 받은 비판일
수 있다. 느헤미야가 왕의 허락을 받아 예루살렘에 도착하자마자 그의 담대
한 계획을 업신여기고 비웃는 산발랏, 도비야, 게셈 등의 도전이 동시에 시
작되었다(느2:19).

그럼에도 그는「하늘의 하나님이 우리로 형통케 하시리니」(느2:20)라고
대답하고 있다. 그의 장애물 극복의 견고한 의지를 볼 수 있는 대목이다.
그리고 이런 의지는 원천적으로 하나님께 대한 그의 부동의 신뢰 때문인 것
은 물론이다. 이래서 그의 사역은 계속된다. 4장에 보면 느헤미야는 그들을
피하지도 않고, 맞서지도(일부러)않았다. 이 얼마나 절묘한 균형인가. 그는

감정의 에스컬레이션을 경험할 때마다 하나님께로 달려온다. 「우리 하나님이여 들으시옵소서 우리가 업신여김을 당하나이다. 원컨대 저희의 욕하는 것으로 자기의 머리에 돌리사 노략거리가 되어 이방에 사로잡히게 하시고……」(느4:4). 이 얼마나 솔직한 감정의 분출인가!

그러나 이것은 이웃이나 적을 향하여 쏟아냄보다 얼마나 더 생산적인 카타르시스인가. 씨. 에스. 루이스(C. S. Lewis)가 그의 「시편묵상」에서 말한 것처럼 하나님은 이 정도의 우리의 원한에 찬 분냄과 성냄을 넉넉히 받으실 수 있는 큰 가슴을 지닌 전능자임을 기억할 수 있다면. 더욱 그는 이미 나의 분냄도, 성냄도 진작 벌써부터 알고 계신 전지자(全知者)이시기 때문이다. 위기의 시간이야말로 인기 있는 지도자가 아닌 참된 예언자의 자리를 시험하는 때이다. 워렌. 위어스비(Warren W. Wiersbe)의 선언은 바로 이런 경우에 적중하는 진리라고 믿는다. "인기를 추구하는 지도자는 바람 속에 결국 넘어지지만, 예언자는 벽처럼 견고하게 선다. 그리고 그 때에 나라는 예언자를 의뢰하고 앞으로 나아가고자 한다(Warren W. Wiersbe, The Integrity Crisis, p.67)"이 얼마나 진리의 말인가. 비판은 지도력의 최대의 시험무대라고 할 수 있다. 비판을 통과한 다음 비로소 지도자는 한 사회 한 민족을 받침 할 수 있는 뿌리 깊은 거목(巨木)으로 선다.

(6)일마다 최선을 다한 사람

느헤미야는 이른바 '기도만' 하고 게으르게 누워있는 자가 아니었다. 그는 기도하면서 마땅히 해야 할 일에 전념을 다한 것이다. 다시 말하면 그는 기도하면서 현재의 상황에서 최선의 노력을 경주하였다. 4장 9절을 보자 "우리가 우리 하나님께 기도하며 저희를 인하여 파수꾼을 두어 주야로 방비하는데" 그는 기도하면서 언제 적들이 쳐들어올지 모르므로 방비하는 일에 최선을 기울이고 있는 것이다. 4장 13절을 보자. "내가 성 뒤 낮고 넓은 곳에 백성으로 그 종족을 따라 칼과 창과 활을 가지고 서게 하고" 그는 성 둘레의 어디가 취약지구인가를 발견해 내고 그 취약지구의 경계를 강화한 것이다.

4장 16절을 보도록 하자. 「그때로부터 내 종자의 절반은 역사하고 절반은 갑옷을 입고 창과 방패와 활을 가졌고 민장은 유다 온 족속의 뒤에 있었으며」그는 백성의 일부분은 공사하는 사람으로, 다른 일부분은 경계하는 사람으로 나누어 놓았다. 4장 17절에는 일하는 자에게는 한 손에 연장을 한 손에 병기를 들게 했다고 기록돼 있다. 4장 18절에는 나팔 부는 자를 배치해서 만일의 경우 경계조치를 취하게 하고 있다. 4장22절에 보면 밤에는 보초를 두어 순찰케 하고 있고, 4장 23절에 보면 밤중에 파수하는 자들은 옷을 벗지 아니하고 경계태세로 지내도록 조치하고 있음을 볼 수 있다. 이 얼마나 철저한 최선인가! 기도는 결코 인간의 노력을 배제하지 않는다. 우리는 기도했기 때문에 덜 일하는 것이 아니고 기도했기 때문에 기도의 힘으로 더욱 최선을 다할 수 있는 것이다.

명성훈 박사는 그의 책에서 느헤미아의 리더십의 원리를 다섯 가지로 언급한다. (1) 섬기는 지도자 원리, (2) 다양하게 대처하는 지도자 원리, (3) 문제를 극복하는 지도자 원리, (4) 믿음과 비전의 지도자 원리, (5) 준비하고 계획하는 지도자 원리이다.[36]

제2절 신약의 리더십 유형

신약에서의 성경적인 리더십의 가장 기본적인 모델은 종(막10장)과 목자(요10장)와 청지기(눅12장)이다. 그리고 이 세 가지 모델을 완벽하게 조화를 이루면서 사역을 수행한 지도자가 예수 그리스도시다. 그러므로 영적 지도자가 되기 원하는 사람은 예수 그리스도를 절대적 표준으로 삼고, 예수

---

36) 명성훈, 창조적 리더십 (서울말씀사, 2000), pp.54-57.

그리스도가 지도자로서 보여주신 삼중적 모델, 곧 종의 리더십, 목자의 리더십, 청지기 리더십을 배우고 훈련해야 할 것이다.

1. 종으로서의 리더십

종의 리더십은 신약에 나타난 가장 핵심적 개념이다. 종의 리더십의 본질은 섬기는 리더십이다. 섬김은 또한 예수 그리스도의 리더십의 본질이었다. 예수님은 자리다툼을 벌이는 제자들에게 종의 리더십을 강조하셨다.

"너희 중에는 그렇지 아니하니 너희 중에 누구든지 크고자 하는 자는 너희를 섬기는 자가 되고 너희 중에 누구든지 으뜸이 되고자 하는 자는 모든 사람의 종이 되어야 하리라."[37]

"내가 주와 또는 선생이 되어 너희 발을 씻겼으니 너희도 서로 발을 씻기는 것이 옳으니라 내가 너희에게 행한 것같이 너희도 행하게 하려 하여 본을 보였노라."[38]

예수님은 주와 선생으로서 제자들의 발을 씻기는 섬김의 본을 보여 주셨다. 영적 지도자는 남을 지배하고 군림하는 자가 아니라, 종이 되어 섬김으로 본을 보일 때 사람들이 감화를 받고 지도자를 따르게 된다. 지도자가 스스로 모든 사람의 종이 되어 섬길 때 많은 영혼을 구원하며[39], 스스로 낮아져서 썩을 때 더 많은 열매를 맺으며,[40] 하나님께 영광을 돌리게 된다.

하나님의 종으로서 지도자는 먼저 하나님을 섬기고 그리고 사람을 섬긴다. 우리의 궁극적인 목적은 하나님을 섬기고, 하나님과 교제하는 일이다. 지도자는 기도와 찬양과 감사로 주님을 섬긴 후에 주님이 주시는 능력으로 사람들의

---

37) 막10:43-44
38) 요13:14-15
39) 고전9:19
40) 요12:24

필요를 채워주고, 복음을 전파하고, 병자를 치유하는 일을 수행하게 된다.

섬기는 지도자는 하나님에 의해 부름 받은 자요, 하나님에 의해 성결함을 받은 자요, 하나님에 의해 사명을 받은 자요, 하나님에 의해 보존되는 자요, 하나님에 의해 능력 받은 자요, 하나님에 의해 인도함을 받는 자요, 봉사를 통해 겸손을 나타내 보이는 자다.[41]

하나님의 종은 자신의 정과 욕심을 십자가에 못박은 자요[42], 복음을 전파한 후에 버림받지 않도록 매일 자신을 쳐서 복종하는 자요,[43] 예수를 얻기 위하여 모든 것을 배설물로 버린 자요,[44] 살아도 주를 위해 살고 죽어도 주를 위해 죽으며[45] 예수의 십자가만 자랑하는 자다.[46]

종에게는 절대복종(순종), 절대희생(봉사), 절대 충성(헌신)이 요구된다.[47]

2. 목자로서의 리더십

하나님은 '이스라엘의 목자'[48]시다. 그의 아들 예수 그리스도는 양들을 위해 자신의 생명을 바침으로써 양들의 위대한 목자로서 하나님의 크신 사랑을 입증하였다. 이처럼 목자는 자기의 양들에게 필요한 모든 것을 공급하고 돌보는 사람이다.

구약에서 하나님은 그의 백성을 인도하시고 먹이고 훈련시키고 보호하시는 목자로서 나타났다.[49] 요한복음에서 예수 그리스도는 선한 목자이시

---

41) John Kirkpatrick, A Theology of Servant Leadership (Passadena: Fuller Theological Seminary, 1988), p.239.
42) 갈5:24
43) 고전9:27
44) 빌3:8
45) 롬14:8
46) 갈6:14
47) 황의영, 교회의 직임과 리더십, (서울: 생명의 말씀사, 1993), p.99.
48) 시80:1
49) 시23: 사40:1-10

다.50) 또한 베드로에게 다시 사명을 주실 때, "내 양을 먹이라"고 부탁하신 것을 보면, 우리는 '목자로서의 리더십'의 중요성을 알 수 있다.51)

시편 23편의 목양의 개념을 보면, 우선 목자는 개개의 양에 대하여 관심을 가지며 그 양이 편안히 쉬도록 하며, 양들이 필요한 것을 공급하며, 피곤하고 낙심하게 될 때 위로와 격려를 주며, 양들을 바로 인도하고 교육과 교훈으로 바르게 하며, 안전하게 보호하며 개인적으로 다정한 우정까지 갖는 것을 포함한다.52)

예수님은 자기 자신을 결코 감독이나 장로 혹은 설교자라고 부르지 않고 목자라고 불렀다. 요한복음 10장에서의 목자의 사명은 다음과 같다. 목자는 양의 이름을 부르고 인도하며, 양들로 하여금 생명을 얻게 하되 풍성히 얻게 하며, 꼴을 공급하며, 선한 목자로서 양들을 위하여 목숨까지 버릴 정도로 양을 사랑해야 하고, 이리떼나 강도, 도적으로부터 양을 보호해야 하며, 양의 형편과 처지를 잘 알아야 하고, 우리에 들지 않은 다른 양들까지 인도하여야 한다.

목자는 이같이 적극적인 방법으로 일하도록 사명을 받았지만 부정적인 경고도 함께 받았다. 예를 들어 양떼를 이용하여 자신의 이익을 추구하지 말 것, 양떼들을 지배하려 하지 말 것, 돈을 위하여 일하지 말 것, 그리고 게으르고 나태하지 말 것 등이다. 즉 양떼들 때문에 생기는 이익이나 만족 때문이 아니라 주님을 향한 사랑과 헌신의 동기에서 일하도록 부름을 받았다.53)

사람들은 형벌과 손해 볼 것이 두려워서 일하고, 어떤 유익이나 상급 때문에 일하지만, 하나님의 목자들은 하나님께서 주신 사명 때문에 그 일을 한다. 그 일 자체가 가치 있고 보람 있기 때문에 그 일을 한다.54)

---

50) 요10:
51) 정성구, 실천신학개론 (서울: 총신대학출판부, 1980), pp.88-89.
52) Jay E. Adams, The Pastoral Life (Baker, 1975), pp.11-14.
53) 황의영, Op.cit., pp.100-102.
54) 명성훈, 교회성장의 영적 차원 (서울말씀사, 1993), p.282.

3. 청지기로서의 리더십

신약성경의 리더십의 세 번째 유형은 청지기 리더십이다. 청지기에 해당되는 헬라어 오이코노모스(οικονομος)는 주택관리인이다.[55] 신약시대에 대부분의 부자가 자신의 집과 하인과 소유물을 관리하는 전문인을 고용했는데 그들을 청지기라고 불렀다.

바울은 종의 개념을 청지기직과 연결시켜 말한다. "사람이 마땅히 우리를 그리스도의 일군이요 하나님의 비밀을 맡은 자로 여길지어다 그리고 맡은 자들에게 구할 것은 충성이니라."[56]

히안(Hian)은 청지기의 개념을 네 가지로 소개한다.[57]

첫째, 청지기는 위임자이다. 위임자는 특권과 함께 책임을 받은 사람이다. 지도자는 위임받은 복음과 하나님의 사역을 히나님의 뜻을 따라 행헤야 한다.

둘째, 청지기는 보호자이다. 디모데는 바울로부터 "우리 안에 거하시는 성령으로 말미암아 네게 부탁한 아름다운 것을 지키라"[58]는 부탁을 받았다. 지도자는 하나님의 진리를 수호할 사명을 가진다.

셋째, 청지기는 전달자이다. 지도자는 사도로서 가르침을 다른 사람에게 전해주는 사명을 감당해야 한다.

넷째, 청지기는 관리자이다. 주님께서는 지혜 있고 신실한 청지기에 대해 언급하셨다. 지도자는 하나님의 교회를 위해 하나님께서 주신 모든 자원을 동원해 하나님의 계획을 실행해야 한다. 청지기에게 요구되는 자질은 신뢰성과 진실성, 자율성과 능동성, 책임성과 효율성이라고 말할 수 있다.[59]

---

55) 눅12:42
56) 고전4:1-2
57) Chua Wee Hian, The Making of a Leader (Downers Grove: IVP, 1987), pp.25-29.
58) 딤후1:14
59) 황의영, Op.cit., pp.105-108.

4. 리더십의 모범이신 예수 그리스도

예수님은 모든 지도자들의 모범이 되시고 모든 지도력의 근원이 되시는 분이다. 우리는 예수님의 생애와 교훈과 말씀을 통해서 참된 영적 리더십의 모델을 찾을 수 있다.

지도자로서 예수님의 궁극적 관심은 사람들의 구원이었다. 제자들을 지도하신 것이나 사람들을 죽기까지 섬기신 것이나 그 목적인 인간을 자유케 하기 위함이었다.[60]

예수님은 그의 삶을 통해 섬기는 종의 리더십, 목자의 리더십, 하나님의 일을 맡아 책임을 완수한 청지기 리더십을 완성하셨다.

첫째, 예수님의 리더십은 종의 리더십, 섬김의 리더십이었다.

주님은 자신이 세상에 오신 목적이 섬김을 받으려 함이 아니라 도리어 섬기려 하고 자기 목숨을 많은 사람의 대속물로 주기 위함이라고 말씀하셨다.[61] 그 말씀대로 예수님은 십자가에서 죽기까지 인류를 섬겼고, 그 주님의 단 한 번에 드려진 희생의 제사는 모든 영적 리더십의 기초가 되었다.

십자가에 죽으시기 전에 예수님은 제자들을 모아 놓고 손수 발을 씻기심으로 종의 리더십이 무엇인지 보여 주셨다. 즉 지위나 위치에서 나오는 권위가 아니라 사랑과 봉사를 통한 지도자의 권위를 몸소 보여 주신 것이다. 예수님은 하나님 아버지의 뜻에 온전히 복종하는 참된 종의 삶을 사셨다.

둘째, 예수님의 리더십은 목자의 리더십이다.

요한복음 10장에는 선한 목자 되신 예수님의 모델이 제시되어 있다. 양들을 위해 목숨을 버리는 목자, 그 양을 알고 양들을 보호하며 풍성한 꼴을 먹이는 목자인 것이다.

셋째, 예수님의 리더십은 청지기의 리더십이다.

청지기는 종의 신분이다. 종의 신분이기 때문에 자신의 유익을 위해서 살

---

60) 명성훈, 창조적 리더십, p.48.
61) 마20:28

아서는 안 된다. 주인을 기쁘게 해야 하며, 주인의 유익을 구해야 한다. 주인의 뜻에 따라 살아가야 한다. 그러나 그 종은 주인의 특별한 신임과 신뢰를 받아 주인의 재산이나 일을 관리하는 주인의 직무를 위임받은 자인 것이다. 주님은 착하고 충성된 종이요, 청지기였다.

예수님은 온전한 리더십을 가지고 사람들을 이끄셨다. 예수님은 조직에 속한 모든 계층의 사람들을 훈련시키셨다. 모든 사람들을 만나고 대화하셨으며, 인생의 사명을 구체화시키셨다. 사람들의 여러 가지 비판을 협조로 바꾸시고, 모든 사람이 환영받고 있다고 느끼게 하셨다. 모든 사람이 자신의 재능을 발휘할 수 있게 해 주셨다.[62]

예수의 참된 인성은 인간들과 자신을 일치시키는 데까지 이르렀고 불의한 자들에게 신적인 사랑과 긍휼과 자비를 베푸셨다.

예수님은 일생 비천한 사람들과 함께 히셨는데, 그는 도움 받지 못한 이들에게 도움을, 보호받지 못하는 이들에게 보호를, 위로 받지 못하는 이들에게 위로를, 주린 자에게 양식을, 병든 자에게 치료를, 벌거벗은 자에게 입을 옷을, 정죄 받고 상처받은 이들에게 용서와 치유를 가져다주셨다.

주님은 하나님과 죄에 빠진 인간 사이에 가로막힌 담을 십자가에서 헐어 버림으로 하나님과 인간의 화해를 이루어 주셨다.

주님의 지도력은 그의 고난당하심에서 잘 나타난다. 세상의 지도자는 영화를 누리고 사람들 위에 군림하여 자신의 영광을 높이고자 한다. 그러나 주님은 고난을 받으시므로 사람들을 죽음에서 생명으로 구원하셨다.

주님은 개개인과 친밀한 인격적 관계를 맺었다. 주님은 교회를 세우시고, 땅 끝까지 복음을 전하는 사명을 완수하시기 위해 제자를 선택하시고 가르치시고 훈련시키셔서 그 일을 완수하셨다.[63]

---

62) Laurie Beth Jones, Teach Your Team to Fish, 송경근 역, 최고 팀빌더 예수 (한언출판사, 2002년), pp.29-306.
63) 황위섭, Op.cit., p.189.

5. 변화의 원리와 변화를 주도하는 리더십

1) 변화의 원리

올바로 변화하기 위해서는 변화의 방향을 명확하게 설정해야 한다. 설정된 방향으로 마찰 없이 가기 위해서는 조직구성원을 하나로 만들어야 한다. 그러기 위해서 우선 그 조직에서 가장 영향력 있는 사람들을 설득해야 한다. 설득하는 과정에서 그 사람들은 그 변화에 대해 새로운 질문을 던지기도 하고 새로운 아이디어를 제공하기도 한다. 이 과정을 통해 조직의 모든 구성원들이 변화의 방향을 이해할 수 있도록 도와야 한다. 그래서 드러커 (Drucker)는 "이해하게 되면 비록 일치하지는 못하더라도 연합은 할 수 있는 법이다"라고 말하기도 했다.

사람들은 현실에 불만족할 때 변화를 요구한다. 그래서 변화를 이끄는 사람은 불만을 비난으로 보지 말고 변화의 새로운 출발점으로 생각해야 한다. 그리고 불만이 있는 사람들에게 투자할 기회, 참여할 기회, 정보를 얻을 기회들을 주어야 한다. 변화를 자기의 것으로 느끼게 하고, 책임의식을 갖도록 하는 것이다. 책임의식을 가질 때 그 기관은 갱신과 변화에 대한 열정으로 가득하게 할 것이다. 변화와 혼란은 갱신과 발전의 원동력이 되기도 한다. 기독교는 변화와 혼란의 시대에 오히려 번성했다는 것을 기억해야 한다.

2) 변화를 주도하는 지도자의 리더십

첫째로, 지도자의 리더십은 실천을 통해 발휘된다. 변화를 이끄는 지도자는 항상 '솔선수범'하는 사람이다. 가장 강력한 전투력을 발휘하는 군대의 지휘관은 항상 최전방에서 전투를 지휘한다. 부하들에게 '가라'고 외치는 것이 아니라 '나를 따르라'고 외치는 것이다.

둘째로, 지도력을 가진 지도자는 문화를 이해해야 한다. 항상 읽고, 듣고, 방문하고 관찰해야 한다. 지도자는 사람들의 일터나 가정을 방문하기도 하며, 그들과 희로애락을 함께 해야 한다. 사람들의 삶에 참여하는 것이다. 그래야 사람들을 올바로 이해할 수 있다. 자신이 이끌어야 할 사람들을 정확하게 이해할 때 강한 지도력을 가질 수 있다.

셋째로, 변혁적 지도자는 추종자로부터 권위를 획득해야 한다. 현대의 리더십 이론에서는 권위가 아래에서 위로 거슬러 올라간다고 생각한다. 사람들은 자기가 따르기로 결정한 사람만을 따르는 법이다. 권위란 신뢰이며 확신이다. 예수님의 제자들이 예수님을 따른 것은 예수님 스스로가 자신의 권위를 내세우셨기 때문이 아니라, 그분의 말씀과 인격을 보고 제자들이 예수님의 권위를 인정해 드렸기 때문이다. 그리스도인 지도자는 예수님의 지도 스타일을 따라야 한다. 이것이 현대 리더십 이론의 최신 경향이다.

넷째로, 변혁적인 지도자는 적대적인 상황을 초월해야 한다. 사람들은 이려울 때 강해지는 법이다. 그래서 지도력을 발휘할 수 있는 가장 좋은 기회는 바로 적대적인 상황이다. 번영과 평화와 안정이 보장될 때는 변화가 일어날 수 없다. 진짜 변화는 위기와 적대상황에서 이루어진다. 변혁적인 지도자는 적대상황을 극복해야 한다. 변화의 주도권을 잡아야 한다. 능동적으로 일을 주도하고, 실행하고, 위험을 감수해야 한다.

다섯째로, 주도적인 지도자는 축적된 정보를 가지고 있다. 정보를 통해 상황을 정확히 파악하면 문제점과 그 해결점까지 보인다. 물론 해결점들은 성경의 기준과 도덕의 원리에 의해서 검토되어야 한다. 그리고 기관의 요구사항, 비용, 모집된 자료들에 근거해서 검토해야 한다.

21세기로 들어가면서 변화의 폭풍은 우리 사회의 모습을 바꾸어 놓고 있다. 그 변화는 숨을 멈추게 할 만큼 격렬한 것이었다. 그래서 어떤 회의론자는 '교회와 기독교가 과연 생존할 수 있을 것인가?'라는 질문을 던지기도 한다. 그러나 예수 그리스도의 교회는 로마의 칙령이나 공산주의자들의 잔혹한 박해 속에서도 무너지지 않았다. 오히려 기독교는 박해와 변화의 폭풍 속에서 더욱 강하게 발전했다. 앞으로 전개 될 변화무쌍한 21세기는 교회에

게 큰 기회가 될 것이다. 단, 여러분과 여러분의 교회가 변화될 준비가 되어 있을 때 말이다.[64]

---

64) 교회를 향한 제3의 물결 (기독신문사, 1998) 중에서

제4장 바울의 리더십과 비전

제1절 바울의 성장배경

사도행전 22장 3절에서의 바울의 고백은 그의 성장배경을 잘 말해 준다. "나는 유대인으로 길리기아 다소에서 났고 이성에서 자라 가말리엘의 문하에서 우리 조상들의 율법의 엄한 교훈을 받았고 오늘 너희 모든 사람처럼 하나님께 대하여 열심하는 자라."

다소라는 곳은 로마 제국 내 길리기아 지역의 수도였다. 당시 사업과 문화의 중심지로서 스토아 철학으로 유명한 도시였고, 희랍철학과 동양의 밀의 철학 등 동서 문화의 요충지로서 학문이 매우 발달된 도시였다.

바울의 부친이 다소에서 천막 제조공장을 경영하였다고 볼 수 있다면 당시 바울의 가정은 최소한도 중류 이상의 유복한 가정이었을 것이다. 이어서 부모는 바울이 어릴 때 상당한 재정적 부담을 감수하면서 그를 유대인들의 성지인 예루살렘으로 유학시켜 거기서 엄한 바리새파 랍비교육을 받도록 했다.[65]

그는 예루살렘에서 당시 학식 수준이 높은 가말리엘 밑에서 문하생으로

---

65) 최갑종, 바울연구 I (기독교문서선교회, 1993), pp.15-16.

있었다. 70인역(LXX)을 통해서 율법을 배웠고, 그의 아덴에서의 설교의 수사법을 통해 알 수 있는 것처럼 그는 스토아 철학과 에피큐로스 철학도 공부하였다.

"내가 팔 일만에 할례를 받고 이스라엘 족속이요 베냐민의 지파요 히브리인 중의 히브리인이요 율법으로는 내가 바리새인이요"[66)

철저한 유대교 교육을 받은 그는 철저한 바리새인으로, 베냐민 지파였으며 당시 로마 시민권을 소유한 자였다. 베냐민 지파 출신이라고 하는 것을 바울의 가정이 개종자의 후예가 아니라 유대의 초대 임금 사울의 가문이며, 유다지파를 끝까지 지원한 명문가문인 것을 알 수 있다.[67) 또 바리새인이 었다는 것은 당시 유대인 종교 사회의 지도자, 유대 민족 중의 엘리트가 되었다는 것을 의미한다.

바울은 예루살렘에서 학문을 잘 쌓아 곧 권위 있는 자리에 올랐다. 실로 그는 크리스천들의 신앙문제에 도전하여 그들을 심문할 만큼 당당한 위치에 있었다. 그는 공회나 혹은 산헤드린이라는 유대인 최고 공의회에서 크리스천들에게 부표(否票)를 던질 수 있는 자리에 있었다.[68)

그런 그가 열심히 교회를 핍박하였는데 초창기 기독교운동 박해에 결정적인 역할을 하였다.

바울은 하나님에 대한 열심 때문에 유대종교의 근간인 성전을 모독하고 율법을 깨뜨리는 크리스천들을 필요하다면 죽여서라도 제거하여 자신의 종교를 고수하려고 했던 것이다. 바울은 이와 같은 종교적 열심 때문에 유대 종교 안에서 일어난 새로운 기독교 공동체를 박멸시키려 했다.[69)

바울은 예루살렘에 있는 헬라계 유대인 신앙 공동체를 핍박하여 부셔버리고 그것도 모자라 다메섹으로 도망간 그리스도인들을 붙잡아오기 위해 다메

---

66) 빌3:5
67) 최갑종, Op.cit., p.18.
68) John W. Drane, Paul, 이중수 역, 바울 (두란노: 1991), p.17.
69) 최갑종, Op.cit., p.24.

섹으로 내려가다가 부활하신 주님을 만나게 된다. 다메섹의 체험은 바울의 전 생애와 전 사고와 사상을 근본적으로 뒤바꾼 혁명적인 계기가 되었다.

바울은 선교활동 동안 고난과 고통, 영광과 환의 앞에 언제나 자신의 핍박하던 일과 다메섹으로 가는 길에서의 주님의 부르심 체험을 되새기며 자기를 통제하고, 겸손하였으며, 더 굳건한 전도의 열정으로 나아갔다.

제2절 바울의 성품

리더십에 있어서 매우 중요한 것은 성품이다. 성품은 리더십의 신위와 나타날 열매를 예측하게 하는 것이다. 어떤 의미에서 성품은 리더의 모든 것이다.

그는 갈라디아서에 나타난 성령의 열매[70]을 온전히 구현한 사람이었다.

고린도전서 13장의 아름다운 시는 그가 참된 사랑이 무엇인지 알고 있었음을 확인시켜 준다. 그는 환난 중에서 즐거워하는[71] 평강을 누렸으며, 그는 모든 사역의 시간 동안 항상 오래 참고 견디며 주님의 일을 완수하였다. 그의 독특한 성품 가운데 하나가 인내였다.

그는 이방인과 동족을 구원하기 위한 열망으로 가득 차서[72] 항상 가슴은 불쌍히 여기는 마음, 긍휼의 마음으로 가득했다.

"나의 달려갈 길과 주 예수께 받은 사명 곧 하나님의 은혜의 복음 증거 하는 일을 마치려 함에는 나의 생명을 조금도 귀한 것으로 여기지 아니 하노라"[73]는 고백은 그가 얼마나 충성된 사람이었는가 하는 것을 잘 보여준다.

---

70) 갈5:22-23
71) 롬5:3
72) 고전8:13; 고후11:23-28
73) 행20:24

그는 깊은 영성의 사람이었다. 그의 영성은 로마서 7장의 고백, 자기 자신의 육체의 욕심을 이겨내기 위한 싸움에서 잘 살펴볼 수 있다. 그는 자신의 본성 곧 죄에 대한 절망과 예수 그리스도의 십자가 그리고 성령의 도우심을 통한 은혜와 회복을 경험했다. 그의 깊은 은혜의 체험은 빌립보 감옥에서도 기도하고 찬양하는 아름다운 모습을 보여준다.

그는 성숙한 인격을 갖추었다. 어떠한 환경에서도 사역을 완수하기 위해 흔들림 없이 나아갔다. "내가 비천에 처할 줄도 알고 풍부에 처할 줄도 알아 모든 일에 배부르며 배고픔과 풍부와 궁핍에도 일체의 비결을 배웠노라"[74]는 고백이 그것을 증명해준다.

물론 바울에게도 많은 약점이 있었다. 고린도후서 10장 10절에 보면 바울의 편지는 무게가 있고 힘차지만 직접 대해보면 몸은 약하고 말하는 것이 별 것 없었다고 말한다.

바나바와의 불화, 데마의 떠나감, 후메내오와 빌레도의 대적 등 사랑하는 동료들과의 문제로 인하여 바울은 큰 고통을 받았다. 이렇듯 바울은 내외적으로 끊임없는 시련을 당했지만 그로 인해 침몰하지는 않았다.

복음을 전하되 그리스도의 이름을 한번도 들어보지 못한 곳에 우선적으로 복음을 전하고자 하는[75] 개척정신, 생명이 있는 한 땅 끝까지 이르러 복음을 전해야겠다는 목표는 그에게 나태와 안일을 허용하지 않았다.

새로운 이방문화 속에 홀로 뛰어들어 단시간에 복음의 뿌리를 내리게 하기 위해서 항상 바울 자신이 새 부대, 새 사람이 되어야 했다. 이런 바울의 삶은 참으로 모든 후배 지도자들에게 모범이 되었다.

바울은 그리스도의 사랑 때문에 빚진 자가 되었고 그로 인한 의무감이 인종을 뛰어넘고 문화적 차이를 뛰어넘어 사명을 완수한 사람이 되었다.

---

74) 빌4:12
75) 롬15:20

제3절 지도자로서의 인격

바울의 인격을 다차원적인 측면, 용기와 결단력 측면, 인내와 절제 측면에서 살펴보고자 한다.

1. 다차원의 사람

바울은 다차원의 리더십을 가진 사람이었다.

지도자는 한 집안의 재산을 관리하는 청지기이다(고전4:1). 지도자는 일을 자처하며 앞장서서 사람들을 이끄는 사람 곧 다스리는 자이다(고전 12:28, 롬12:8). 지도자는 성도들을 지켜 보호하는 파수꾼이요, 감독자이다(행20:28). 또한 지도자는 성숙한 신앙을 지닌 따스한 장로의 모습이기도 하다(행20:17).

사도 바울은 때로 인자한 부모와 같았다. 때로는 형제와 같았다. 또한 어떤 때는 교회를 향해 따뜻한 칭찬을 해주었다. 그러나 교회 속에 파고드는 이단 사상에 대해서는 무섭게 질책하기도 하였다. 바울의 리더십을 행사하는 방법은 획일적으로 고정되어 있지 않았다.

또한 바울은 다른 사람들과의 관계에서 매우 주의가 깊었고, 세심한 배려로서 어려운 상황들을 잘 타개해 나갔다. 바울은 다른 사람들의 권리와 감정에 대해 생각이 깊었고 민감했다. 바울은 서로의 권리를 존중하는 가운데 상호간의 미묘한 문제들을 처리하며 화목한 결론으로 이끌었다. 바울의 인격은 다차원적이어서 어느 계층에도 파고 들어갔다.

이는 마치 흐르는 물에 비유될 수 있다. 어떤 용기에 부어도 그대로 적용이 되는, 그러면서도 빈틈없이 차오르는 모습은 부드러움 속에 강함이 조화를 이루고 있는 모습이다.

2. 사자와 같은 용기와 결단력

옳은 것은 옳기 때문에 끝까지 관철시키는 자세는 비판과 비난을 두려워하지 않는 용기에서 비롯된다. 바울은 뛰어난 정신력, 용기의 소유자였다.

그는 그의 가는 길에 고난과 위험이 늘 기다리고 있다는 것을 잘 알고 있었다. 마지막 예루살렘으로 올라가겠다고 결심했을 때 성령께서는 예루살렘으로 돌아가는 그 길에는 엄청난 고난이 있음을 알려주었다. 그러나 미래의 고난과 위험이 그를 방해하거나 가던 길을 단념하게 못하였다.

그의 용기는 두려움에 대해 무감각해서가 아니었다. 위험에 대해 무감각한 채 무모하게 덤비는 그런 무모한 용기가 아니었다. 바울은 좌로도 우로도 치우치지 않는 놀라운 이성적 균형을 나타내 보였다. 그는 무모하게 돌진하지 않았고 소심하게 움츠려 들지도 않았다. 언제나 먼저 칭찬하고 격려할 줄 아는 사람이었으나, 그릇된 일에는 그에 합당한 책망을 하였다. 징계를 하는데 따른 아픔과 수고를 면하기 위해 필요한 징계를 하지 않고 방치하는 일은 없었다.

또한 바울은 결단력의 사람이었다.

지휘관은 무릇 분명한 결단력을 가지고 있어야 하지 않겠는가? 한번 확신했으면 결심을 바꾸지 않았다. 그는 한번 예수 그리스도를 진리라고 인정한 뒤 평생 그 분을, 그분의 길을 따랐다. 이방 사도로의 부르심을 받아들인 후 이 부르심에 회의를 느끼지 않았다. 그는 의무를 발견했으면 곧장 그것을 이행하였다. 결단력 있는 지도자는 일단 그 일이 하나님의 뜻임을 확신하면 결과에 구애받지 않고 행동으로 옮긴다. 용기를 가지고 과감하게 사역을 수행하며, 그에 따르는 성공뿐 아니라 실패에 대한 책임도 받아들였다.

3. 바울의 인내와 절제

다른 사람의 약점과 실패에 대해 참지 못하는 사람은 다른 사람을 잘 인도할 수 없다. 훌륭한 지도자는 자기보다 느린 형제의 걸음에 보조를 맞추는 법을 안다. 인내는 지도자가 명령에 의해서보다는 설득에 의해 사람들을 이끌려고 할 때 필수적이다.

상대방으로 하여금 지도자인 자신의 견해를 수용하고 그것에 따라 행동하게 하는 것은 결코 쉬운 일이 아니다. 개인으로 하여금 스스로 결정을 하도록 설득하는 기술은 매우 가치가 있다. 바울은 성장이 더딘 양에 대해 인내했다. 다시 해산의 수고를 감당하기까지 참고 견디며 기다렸다.

또한 지도자는 먼저 자기 자신을 훈련하고서 다른 사람들을 이끌 수 있다. 외부로부터 부과된 훈련에 자기를 굴복시킬 줄 모르는 사람, 순종하는 법을 모르는 사람은 훌륭한 지도자가 될 수 없다. 자기 훈련은 절제에서 비롯된다. 바울은 두 영역에서 자신을 엄하게 훈련시켰다

바울은 늘 자신의 육체와 싸움을 했다. 끊임없이 육체의 욕망을 절제하고 죽이는 일에 헌신했다. 지도자라고 해도 사람에게는 누구나 편안히 쉬고, 육체의 쾌락에 탐닉하며 방종하고 게으를 위험이 도사리고 있다. 너무 과도하게 일에 열중한 나머지 탈진하여 사역으로부터 후퇴하는 일도 있다. 그래서 절제가 중요하고 자기 자신을 살피는 일이 중요하다. 바울은 날마다 자신의 육체의 정욕과 싸우며 늘 깨어서 하나님의 일을 성취하는 일에 매진하였다.

바울은 이 세상의 사상과 풍습이 주는 모든 유혹들과 싸웠다. 바울은 죄가 생각으로부터 시작되는 것을 알고 그의 생각이 방황하지 못하도록 깨어 지키며, 그것을 그리스도의 지배 아래 굴복시키기를 끊임없이 힘썼다. 하나님께서는 그 힘을 공급해 주셨다. 바울이 절제할 수 있었던 비결은 성령으로 충만한 믿음 때문이었다.

4. 기도의 용사 바울

복음 전파와 교회부흥에 선구자 역할을 했던 사람들, 그들의 비밀은 한결

같이 기도였다.

바울의 리더십의 첫 번째 비밀 또한 기도였다. 그는 개인적으로도 위대한 자질들을 많이 소유하고 있었지만 그것들을 의지하지 않고 대신 하나님의 능력을 덧입기 위한 통로로서 기도를 사용했다. 그는 쉬지 않고 기도했다.

바울에게 있어서 기도는 땀 흘리는 수고와 싸움이었다. 바울은 기도를 통해 하나님의 뜻에 자신을 쳐 복종시킬 수 있었다. 또한 바울의 기도에는 믿음의 확신이 있었다. 불가능하게 보이는 상황에서도 그는 결코 뒤로 물러서지 않았다. 늘 전능하신 하나님과 교제하는 사람에게는 하나님의 뜻이 아닌 것을 제외하고는 불가능이란 없는 법이다. 그도 때로 자신의 부족함을 의식하고 성령의 도우심이 필요함을 절실히 느꼈다. 그 해결의 비밀 또한 기도였다.

바울은 성도들이 그를 위해 기도해 주시를 몹시 원했다. 기도가 사역의 능력이었기 때문이었다. 바울 자신에게도 모든 교회와 성도들을 향한 중보 기도가 큰 부분을 차지하고 있었다.

5. 하나님의 대변인

바울의 리더십에서 가장 유력한 요소 중의 하나는 하나님의 진리를 강력하고 설득력 있게 전달할 수 있는 능력이었다. 진실로 영향력 있는 지도자들은 대부분 이 능력을 소유하고 있다. 바울의 의사 전달방법은 융통성을 가지고 상황에 맞게 변화되었다. 때론 변론형식을 취하였고, 때론 문답식 방법을 사용했다. 그는 그의 메시지를 드는 사람들과의 공통적인 토대 위에서 메시지를 전하는 것이 중요하다는 것을 깨달았다. 그래서 그는 통치자든, 관리인이든, 철학자든, 노동자든 모든 계층의 사람들에게 쉽게 접근할 수 있었다.

제5장 바울의 '섬김의 리더십'[76)

신약의 바울 서신서 들과 사도행전에 나타나는 바울의 리더십의 패러다임은 그 원형이 예수 그리스도이다. 바울의 삶의 목표는 예수를 닮아 가는 것이었다. 그에게 예수 그리스도는 메시아이며 동시에 위대한 스승이고 목회자이며 지도자였다.

목회자로서의 바울에게 예수 그리스도의 리더십은 곧 목회 리더십의 성서적 원형이었다. 그러므로 신약성서에 나타나는 바울의 리더십의 유형들은 곧 예수 그리스도의 리더십의 실천이라고 할 수 있다.

성경에 등장하는 대표적인 지도자로서 구약에서는 모세를 신약에서는 사도 바울을 지목할 수 있는데 이 두 위대한 지도자들의 대표적인 특징은 그들이 자신과 타인에 의해서 '하나님의 종'으로 불리었다는 사실이다.

구약성서에서 모세에 대한 언급은 언제나 "나의 지도자 모세"가 아니라 "나의 종 모세"로 나타난다. 그것은 정확히 예수 그리스도의 가르침과 일치한다. 바울은 스스로 자신을 '하나님의 종'이라고 불렀을 뿐 아니라 또한 모든 그리스도인들이 서로에게 종이 되어야 한다고 가르쳤다. 사도 바울의 이러한 가르침은 그리스도의 가르침에 기초한 것이다. 신약성서 마가복음 10장에는 예수 그리스도의 위대한 리더십의 중심원리가 기록되어 있다:

---

76) 박형순, "갈라디아서에 나타난 바울의 리더십", 강남대학교 논문집, (제39권, 2002)

"······ 너희 중에 누구든지 크고자 하는 자는 너희를 섬기는 자가 되고 너희 중에 누구든지 으뜸이 되고자 하는 자는 모든 사람의 종이 되어야 하리라. 인자의 온 것은 섬김을 받으려 함이 아니라 도리어 섬기려 하고 자기 목숨을 많은 사람의 대속물로 주려함이라."[77]

리더십에 관한 예수 그리스도의 가르침은 역설적이고 혁명적이다. '종'이라고 하는 단어는 당시는 물론 현대 사회에서도 낮고 천한 신분의 상징이다. 인간은 본능적으로 그런 신분과 역할을 기피한다. 그러나 예수에게 있어서 '종'이란 단어는 '위대함'과 동의어이다. 섬기는 자가 위대한 자이고 종의 자세로 살아가는 자가 진정한 지도자라고 하는 예수의 가르침은 현대사회의 리더십에 대한 통념을 기초부터 뒤집어 놓은 혁명적 리더십 개념이라고 할 수 있다.

제1절 '섬김의 리더십'의 목표

예수 그리스도의 '섬김의 리더십'의 일차적 목표는 잃어버린 영혼들을 구원하기 위한 것이다. 사도 바울은 고린도교회를 향해 이렇게 말한다. "내가 모든 사람에게 자유 하였으나 스스로 모든 사람에게 종이 된 것은 더 많은 사람을 얻고자 함이라."[78]

바울의 비전은 세계의 모든 민족들에게 복음을 선포하여 그들로 하여금 주 예수 그리스도를 믿고 순종하도록 하는 것이었다.[79] 바울은 사역하는 동안 항상, 다메섹 도상에서 부활하시어 높임 받은 주 예수 그리스도로부터

---

77) 막10:43-45
78) 고전9:19
79) 김세윤, 예수와 바울 (참말, 1993), p.387.

사도로 부름 받고 모든 이방인들을 그에 대한 믿음의 순종에로 불러오도록 임명받았음을 의식하였다.[80]

교회라는 단어의 헬라어 원어인 에클레시아(ekklesia)의 일차적 의미는 '불러냄을 받은 사람들(called out)'이다. 하나님의 나라는 세상으로부터 '불러냄을 받은 사람들'로 이루어지는 신성한 공동체이다. 그러므로 그리스도의 종의 리더십의 일차적 목표는 세상으로부터 사람들을 불러내어 하나님의 나라를 확장하는 것이다. 그리스도가 세상에 오신 것은 인류를 섬기고 자신의 목숨을 많은 사람의 대속물로 주기 위한 목적이었다.

'종의 리더십'의 두 번째 목표는 '불러냄을 받은 사람들'을 일으켜 '세워(called up)' 제자화 하는 것이다. 세상으로부터 불러냄을 받은 사람들은 이제 신앙적 훈련과 교육을 거쳐 자신의 역할을 감당할 수 있는 성숙한 제자로 변화되어야 한다. 성숙한 제자는 서로를 섬김으로 유기적인 신앙공동체를 이루어 나가야 할 의무를 지닌다.

사도 바울은 이에 관해 두 가지 교훈을 남겼다:

(1) "형제들아 너희가 자유를 위하여 부르심을 입었으나 그러나 그 자유로 육체의 기회를 삼지 말고 오직 사랑으로 서로 종노릇하라."[81]

(2) "너희는 사도들과 선지자들의 터 위에 세우심을 입은 자라. 그리스도 예수께서 친히 모퉁이 돌이 되셨느니라. 그의 안에서 건물마다 서로 연결하여 주안에서 성전이 되어가고 너희도 성령 안에서 하나님의 거하실 처소가 되기 위하여 예수 안에서 함께 지어져 가느니라."[82]

'종의 리더십'의 세 번째 목표는 '불러냄을 받고(called out)' 제자화 된 사람들(called up)'을 '그리스도의 증인'으로서 다시 세상으로 '들여보내는

---

80) Ibid., p.387.
81) 갈5:13
82) 엡2:20-22

것'(called in)이다.

신약성서에는 이에 대한 두 가지 명령이 기록되어 있다.

첫째는 마태복음에 기록된 예수의 명령이다: "그러므로 너희는 가서 모든 족속으로 제자를 삼아, 아버지와 아들과 성령의 이름으로 세례를 주고, 내가 너희에게 분부한 모든 것을 가르쳐 지키게 하라."[83]

둘째는 사도행전에 나타나는 '위대한 사명(the Great Commission)'이다: "오직 성령이 너희에게 임하시면 너희가 권능을 받고, 예루살렘과 사마리아와 온 유대와 땅 끝까지 이르러 내 증인이 되리라."[84]

그리스도가 가르친 섬김의 리더십은 궁극적으로 세상의 잃어버린 영혼들을 불러내어 구원하고, 그들을 훈련시켜 그리스도의 몸으로 제자화 하며, 제자화 된 그들을 다시 그리스도의 증인들로 세상 속으로 파송하는 것을 목표로 한다.

예수의 '섬김의 리더십(servant leadership)'은 사회적 통념으로 이해하기 어려운 혁명적 발상이었기 때문에 예수의 측근 제자들마저도 그 개념을 이해하지 못했다.

예를 들면 야고보와 요한은 장차 도래할 하나님의 왕국에서 다른 제자들보다 우월한 지위를 확보하려는 야심을 품고 그들의 모친을 통해 예수께 청원을 하였다. 그러나 예수의 답변은 그들의 기대와는 전혀 다른 것이었다. "너희 구하는 것을 너희가 알지 못하는 도다 ……"[85]

야고보와 요한이 원한 것은 하나님 나라에서 자신들이 누릴 영광과 면류관과 주인의 자리였다. 그러나 진정한 영광의 면류관은 수치와 고난의 길을 통해야 하고 그들이 원하는 주인의 자리는 섬김의 종의 길을 거쳐 얻게 되는 것이 하나님의 나라의 원리임을 예수께서는 의미하신 것이다.

---

83) 마28:19-20
84) 행1:8
85) 마20:22-23: "…… .너희 구하는 것을 너희가 알지 못하는 도다 나의 마시는 잔을 너희가 마실 수 있느냐. 저희가 말하되 할 수 있나이다. 가라사대 너희가 과연 내 잔을 마시려니와 내 좌우편에 앉는 것은 나의 줄 것이 아니라 내 아버지께서 누구를 위하여 예비하셨든지 그들이 얻을 것이니라."

제2절 '섬김의 리더십'의 주권

구약성서 이사야서 42장에는 메시아의 리더십의 주권과 관련하여 의미 있는 구절이 나타난다. "나의 종을 보아라. 그는 내가 붙들어 주는 사람이다. 내가 택한 사람, 내가 마음으로 기뻐하는 사람이다."[86) 이 구절은 메시아의 정체성을 확인해 주고 있다. 즉 메시아는 하나님의 종이며 그의 임명 권자는 하나님이라는 사실이다. 리더십의 관점에서 볼 때 메시아의 리더십의 주권자는 하나님이라는 의미이다.

신약성서에서 예수 그리스도가 신적 영광과 권리를 포기하고 인간의 모습으로 강림하신 것과 지상에서의 사역을 마치고 십자가의 죽음의 길을 택한 것은 하나님의 절대 주권에 순종하는 하나님의 종으로서의 메시아의 모습을 보여 주는 것이다.

갈라디아서와 서신서에 나타나는 바울의 모습 역시 메시아의 모습을 닮았다. 그는 자신의 인간적인 권리와 영광을 포기하고 자신의 삶을 주권자이신 하나님께 전적으로 의지하고 헌신하였다. 메시아가 세례라는 의식을 통해 성령의 기름 부으심을 받고 그의 공적 사역을 시작한 것처럼 바울 역시 회심의 사건을 통해 성령의 기름 부으심을 받고 사도로서의 공적 사역을 시작하였다.

바울은 하나님과 예수님에게서 리더십의 근거를 찾았다. 이것은 바울이 일생 동안 리더십을 발휘하는 하나의 원칙이었다. 바울은 자신의 삶은 오직 예수 그리스도와 하나님을 위해서만 헌신되었다고 생각했다.[87)

"내 좌우편에 앉는 것은 나의 줄 것이 아니라 누구를 위하여 예비 되었든지 그들이 얻을 것이라."[88)

현대인을 위한 영어 성경인 "Good News Bible"에는 위의 성구를 다음

---

86) 사42:1
87) 김학중, 사도 바울에게서 배우는 성공의 법칙 (제네시스21, 2001), p.23.
88) 막10:40

과 같이 번역하고 있다: "이 자리를 주시는 분은 하나님이시며 하나님은 그
들을 예비하셨다."[89] 위에 인용된 예수의 말씀은 목회 리더십에 대한 임명
과 보상은 인간의 의지와 노력으로 쟁취되는 것이 아니라 하나님의 주권에
의해서 결정된다는 것을 의미한다.

예수께서는 제자들을 향해 "너희가 나를 택한 것이 아니요 내가 너희를 택
하여 세웠다"고 말씀하셨다.[90] 리더십의 임명권자에 대한 소명(vocation)의
확신은 크리스천 지도자들에게 리더십의 본질과 방향성을 제시해 주는 중요
한 요소이다. 즉 예수께서 리더를 임명하셨다는 것은 동시에 섬김의 리더십
을 사명으로 주셨다는 것을 의미하기 때문이다. 사도 바울의 리더십의 기초
에는 언제나 확고한 소명의식이 자리 잡고 있었다.

제3절 '섬김의 리더십'과 보상

" …… 너희 구하는 것을 너희가 알지 못하는 도다 너희가 나의 마시는 잔
을 마시며 나의 받는 세례를 받을 수 있느냐?"[91]

이 구절은 목회 리더십의 또 하나의 중요한 특성을 암시하는 부분이다.

사회적 리더십은 결과에 따라 보상이 따른다. 목회 리더십 역시 보상이 있지
만 그 보상은 현세적이기보다는 내세적이다. 목회 리더십, 특히 섬김의 리더십
은 고난과 고통, 멸시와 박해와 같은 현세적 희생과 수고가 필연적으로 수반되
는 반면 결과에 따른 보상은 현세적인 것도 있으나 궁극적으로는 내세적이다.

---

89) Good News Bible *Mark* 10:40; "It is God who will give these places
to those whom He has prepared them."
90) 요15:16
91) 막10:38

그 사실은 신약성서에서 예수의 행적과 바울을 포함한 초대교회의 지도자들의 행적을 통해서 입증되고 있다. 그러기 때문에 예수께서는 제자들이 자신들의 수고와 희생의 결과에 대한 현세적 보상을 기대할 때마다 고난과 희생을 통해 실현되어질 내세적 보상을 강조하였다.

사도 바울은 고난으로 인해 수 없는 시련과 죽음의 고통을 경험한 지도자였다. 그는 그러한 극심한 고난의 경험을 통해 삶의 깊은 진리를 체험하고 다음과 같이 고백하였다. "내가 궁핍함으로 말하는 것이 아니라 어떠한 형편에든지 내가 자족하기를 배웠노니 내가 비천에 처할 줄도 알고 풍부에 처할 줄도 알아, 모든 일에 배부르며 배고픔과 풍부와 궁핍에도 일체의 비결을 배웠노라."[92]

제4절 '섬김의 리더십'의 원칙

1. 리더십의 주권자에 대한 절대적 신뢰와 순종

바울의 리더십의 변치 않는 원리는 하나님의 주권에 대한 절대적인 믿음과, 동시에 '하나님의 종'으로서의 자신의 영적 신분에 대한 확신과 순종이다. 융의 심리학 용어에 페르조나(persona)라는 단어가 있는데 이 헬라어 단어의 본래 의미는 연극에서 사용되는 가면을 뜻하는데 융은 이 단어를 심리학적으로 "이성과 의지를 가지고 자유로이 책임을 지며 행동하는 주체"의 의미로 사용하였다.[93]

사도 바울은 회심 이전에는 열심 있는 바리새인이며 가말리엘 학파의 학자로서의 페르조나를 가지고 있었다. 그러나 회심 후 바울은 사도와 하나님

---

92) 빌4:11-12
93) 이부영, 분석 심리학 — C. G. Jung의 인간 심성론. (일조각, 1998). p.81.

의 종이라는 새로운 페르조나를 소유하게 되었다. 바울이 회심 전의 사회적 페르조나에 연연하지 않고 그에게 주어진 새로운 페르조나에 전적으로 헌신할 수 있었던 것은 그의 새로운 페르조나가 하나님의 절대적 주권과 섭리에 의해 부여된 자신의 새로운 정체성임을 확신하고 순종하였기 때문이다.

사도 바울은 또한 '사도'로서의 페르조나의 권위와 '하나님의 종'으로서의 페르조나의 섬김의 자세를 지혜롭게 조화시킴으로 효과적인 섬김의 리더십을 발휘하였다. 현대 교회의 목회자들이 바울처럼 효과적인 섬김의 리더십을 발휘하기 위해서는 그들의 목회 현장에서 '목사'의 페르조나와 '하나님의 종'으로서의 페르조나를 지혜롭게 조화시킬 수 있어야 할 것이다. 그러기 위해서는 목회 지도력의 임명권자인 그리스도의 주권과 섬김의 명령에 대한 절대적 신뢰와 순종이 있어야 한다.

2. 겸손과 희생의 원리

"앉아서 먹는 자가 크냐? 섬기는 자가 크냐? 앉아 먹는 자가 아니냐? 그러나 나는 섬기는 자로 너희 중에 있느니라."[94] 이 구절은 예수 자신이 제자들에게 하신 말씀으로 그리스도의 겸손함을 보여주는 구절이다. 구약의 이사야서에도 메시아의 겸손함을 예언하는 구절이 있다: "그는 소리치거나 목소리를 높이지 않으며, 거리에서는 그 소리가 들리지 않게 하실 것이다."[95]

"위대한 리더십으로 가는 진정한 길은 자신을 낮추는 것이며, 다른 사람의 위대함을 알아보고 칭찬해 주는 것이다"[96]

겸손은 메시아의 품성이며 메시아가 강조하는 섬김의 리더십의 기본적 자

---

94) 눅22:27
95) 사42:2-3
96) Charles C. Manz, The Leadership Wisdom of Jesus, 이종인역, 예수의 비즈니스 리더십 (네오북, 2000년), p.54.

세이다. 이 겸손은 리더십 임명권자에 대한 절대적인 신뢰와 순종으로부터 나온다. 예수께서는 섬김을 통해 위대함이 나타나고 모든 사람의 종이 될 때 진정한 리더가 될 수 있다는 겸손의 진리를 가장 인상적인 방법으로 제자들에게 보여 주셨는데, 그것은 마지막 만찬 자리에서 손수 제자들의 발을 씻겨주신 "세족식"이다.

예수께서는 세족식을 행하신 후 "내가 주와 또는 선생이 되어 너희 발을 씻겼으니 너희도 서로 발을 씻기는 것이 옳으니라. 내가 너희에게 행한 것 같이 너희도 행하게 하려하여 본을 보였노라."고 겸손의 미덕을 강조 하셨다.[97]

겸손은 지속적인 자기 비우기, 곧 자기 부정의 훈련이라고 할 수 있다. 사도 바울은 교회의 제반 문제들과 갈등을 다루는데 있어서 끊임없이 자기를 부정하고 오직 그리스도의 권위와 말씀으로 그들을 대하였다. 바울의 그러한 겸손의 자세야말로 교회를 감화시킬 수 있었던 능력의 원천이었다고 할 수 있다.

3. 믿음, 소망, 사랑의 원리

신약성서 고린도전서 13장에는 바울의 위대한 선언이 기록되어 있다: "믿음, 소망, 사랑, 이 세 가지는 항상 있을 것인데 그 중에 제일은 사랑이라."[98] 믿음, 소망, 사랑, 이 세 가지의 원리는 바울의 삶을 지배한 기본 원리이며 가치관이었다.

자신의 삶과 존재를 지배하는 궁극적 존재에 대한 믿음, 그 믿음에 의해 생성되어지는 영원한 소망, 믿음과 소망의 충만함 속에서 흘러나오는 거룩한 사랑, 이 세 가지의 가치관은 바울의 삶이 섬김의 삶이 되게 하는 원동력이었다.

---

97) 요13:14-15
98) 고전13:13

그러므로 바울은 그의 사역 속에 찾아오는 온갖 역경과 장애와 고난과 죽음의 위험 속에서도 하나님에 대한 확고한 신뢰와 의지를 가지고 위로부터의 은혜를 기다리고 감내하였으며, 믿음이 주는 낙관적인 소망으로 약속의 땅 가나안을 바라보고 전진하였으며, 이웃과 더불어 삶을 나누는 사랑의 삶을 살았다. 이것이 바울이 초대교회에 남긴 진정한 섬김의 삶의 모범이다.

제6장 바울과 그의 리더십의 특징들

제1절 바울의 리더십 스타일

바울 서신서에 나타나 있는 바울 리더십의 스타일을 알아보자.[99]

1. 필요에 반응하는 리더십

바울은 교회의 지도자가 구성원들을 대함에 있어서 자녀를 돌보고 양육하는 부모 또는 유모의 관계에 비유하였다. 부모나 유모가 아기들의 필요에 따라 반응하고 행동하는 것처럼 지도자는 구성원의 필요를 정확히 인식하고 판단하여 그들의 필요에 반응하는 리더십을 발휘해야 한다. 바울은 초대교회 성도들에게 영적으로 필요한 것이 무엇인가에 민감하였으며 그들의 필요를 충족시키는 일에 있어서 언제나 그들을 섬기는 자세로 임하였다.

---

99) 박형순, "갈라디아서에 나타난 바울의 리더십", 강남대학교 논문집, (제39권, 2002)

2. 구성원에 대한 사랑

교회 지도자의 가장 기본적인 자세는 인간에 대한 아가페적 사랑에서 출발한다. 목회 리더십의 목적은 인간에 대한 사랑으로부터 시작해서 사랑으로 끝나는 것이다. 사랑은 곧 희생의 섬김을 의미한다. 사도 바울이 희생적인 사랑으로 초대교회를 섬겼던 것은 그들을 향한 아가페적 사랑의 열정으로 충만했기 때문이다. 기독교의 영적 리더십은 의무감이나 강요에 의한 것이 아니라 사랑의 동기에 의해 구성원들을 섬기고 양육하는 자발적 리더십이 되어야 한다.

3. 삶의 모범

바울의 리더십의 특징 중 하나는 신앙과 삶이 조화와 합일을 이루는 것이다. 지도자의 모범은 구성원을 움직일 수 있는 가장 기초적인 리더십의 요소이다.[100] 지도자가 먼저 모범을 보인다는 것은 구성원을 단지 추종자로 간주하는 것이 아니라 그들을 섬겨야 할 대상으로 간주하는 겸손함에서만 나올 수 있는 것이다.

4. 소명의 확신[101]

목회자에게 있어서 소명에 대한 확신과 사명에 대한 인식은 공동체를 관리하고 양육하며 이끌어 가는데 있어서 흔들리지 않는 목표의식과 방향성을 유지시켜 주는 비결이다. 바울이 초대교회의 여러 가지 위기를 지혜롭게 극복할 수 있었던 것은 그의 확고한 소명감과 사명의식에 기인한 것이었다.

---

100) O. R. Lawrence, A theory of Church Leadership, 남철수 역, 교회지도자 신학 (정경사, 1983), pp.134-135.
101) Ibid., pp.137-139.

5. 관계중심의 리더십

교회 조직은 과업 지향적이기 전에 먼저 관계 지향적이어야 한다. 성서에서의 교회의 개념은 그리스도의 몸이다. 몸은 각 지체간의 유기적 관계가 원활하게 유지되어야 생존할 수 있는 유기체이다. 그러므로 교회 조직이 유기체로서 활력을 유지하기 위해서는 지도자의 관계 지향적 리더십이 역할이 중요하다. 그러나 이 리더십의 본질은 지도자 중심의 관계가 아니라 구성원 중심의 관계여야 한다. 다시 말하면 목회자 중심의 권위주의적 관계가 아니라 구성원 중심의 수평적 관계를 의미하며 이러한 리더십 유형에서 지도자의 역할은 구성원을 섬기는 일을 잘해야 한다. 사도 바울은 초대교회의 제반 갈등과 문제들을 다룸에 있어서 무엇보다도 이 관계중심의 리더십을 효과적으로 활용하였다.

6. 학습자세

겸손과 섬김의 특성을 지닌 리더의 특성은 항상 배우려는 자세를 견지한다는 사실이다. 그들은 모든 상황, 모든 자료를 통해 배우려는 자세를 견지함으로 다양한 기술과 경험을 습득하게 된다. 사도 바울은 구약성서와 예수 그리스도의 가르침으로부터 지속적으로 그의 신학과 삶의 내용을 충전 받았으며 초대교회의 다양한 상황과 성도들과의 긴밀한 관계와 교류를 통해서 다양한 목회 기술과 경험을 습득하였다.

바울 서신서들 속에 나타나는 바울의 리더십의 공통적 특성들을 종합적으로 평가해 보면 바울의 리더십 속에 두 가지 중요한 원리가 내재해 있음을 관찰 할 수 있다. 첫째, 바울은 자신의 사도록 리더십의 주권을 전적으로 하나님께 의지하였으며 둘째, 바울은 자신의 신분을 하나님의 종으로, 자신의 사도적 리더십의 본질을 종의 리더십으로 확신하였다.[102)

제2절 바울의 리더십 실례

사도행전 27장을 통해 바울 리더십의 대표적 특징들을 찾아 볼 수 있다.[103]

1. 지도자의 신뢰성 (행27:1-3)

바울은 로마로 압송되는 죄수의 신분이었지만 로마군의 백부장 율리오는 바울을 신뢰하고 그에게 특별한 관심과 혜택을 베풀었다. 바울에 대한 신뢰성은 그의 영적 권위와 성숙한 인격에서 비롯된 것인데 그의 그러한 자질들은 하나님의 주권과 하나님의 종으로서의 자신의 신분에 대한 확신에서 우러나오는 것이다.

2. 상황에 대한 능동적 자세 (행27:4-10)

바울은 죄수의 신분이었지만 그를 압송하는 백부장과 지휘관들에게 계절풍의 위협을 알리고 항해를 중단할 것을 적극적으로 권유하였다. 그가 자신의 신분과 상황에 구애받지 않고 자신이 옳다고 확신하는 일에 대해서 적극적인 자세로 임하였던 것은 자신의 개인적인 이익보다는 함께 하는 일행의 안전과 생명을 사랑하는 섬김의 자세 때문이었다.

---

102) 손병호, 교회 행정학 원론 (서울: 도서출판 그리인, 1984), p.25.
103) 박형순, "갈라디아서에 나타난 바울의 리더십", 강남대학교 논문집, (제39권, 2002)

3. 예견과 판단력 (행27:9-10)

바울은 그들 일행이 백부장과 선주의 주장대로 당장 출항을 하게 될 경우 그 해역에 돌발적으로 발생하는 계절풍을 만나 매우 위험한 상황에 처할 수 있음을 예견하고 그들에게 출항을 적극 만류하였으나 받아들여지지 않았다. 결국 바울의 예견과 판단이 적중하여 일행은 항해 중 계절풍을 만나 파선하게 된다. 지도자는 미래의 상황을 예견할 수 있는 능력과 그에 근거한 정확한 판단력을 통해 조직의 방향성과 안전성을 보장할 수 있어야 한다.

4. 위기관리 능력 (행27:21-25)

파선이라고 하는 절대 위기 상황 속에서 바울은 일행에게 하나님의 구원의 메시지를 선포함으로 극도의 불안과 공포에 사로잡혀 있던 일행에게 마음의 평정과 용기와 소망을 심어 주었다. 그러한 능력은 바울 자신으로부터 나온 것이 아니라 하나님이 지시하신 신적 계시에 의한 것이었다. 공동체에게 있어서 진정한 위기는 위기 자체가 아니라 위기에 대처하는 지도자와 구성원들의 자세이다. 교회의 지도자는 위기 상황에서 먼저 절대 주권자이신 하나님께 의지하여 하늘의 계시와 지혜를 받아 구성원들에게 위기 상황에 대처할 수 있는 믿음과 소망을 제시할 수 있어야 한다. 이것은 지도자가 하나님에 대한 절대적 신뢰와 구성원들을 전심으로 사랑하고 섬기는 자세를 갖게 될 때 발휘될 수 있는 리더십이다.

5. 목표제시 능력 (행27:26)

절대위기 속에서 276명의 일행이 평정을 되찾고 생존을 위한 적극적 노력을 기울이게 된 결정적 요인은 바울이 제시한 구체적인 비전 때문이었다. "우리는 반드시 어떤 섬으로 밀려가 닿게 될 것이다"(행27:6). 바울이 위기 상황에서 제시한 비전은 구원이었다. 섬김의 지도자는 언제나 공동체의 구원과 안전을 제일의 목표로 삼는다. 평상시는 물론이고 위기상황 속에서 지도자의 분명하고 확실한 비전 제시는 상황을 변화시키는 원동력이다.

6. 지도자의 모범과 동기부여 (행27:36)

14일 동안 죽음의 바다와 사투를 벌이느라 음식을 가까이 하지 못한 일행에게 바울은 음식을 권하며 자신이 먼저 음식을 떼어서 먹기 시작하였다. 좌절과 절망에 빠진 공동체에게 지도자가 먼저 소망의 행동을 모델로 제시했을 때 일행은 변화되기 시작하였다. 결과적으로 바울의 모범을 통한 동기부여는 모든 일행에게 소망과 용기를 주었고 그들은 마침내 필사의 노력으로 섬에 상륙하여 구원을 받게 되었다. 섬김의 지도자는 자신이 먼저 모범이 되어 공동체를 이끌어 가는 사람이다. 이제 바울은 더 이상 압송되는 죄수가 아니라 그들의 진정한 지도자로서 나타나고 있음을 본문은 보여준다.

제3절 바울의 리더십 원리

하나님은 사도 바울을 이방선교를 위해 들어 쓰셨다. 그이 리더십은 탁월하였다. 그는 분명 그의 사역 속에서 하나님께서 주신 리더십의 은사를 잘 사용하여 일했다.

1. 바울의 비전

"내 어머니의 태로부터 나를 택정하시고 은혜로 나를 부르신 이가 그 아들을 이방에 전하기 위하여 그를 내 속에 나타내시기를 기뻐하실 때에"[104], 이 구절을 통해 하나님께서 바울을 통해 이루시고자 하셨던 것은 이방에 대한 하나님의 사랑을 알게 하시는 것이었다. 바울은 그 일의 성취를 위한 사도직을 받았고 그는 그 사랑이 증거 되는 교회를 세우기 위한 비전을 품었다.

"그리스도가 나를 보내심은 세례를 주게 하려 하심이 아니요. 오직 복음을 전케 하려 하심이니 말의 지혜로 하지 아니함은 그리스도의 십자가가 헛되지 않게 하려 함이라[105]"는 말씀을 통해 그의 비전은 복음전파에 핵심을 두고 있었음을 다시 확인하게 된다.

2. 바울의 훈련

바울은 그의 비전을 이제 성취하기 위해 내적 훈련을 쌓기 위한 계획을 갖는다. 유대교 회당에서 복음을 전하다 쫓겨난 바울은 아라비아에서 3년간의 생활을 하는데(갈1:17-18) 이것을 놓고 학자들은 바울은 그 기간동안 비전성취를 위한 묵상의 시간을 가지며 비전성취를 위한 구체적 계획을 구상했을 것이라 본다.

바울은 그의 선교여행을 통한 복음전파를 위해 사람들을 모아 예수에 대하여 가르치며 훈련시켰다.

---

104) 갈1:15-16
105) 고전1:17

3. 바울의 리더십 원리

바울은 그의 복음전파 사역을 위해 사람들을 모아 일하였다. 스티븐 코비의 '성공하는 사람들의 7가지 습관'[106]을 기준으로 바울의 리더십 원리를 살펴보면

(1) 주도적인 모습을 가지고 선교의 이유를 설명하며 거기에 따른 책임들을 보여주었다.(디모데는 바울로부터 교회관리의 위임을 받았다.)

(2) 마음속에 그는 복음전도와 교회유지를 위한 계획 속에서 그 일을 진행하였다.(고린도전후서는 고린도 교회 안의 문제점을 해결해주기 위해 쓴 서신으로 이 서신의 서술방법을 보면 문제해결을 위한 바울의 철저한 계획 아래 그의 지도력이 발휘되었음을 본다)

(3) 바울은 효과적인 사역을 위해 철저한 교육에 먼저 투자하는 우선순위의 리더십을 사용했다. 두란노에서의 2년간의 교육은 훌륭한 복음의 변증가들을 많이 만들어 냈다.

(4) 내게 능력주시는 자 안에서 내가 모든 것을 할 수 있느니라(빌 4:13)의 증언을 통해 그는 강하고 긍정적이 사고 아래 리더십을 발휘했음을 확인한다.

(5) 그의 서신서 전체에서 유대인들의 문제점들을 해결해주기 위해, 유대인들이 그렇게 행동하는 이유에 동의를 해주며 공감을 언급한다. 그리고 그렇게 행동하는 것이 잘못되었다는 것을 설명하는 방법을 취한다.

(6) 바울은 '너희는 서로'라는 말을 많이 사용하며 상호협동의 원리를 항상 강조한다.

(7) 바울은 또한 ' …… 하라'는 말을 사용하므로 더 나은 발전의 원리를 항상 가르친다.

---

106) Stephen R. Covey, Seven Habits Of Highly Effective, 김경섭 역, 성공하는 사람들의 7가지 습관 (김영사, 2001)

4. 바울의 리더십 전략

바울은 자신의 비전들을 성취하기 위한 전력들을 사용하였다.

(1) 교회에 있어서는 자립, 자치, 자율의 원리를 이용하여 교회가 스스로 자랄 수 있도록 하는 전략을 사용하였다. 어려운 문제가 발생할 때마다 코치하여 주었다.

(2) 선교의 효과적 사역을 위해 팀사역의 전략을 사용하였다.

(3) 선교와 문화의 문제를 해결하기 위해 예루살렘 총회를 열어 이방인의 부도덕 금지 및 율법에서의 해방을 제시하며 이방선교의 근본 방해물을 제거하는 전력을 사용하였다.

(4) 선교의 극대화를 위해 도시나 상권이 발달한 중심으로부터 선교를 시작하는 전략중심지 전략을 사용하였다.

5. 바울의 성공과 실패

과거 사울 시절에 그는 분명히 실패자였다. 하나님을 안다고 하였지만 그리고 그 하나님을 욕되게 하는 그리스도인들을 잡는다고 하였지만, 정말 그는 하나님이 누구인지, 어떤 분인지 알지 못했던 방향도 없고 주체성도 없는 그러한 사람이었다.

그러나 예수를 만나고 그의 삶은 변했다. 그는 예수 그리스도가 하나님임을 알고 그에게 헌신하는 사람을 삶을 살기로 했다. 그리고 그 안에서 비전을 품으며 전진해 나갔다. "푯대를 향하여 그리스도 예수 안에서 하나님이 위에서 부르신 부름의 상을 위하여 좇아가노라"(빌3:14)의 말씀을 보며 그는 그의 리더십으로 그 상을 향하여 많은 사람을 인도하였고 그 자신도 헌신하였다.

예수를 만난 그의 삶은 매우 힘들고 고생스러운 삶이였지만 많은 사람들을 하나님께로 인도한 신앙인, 목회자, 리더로써 성공적인 삶을 살았다. 그의 헌신적인 노력으로 말미암아 그의 비전을 결국 달성되고 말았다.

제4절 바울의 리더십 특징

바울은 교회 지도자들에게 기대되어야 하는 리더십의 본질에 대해 예수님께서 가르치신 교훈과 행동의 본을 따랐다. 그 자신이 예수님처럼 자기가 가르친 것을 행하는 본을 보였다.[107]. 바울은 자신이 사도로 칭함을 받았지만 마땅히 누릴 수도 있는 사도직의 특권을 누리지 않았다.[108] 바울은 그가 늘 고백한대로 회심 이후에 어떤 세속적인 인기나 혹은 종교적 명성을 추구하지 않았다. 그의 이름이 바뀐 것처럼 사울(큰 자)이 아닌 바울(작은 자)의 삶을 살았던 지도자였다.

본 장에서는 바울에게서 볼 수 있는 많은 리더십 특징 가운데 사도행전에서 볼 수 있는 리더십을 다섯 가지로 요약하였다.

1. 지식과 생활력을 겸비한 리더십

바울은 엄격한 바리새파 가문에서 출생했으며 히브리인이자 이스라엘인이며 아브라함의 씨에서 났으며 베냐민 지파에서 났다고 그 자신이 증언한다. 그는 다소에서 태어나기는 했지만 히브리 방언으로 유창하게 말할 줄 아는 히브리인으로 태어나서 바리새인으로 성장했다.

다소는 또한 아덴, 알렉산드리아와 함께 세계 3대 철학 도시로 명성을 떨쳤다.

이러한 도시문화에서 출생한 바울은 당시 도시 문화의 영향을 받았으며 철학의 영향을 받았다. 바울은 또한 최고의 율법사인 가말리엘을 통하여 율법적 강의와 종교적 교훈을 받았다. 그는 예루살렘에서 4년간 최고의 교육

---

107) 행20:17
108) 행20:33-35.

을 받았고 율법사 후보생으로 바리새파의 사회체제 속에 들어서게 되었다.

특히 바울에게서 주목할만한 사실은 그가 로마 시민권을 갖고 있다는 점이다. 바울에게 있어서 헬라대학 도시인 다소에서의 탄생과 로마 시민권을 가지고 있었던 사실은 바울을 이방 세계와 연결하는 중요한 통로가 된다. 이와 같은 지식은 후에 이방 세계의 많은 철학자들과 종교 지도자들과 논쟁할 때 기독교를 변증하는 리더십의 원천이 되었고 이방의 학자들과 지도자들도 바울을 경히 여길 수 없게 되었다.

지식과 더불어 바울은 생활력이 강한 지도자였다. 그는 길리기아 다소 지방에서 살았다. 그 지방에는 특별한 털을 생산하는 염소의 떼가 있었다. 이염소의 털은 천막과 커튼을 만드는 재료로 사용되었다. 따라서 그가 천막을 만드는 직업을 가지게 된 것은 매우 자연스러운 일이었다. 이것은 바울이 나중에 사역을 하면서 자신의 생계를 스스로 꾸며 나갈 때에 도움을 주었다. 그가 담대하게 복음을 전할 수 있는 리더십의 형성에 큰 도움을 주었다.

2. 필요와 상황에 능숙하게 대처한 리더십

초대교회는 어떤 종류의 혼합주의에 대해서도 철저히 반대했지만 복음을 전파함에 있어서 매우 유연했다. 사도행전은 다양한 형태로 나타난 이 융통성의 원리를 보여 주고 있다. 바울은 한 가지 방법만을 의지하지 않았다. 그는 해결책을 위해 각기 다른 서너 가지의 방법을 사용할 준비가 되어 있었다. 바울은 하나님의 메시지를 제시하는데 있어서도 한 가지 접근법 혹은 한 가지 방법에 갇혀 있지 않았다.

사도행전에는 이와 같은 바울의 융통성 있는 모습을 잘 보여주고 있다. 복음 전도의 모임은 가정에서 종종 열리곤 했다.[109] 그러나 한편으로 그리스도

---

109) 행19:24-48

인들의 모임은 가정에만 제한되지는 않았다. 회당을 선교 사역의 기지로도 사용했으며, 에베소 회당으로부터 추방당한 후에는 두란노 서원을 사용하였다.110) 드로아에서는 한 다락방이 교회에 의해 회집 장소로 사용되었다.111)

사도 바울이 위대한 사도요 지도자가 될 수 있었던 것은 하나님이 주신 목적에 충실하되 늘 인간과 상황에 자기 자신을 적응해 나갔기 때문이다. 지도자로서 사도 바울은 자신이 목적이 아니라 다른 사람의 구원이 목적이었다. 사람들의 구원이라면 자신이 어떠한 상황에 처하든, 어떠한 대우를 받든 개의치 않았다. 그건 점에서 바울은 실용주의자였다고 할 수 있다.

고린도 교회를 향하여 인간의 구원이라는 목적을 위해서 여러 사람에게 여러 모양이 되었다고 고백한다. 그 목적을 위해서는 모든 수단을 다 동원하기로 작정했다는 것이다. 이제 자신의 스타일을 고집하는 지도자는 환영을 받지 못하는 시대이다. 추종자들의 필요와 상황과 차지에 자신을 적응시켜 나가는 지도자만이 존경을 받는 시대가 되었다. 리더십이란 본질적으로 남을 다스리는 것이 아니라 섬기는 것이지 때문이다.

바울의 적응력이 강한 리더십은 특별히 문화가 다른 지역에 복음을 전하는 선교사역을 위해 오늘날에도 여전히 필요한 지도자 원리이다. 성육신적 목회 혹은 거룩한 실용주의는 시간과 공간을 초월한 리더십의 원리로 활용될 수 있는 성경적 원리이다. 하나님은 열매를 원하시는 하나님이요, 효과적인 충성을 칭찬하시는 하나님이다. 리더십의 존재 이유는 그 생산성에 있다.

3. 팀 사역을 통한 리더십

사도행전은 바울이 보통 그의 선교 여행 동안 두 명 혹은 세 명의 동역자들을 동반했음을 보여준다. 팀 사역의 원리는 처음부터 확립된 것이었고

---

110) 행19:8-10
111) 행20:8

대부분의 경우, 선교사들은 둘 혹은 그 이상의 그룹으로 선교 여행을 했다. 베드로와 빌립은 그러나 이 규칙에서 예외였다고 한다. 제1차 선교여행 기간에는 바나바와 마가를 동반했다.112) 제2차 여행 때 바울은 선교 사역의 잠재가능성이 있는 사람들을 선택했다.113) 디모데는 이들 중 한명이었다.114) 누가는 사도 바울의 선교사역을 그룹사역으로 묘사했다.115) 사도 바울은 팀 사역자였다. 그는 팀으로 사역할 때의 많은 이점들을 잘 알고 있었다.

팀 사역은 단독사역보다 효과가 커서 전체 공동체에 대한 복음 침투를 용이하게 한다. 동역자들과 사역하면서 바울은 선교사역에 대한 팀 사역적인 접근법의 가치를 증명했을 뿐 아니라 서로 돌보고 함께 증거하는 공동체로서의 교회의 참된 모습을 보여 주었다. 사도 바울을 돕는 자들은 이교도 세계가 주시하는 가운데 그와 함께 사역했고 또 다른 신실한 자들을 훈련시킴으로 효과적인 사역을 이루어 나갈 수 있었다.

그러므로 신약 성경의 선교 운동은 몇몇 개인의 사역이 아니라 사도적 동역자들의 확장된 그룹 사역이었다고 말할 수 있다. 하나의 선교 팀을 조직하는데 있어서 바울의 능력은 그의 선교 전력의 한 중요한 요소였으며, 그것은 또한 사역의 효율성에 대한 열쇠였음이 분명하다.

4. 위탁의 방법의 원리를 이용한 리더십

바울과 그의 동역자들이 취한 기본적인 행동은 지역 교회들과 그들의 사역자들을 그들이 신뢰하는 주님께 위탁시키는 것이었다.116) 행 14:23절의 '부탁하라'는 용어는 '어떤 사람 혹은 어떤 것을 보호 혹은 유지를 위해 다른

112) 행13:-14:
113) 행15:40
114) 행16:1-3
115) 행14:6
116) 행14:23

것에 위탁시키는 것을 의미한다.

또 다른 경우에 사도 바울은 "지금 내가 너희를 주와 및 그 은혜의 말씀께 부탁하노니"(행20:32)라고 하여 에베소의 장로들에게 말할 때 동일한 단어를 사용했다. 이 말씀은 바울이 그들을 영적이며 공동체적인 삶을 위해 하나님께 전적으로 부탁했다는 사실을 의미한다.

바울은 하나님께서 새롭게 형성된 교회들을 지키실 것이라는 사실을 확신했으므로 그는 그들을 주님께 위탁할 수 있었다.

복음 전파와 신자들의 양육과 지교회의 설립을 포함하는 선교사역은 인간의 노력이 아니라 하나님 자신의 구원 사역이라는 사실을 명심해야 한다. 그리하여 바울과 같이 선교사들과 목회자들은 교회들을 하나님 자신의 보호하심에 맡길 수 있어야 한다.

5. 성령을 따라 행동하는 리더십

바울은 리더십에 있어 성령의 인도하심과 성령에 의지하는 것이 그의 선교여행 전체를 통해 가장 중요하게 드러난다. 바울은 자신이 가고 싶은 곳을 가지 않고 성령이 지시하는 것으로 발길을 돌렸다. 그 예로 행16:6-10절을 보면 아시아에서 복음을 전하지 말라는 성령의 지시를 받았으며 비두니아에 가지 말라는 명령도 받았다. 그는 유럽을 행한 선교의 문이 열려진 것을 보고 성령을 따라 그리로 행했다. 안디옥 교회에서 파송할 때도 바울은 성령의 명령에 순종하였다.

그들이 금식할 때에 성령이 바나바와 사울을 따로 세우라 명하셨고, 그들은 금식 기도했으며 교회는 두 사람에게 안수하여 보낸 바로 뒤에 "두 사람이 성령의 보내심을 받아"(행13:3)라는 구절이 나온다. 바울은 성령의 보내심을 받아 파송된 리더이다. 바울은 그의 선교 사역에서 성령을 절대적으로 의지하였는데 하나님의 일은 영적인 일이므로 성령의 인도를 받지 않고는 사역을 할 수 없으며 열매 또한 맺지 못한다는 것을 알고 있었기 때문이다. 바울은 성령의 능력을 가장 위대한 동력으로 생각했다. 따라서 그의 리더십 은 성령을 따라 행동하는 리더십이라 할 수 있다.

6. 섬김의 리더십

지도자가 된다는 것은 섬긴다는 뜻이요, 섬긴다는 것은 지도자가 된다는 것을 뜻한다. 존 화이트(John White)는 섬기는 지도자에 대해 이렇게 말했다.117) "훌륭한 지도자는 기꺼이 섬기려는 자세를 가지고 있다. 마치 부모가 자녀의 최상의 유익을 위해 비천한 일을 하는 것과도 같다. 이러한 자세는 탐욕을 극복하고 하나님께서 우리를 불러 맡기신 일을 효과적으로 수행하는 데 중요한 요소가 된다."

로버트 그린리프(Robert k. Greenleaf)도 섬김의 정신을 가진 자만이 지도자로서 합당한 자가 되어야 함을 다음과 같이 말했다.118) "가장 손쉽게 지도자를 시험할 수 있는 방법은 그가 섬기는 사람들이 잘 성장하는지를 보는 것이다. 그들이 더 건강하고 지혜롭고 자유롭고 책임감 있게 행동하고 그들 스스로가 종이 되고자 한다면 지도자로서 성공한 것이라고 볼 수 있다."

이재철 목사는 주님의 교회 10년 목회를 마치고 '회복의 목회'라는 책을 출판했다. 이 책에서 그는 "목회란 자기부인을 생활화시키는 것이다. 바꾸어 말하면 목회란 봉사자를 양육하되 소리 없는 봉사자, 봉사를 하고서도 자기를 그리스도 안으로 숨길 줄 아는 익명의 봉사자를 양육하는 것이라"라고 하였다.119)

---

117) John White, Excellence in Leadership, 이석철 역, 탁월한 지도력 (서울: 한국기독학생회 출판부, 1995), p.100.

118) Paul Stevens, Phil Collins, The Equipping Pastor, 최기숙 역, 평신도를 세우는 목회자 (서울: 미션월드 라이브러리), p.211 재인용.

119) 이재철, 회복의 목회, (서울:홍성사, 1998), p.82.

목회자는 섬기는 자세가 필요하며 또 섬기는 사람, 자신을 드러내지 않고 겸손히 봉사하는 사람을 길러내야 한다. 그러기 위해서는 목회자가 먼저 섬기는 자세를 가져야 한다.

성경에서도 지도자는 사람들 위에 군림하는 자세와 주장하는 자세를 버릴 것을 요구한다.[120] 오히려 섬김의 자세를 요구한다. 이것은 예수님의 사역 가운데서도 두드러지게 나타나는 자세이다. 예수님은 이방의 통치자들과 차별성을 섬김에 두었다.[121] 이방의 지도자들은 백성을 강제로 지배하지만 영적 지도자는 남을 섬기는 자가 으뜸이 되고 모든 사람의 종이 되어야 한다.

바울의 목회에서도 이 섬김의 리더십을 볼 수 있다. 고린도전서 9장에 자신의 종 된 이유를 밝히고 있다. "내가 모든 사람에게 자유하였으나 스스로 모든 사람에게 종이 된 것은 더 많은 사람을 얻고자 함이라."[122]

바울은 학식도 풍부한 사람이었고, 신분이 참 히브리인이었으며 베냐민 지파요 바리새인이었다. 그러므로 그는 세상 적으로 부족한 것이 없는 사람이었다. 그런데도 그는 섬김의 자세를 취하였던 것이다. 그는 빌립보 교인들에게도 겸손히 섬기는 자세를 강조하였다.[123]

7. 본을 보여주는 리더십

모범을 보인다는 것은 굉장한 책임이 따르는 일이다.[124] 지도자란 먼저 모범을 보이지 않고는 사람들이 따르지 않는다. 바울은 지도자로서 먼저 범

---

120) 벧전5:3
121) 마20:25-28; 막10:45 참조
122) 고전9:19
123) "아무 일에든지 다툼이나 허영으로 하지 말고 오직 겸손한 마음으로 각각 자기보다 남을 낫게 여기고 각각 자기 일을 돌아볼뿐더러 또한 각각 다른 사람들의 일을 돌아보아 나의 기쁨을 충만케 하라." (빌2:3-4)
124) Chua Wee Hian, Learning to Lead, 권영석 역, 오늘을 위한 성경적 리더십 (서울: 한국기독학생회출판부, 1994), p.66.

사에 모범을 보여 주었다.125) 바울은 철저하게 그리스도를 본받는 목회자로서 그에게 맡겨진 영혼들을 "내가 그리스도를 본받는 자 된 것 같이 너희는 나를 본받는 자 되라"126)고 강조한다. 그는 자신의 개인생활이 그리스도를 따르며 본받고 살았기 때문에 그렇게 성도들에게 요구할 수 있었다.127) 이것이 바울에게 있어서 능력 있는 지도자로서의 힘이었다. 그는 말로만 복음을 전했던 사람이 아니었다. 친히 본을 보여 주는 전도자였다.

이러한 사실이 데살로니가 교회에 보낸 서신에 잘 나타난다. "이는 우리 복음이 말로만 너희에게 이른 것이 아니라 오직 성령과 큰 확신으로 된 것이니 우리가 너희 가운데서 너희를 위하여 어떠한 사람이 된 것은 너희 아는 바와 같으니라 또 너희는 많은 환난 가운데서 성령의 기쁨으로 도를 받아 우리와 주를 본 받은 자가 되었으니 그러므로 너희가 마게도냐와 아가야 모든 믿는 사의 본이 되었느니라"128)

바울은 돈 문제에 있어서도 본을 보여 주었다. 바울은 자기 손으로 그와 그의 일행에 필요한 것들을 얻기 위해 일했고, 약한 사람을 돕는 일에 모범을 보였다. 사도 바울은 이 영역에 세심한 관심을 기울였다. 많은 지도자들이 돈에 대하여 잘못된 태도를 취하고 돈과 관련하여 그릇된 행동을 함으로 말미암아 영적인 힘을 잃는다. 바울은 이 사실에 대하여 잘 알고 있었고, 따라서 돈에 대하여 매우 신중한 태도를 취하였다. 바울은 돈에 대한 자신의 철학을 디모데전서 6:3-10절에서 잘 드러내 주고 있다. 바울은 돈 문제에 있어서도 깨끗했으며, 후히 드리는 일에도 훌륭한 모범을 보였다.129) 이러한 바울의 본을 보여주는 목회는 자신이 그리스도를 본받고 살았기 때문에 가능한 것이었다.

---

125) 행20:17-20, 35 참조
126) 고전11:1
127) 행20:35; 고전4:16; 빌3:17 참조
128) 살전1:5-7
129) J. Oswald, Sanders, Paul The Leader, 네비게이토출판사 역, 지도자 바울 (서울: 네비게이토, 1987), pp.153-155.

8. 제자훈련의 리더십

바울의 목회에는 예수님의 사역처럼 "제자 삼는 것"이 중요시 되었다. 예수님께서는 초자연적인 능력을 행할 수 있기 때문에 사람들을 의지할 필요는 없었다. 하지만 복음을 전하고 영적 구원을 위해서 제자들을 부르셨다. 예수님은 제자들과 함께 하며 제자로서 훈련을 시켰다. 바울도 혼자 전도사역을 감당한 것이 아니라 자기의 제자들을 삼아서 교회를 돌보며 영적 양육과 목회 활동을 하였다.

바울이 제자도에 관하여 언급한 가장 대표적인 구절이 디모데에게 한 말이다. "또 네가 많은 증인 앞에서 네게 들은 바를 충성된 사람들에게 부탁하라 저희가 또 다른 사람들을 가르칠 수 있으리라."[130] 이것은 바울이 부활하신 예수께로부터 직접 받은 복음의 계시를 디모데에게 가르쳐서 전도자를 삼을 뿐 아니라, 디모데가 또 충성스런 사람을 가르친다는 것이다. 또 디모데에게 가르침을 받은 사람들은 또 다른 사람들을 가르쳐서 전도자를 세울 수 있게 된다는 것이다.

바울은 이 원리대로 선교여행 때 여러 곳을 다니며 복음을 전했으며 그들을 제자로 삼았다. 사도행전에서 우리는 바울이 제자를 삼아 훈련하고 교육한 것을 살펴 볼 수가 있다. "……이튿날 바나바와 함께 더베로 가서 복음을 그 성에서 전하여 많은 사람을 제자로 삼고 루스드라와 이고니온과 안디옥으로 돌아가서."[131] 여기에서 말하는 제자는 바울이 디모데를 상당한 기간에 걸쳐 섬세하게 훈련시킨 것과는 차이가 있는 것처럼 보인다. 하지만 바울은 이들을 계속 만나면서 문제를 해결해 주고 또 신앙적으로 견고하도록 계속 양육을 했던 것으로 보인다. "……갈라디아와 브루기아 땅을 차례로 다니며 모든 제자를 굳게 하니라"[132]

---

130) 딤후2:2
131) 행14:20-21
132) 행18:23

바울이 제자들을 훈련했다는 것을 가장 잘 보여주는 것은 두란노 서원에서 날마다 성경을 강론한 일이다. "…… 바울이 그들을 떠나 따로 세우고 두란노 서원에서 날마다 강론하여 이같이 두해 동안을 하매 아시아에 사는 자는 유대인이나 헬라인이나 다 주의 말씀을 듣더라"[133]

바울은 로마에 가서도 셋집에 유하며 찾아오는 사람들에게 복음을 전하고 주 예수 그리스도께 관한 것을 가르쳤다. 이와 같이 바울은 제자들을 가르치는 일에 게을리 하지 않았으며, 가는 곳곳마다 제자를 두었기 때문에 여러 교회를 효과적으로 돌볼 수 있었던 것이다.

9. 성령에 의지하는 리더십

바울의 리더십에 있어서 성령의 인도하심과 성령에 의지하는 것은 매우 중요하게 나타난다. 바울은 선교여행을 할 때도 자신이 가고 싶은 곳을 가지 않고 성령이 지시하는 것으로 발길을 돌렸다.[134] 그는 철저히 자신의 학식이나 지식을 의지하지 않고 성령의 인도하는 대로 그의 목회 사역지를 찾았고 성령의 나타남과 하나님의 능력으로 사역을 감당했다.[135]

안디옥 교회에서 선교사로 파송할 때도 바울은 성령의 명령에 순종하였다. "주를 섬겨 금식할 때에 성령이 가라사대 내가 불러 시키는 일을 위하여 바나바와 사울을 따로 세우라 하시니 이에 금식하여 기도하고 두 사람에게 안수하여 보내니라."[136] 이 말씀 다음에 보면 "두 사람이 성령의 보내심을 받아" 성령이 인도하시는 사역지로 갔다고 했다.

---

133) 행19:9-10
134) 바울은 아시아에서 복음을 전하지 말라는 성령의 지시를 받았으며 비두니아에 가지 말라는 명령도 받았다(행16:6-7). 그는 또 유럽을 향한 선교의 문(행16:9-10)이 열려진 것을 보고 그리로 향했다.
135) 고전2:1-5 참조
136) 행13:2

하나님의 일은 영적인 것이므로 성령의 인도를 받지 않고서는 열매를 맺을 수 없다. 따라서 바울은 그의 목회 사역에서 성령을 절대적으로 의지하였던 것이다. 그래서 그는 서신서에서 하나님의 성령을 좇아 행할 것을 권면하였다[137]

성도는 그리스도를 믿을 때 성령으로 인침을 받았다.[138] 그러므로 이제 영에 속한 사람으로 성령의 열매를 맺어야 하는데 이것은 성령을 계속 의지할 때 가능하다. 이런 점에서 바울은 목회사역에서 성령을 의지하며 성령의 능력을 가장 위대한 동력으로 생각하였다. 따라서 그의 리더십은 성령을 의지하는 리더십이라고 할 수 있다.

이상에서 살펴본 것처럼 바울의 목회사역은 한 가지로 한정된 것이 아니고 여러 가지 복합적인 것들이 함께 공존한다. 그 중에서도 두드러진 몇 가지를 살펴보았다. 바울의 목회사역을 정리하면 섬기는 목회, 본을 보여주는 목회, 제자훈련의 목회 그리고 성령에 의지하는 목회였다. 이러한 바울의 목회사역은 그 자체로서 큰 리더십을 발휘하기에 충분하다. 다시 말해서 성도를 섬기고, 친히 모범을 보이고, 신앙으로 교육하고, 성령을 전적으로 의지하는 것 자체가 바울의 리더십의 발휘이다. 목회 사역에서 발휘된 그의 지도자로서의 리더십을 몇 가지 더 살펴보기로 하자.

10. 사람을 세우는 리더십

지도자의 중요한 책임은 잠재적 지도자를 선택하고 발전시키는 일이다.[139] 존 맥스웰은 "리더십에 있어서 긍정적이거나 부정적인 결과를 결정

---

137) 고전2:9-12; 갈5:16-17; 엡5:18, 6:18 참조
138) 고후1:22; 엡1:13 참조
139) Robert Clinton, The Making of A Leader, 이순정 역, 영적 지도자 만들

짓는 핵심적인 요소는 가장 가까이 있는 사람들을 얼마나 키워 주느냐에 달려 있다"고 했다.140) 그러면서 그는 다음과 같이 말했다. "상위 1%이내에 드는 위대한 지도자들은 한 가지 공통점을 가지고 있다. 바로 지도자에게 가장 중요한 일은 좋은 인재들을 발굴하고 그들을 주위에 두는 일이라고 믿는다는 것이다. 조직 스스로 생산성을 향상시킬 수는 없다. 그러나 사람들은 할 수 있다. 어느 조직이든 가장 귀중한 자산은 바로 사람이다."141)

리더는 사역자를 찾아내는 사람이다. 리더는 자기의 위대함을 나타내는 사람이 아니다. 남의 위대함을 보여주는 사람이다. 타인의 가능성을 최대한도로 발휘할 수 있도록 다리를 만들어 놓는 사람이 참된 리더이다.

바울은 이런 점에서 위대한 지도자이다. 그는 사람을 세울 줄 아는 지도자였다. 그는 디모데를 세워서 사역을 감당하게 하였다. 바울은 디모데를 믿음의 아들로 불렀다. 바울이 이같이 디모데를 그의 아들로 심은 것은 그의 '거짓 없는 믿음'과 그의 어머니 유니게와 외조모 로이스 밑에서 받은 영적인 훈련과 그 지방 사람들에게 칭찬 받는 디모데의 인격 때문이었다.142) 바울은 디모데에게 여러 가지로 목회적인 조언을 하였다.143) 후에 바울은 디모데에게 사명을 주어, 그를 파송했으며, 그리고 에베소의 보다 크고 번성한 교회를 돌보도록 그를 임명했다. 바울은 또한 디도를 세워 목회 사역을 감당하도록 하였다.144)다음 구절에서 우리는 바울이 사람을 세우는 지도자란 사실을 잘 알 수 있다. "또 네가 많은 증인 앞에서 내게 들은 바를 충성된 사람에게 부탁하라. 저희가 또 다른 사람을 가르칠 수 있으리라"145)

기 (베다니, 1997), p.92.
140) John C. Maxwell, Developing the Leaders Around You, 임윤택 역, 당신 주위에 있는 사람을 키우라 (서울: 두란노, 1999), p.12.
141) Ibid., p.11.
142) 행16:1-2: 딤후1:5, 3:14-15 참조
143) 딤전1:18, 4:14
144) 딛1:5
145) 딤후2:2

제7장 한국교회에의 리더십 적용

제1절 한국사회와 교회의 비전

지난 50년 동안 한국 사회가 급격한 산업사회와 자본주의 사회로 진입하면서 가치관의 혼란 그리고 건강한 동양적 가치의 상실을 겪었다. 그 동안 사회에는 권위주의적 리더십, 독재적 리더십이 횡횡하였고, 사람들은 물질주의에 깊이 빠져 들어갔다. 사람들은 물질을 위해서 살고, 물질을 숭배한다. 물질이 모든 것을 지배하게 되어버렸다.

교회도 예외가 아니어서, 교회의 내적 구조와 리더십이 철저히 권위주의적, 가부장제적 리더십이었다. 목사의 독재라고 할만한 목사의 권위주의, 또는 그릇된 유교적 신분질서, 상하 이분법적 가치에 지배된 장로들의 권위주의 등, 한국교회는 이러한 경직되고, 비민주적인 리더십, 쌍방의사소통이 안되는 리더십으로 인해 몸살 해 왔다. 이러한 권위주의적 구조와 생각은 새로운 문화에서 자라나는 청소년들에게 열린 마음으로 접근하지 못하였고 그들을 수용하지도 못하였다. 점점 더 권위를 상실해 가는 현 세대에서는 좀 더 민주적이고 합리적이 목회의 구조를 요구하는 것이다.

교회는 사회에 대한 봉사와 섬김을 잃어버려 사회로부터 외면을 당하고,

초대교회가 가졌던 비전, 예수님의 비전을 잃어버려 자본주의 내 하나의 상업기구, 문화센터 같은 것이 되고 말았다.

한국사회는 자본주의 물결과 더불어 급격한 산업사회의 영향을 받음으로써 개개인의 가치관의 혼란 및 건강한 동양적인 가치의 상실을 가져왔다. 급변하는 시대적인 사회의 흐름 속에서 한국교회도 예외는 아니었다.

20세기 중반부터 시작하여 그 후 20~30년 동안은 한국 교회가 국제적으로 선망의 대상이 될 정도로, 폭발적인 성장과 부흥을 일으켰다. 교회가 여기 저기 세워지고, 성도의 수도 그만큼 양적인 증가를 가져왔다.

하지만 그처럼 급성장하게 된 배후에는 분명히 여러 요인들의 작용으로 인한 폐해와 교회성장에 대한 변질적인 요소들이 생겨나게 되었다.

1. 한국교회 성장의 요인

교회성장의 요인은 다양하고 복합적인 것이다. 호지(Hoge)와 루젠(Roozen)이 편집한 책에 따르면 교회의 성장이나 쇠퇴에 영향[146]을 미치는 요인은 크게 네 가지로 나뉘어 진다.

첫째는 전체사회 차원의 상황적 요인이다. 이것은 사회구조적, 경제적, 정치적, 문화적 변화상황을 나타낸다. 둘째는 전체 교회 차원의 제도적 요인으로써 교파적, 초교파적 교회 전체의 경향과 운동을 의미한다. 셋째는 지역적 상황요인으로 이것은 특정교회의 지역공동체의 성격 - 인구이동, 근린관계 변화, 지역경제 경향 등 - 을 말하는 것이다. 넷째는 지역적 제도 요인으로 이것은 개체 교회의 내적인 요소 - 개체교회의 성격과 구조, 프로그램과 지도력의 특질이나 범위 등 - 의 특징을 말한다. 따라서 특정 지역의 개체교회의 성장이나 쇠퇴는 광범위한 사회적, 문화적 힘들의 영향, 교파적

---

146) Eean R.Hoge and Darid A.Roozen(eds) *Understanding church Growth and Decline*(New York: The Pilgrim Press,1979).

자원과 정책의 영향, 지역사회의 상황적, 제도적 요인들의 영향을 받는다고
할 수 있다.147)

한국교회 성장은 크게 교회 구조적 요인, 사회상황적 요인, 문화적 요인
이 모두 복합적으로 작용한 결과라고 할 수 있다.

1) 문화적 요인

한국의 종교문화는 그 자체가 교회성장에 매우 적합한 성격을 지니고 있
다.148) 한국인의 종교성은 매우 수용적이고 적극적이다. 한국인의 종교적
열정과 적극성은 한국에서 모든 종교를 매우 활발하게 수용, 발전시키는 원
동력이 되었다. 한국인의 종교성은 또한 매우 감정적이고 열정적이다. 지성
과 이성의 측면보다는 감성과 열정이 중요하게 여겨져 왔고 이것은 종교의
양적 성장에 도움이 될 수 있었다. 한국인의 종교성은 조화적 성격도 가지
고 있다. 즉, 다분히 혼합적이고 절충적인 신앙성향을 한국인은 가지고 있
으며, 이것은 무종교인의 종교로의 귀의나 종교인의 타종교로의 개종을 용
이하게 만들었다. 한국의 종교문화는 무교와 혼합되어 어느 정도 무교적 성
향을 띠고 있는데, 무교적 기복성과 현실주의는 대중성 확보에 매우 유리하
다. 즉, 한국의 종교는 엘리트의 지성적 종교가 아니라 대중적인 점이 한국
의 모든 종교를 성장할 수 있게 했던 문화적 요인이라 하겠다.

2) 교회적 요인

교회적 요인은 일반적으로 네 가지로 나눌 수 있다. 첫째는 교회운동이

---

147) David A.Roozen and Jackson W. Carroll, "Recent Trends in Church
   Membership and Participation", Hoge and Roozen(des), *op. cit.*,
   p.40.
148) 이원규, "해방후 한국인의 종교의식구조 변천연구," 「현대 한국종교변동 연구」(한
   국정신문화연구원, 1993), pp.168-180.

다. 특히 1960년대 이후 한국에서 크게 확산되었던 부흥운동, 성령운동, 신유운동 등이 교회성장의 분위기를 조장했다. 부흥운동은 개교회별로, 지방회나 노회별로, 교단별로, 초교파별로 수많은 부흥집회를 유도했고, 이것은 배가운동으로 이어져서 전도적 관심과 열심을 크게 일깨워 주었다. 둘째는 교회 프로그램이다. 지난 60년대 이후 한국교회는 여러 가지 교회 프로그램들을 개발하고 이를 활성화시켰다. 대표적인 것이 성경 공부 혹은 성서 연구 프로그램이고, 그밖에도 갖가지 기도회 모임, 선교회 모임, 구역예배 혹은 속회 조직, 친교 활동 등의 프로그램들이 활성화됨으로써 교인들이 영적으로 무장되고 전도적 소명감이 강화되었다. 셋째는 한국교회의 구조적 성격이다. 한국교회는 자조, 자치, 자력전도로 요약되는 네비우스 원리에 힘입어 처음부터 개교회적인 성격이 강했다. 개교회주의는 교회의 모든 인적, 물적 자원을 개교회 발전에 집중 투자하는 경향을 의미한다. 이러한 개교회주의는 한국에서 개교회 성장에, 나아가서는 전체 교회성장에 중요한 영향을 미쳤다.[149] 넷째는 교회성장의 이념이다. 특히 1970년대 이후 소개되기 시작한 풀러학파의 '교회성장론'은 한국교회 성장에 있어서 그 이념적 배경으로, 그리고 구체적인 전략의 모델로 중요하게 작용해 왔다. 사실상 '교회성장론'은 교회성장의 근거, 원리, 방법 등을 소개함으로써 한국교회 성장을 체계적으로 이루어 보려는 노력들의 이론적, 실천적 근거가 되고 있다.[150] 결국 한국교회의 성장은 이와 같은 여러 교회내적 요인들의 복합적인 작용의 결과라고 하겠다.

3) 상황적 요인

이것은 특히 1970년대 이후의 한국교회 성장과 그리고 80년대 후반기로

---

149) 노치준, "한국교회의 개교회주의" 이원규 편저, 「한국교회와 사회」(나단, 1989), pp.58-60.

150) 지난 1970년대 이후에 급성장한 많은 교회 목회자들이 직, 간접으로 교회성장론의 영향을 받았다는 증거는 그들의 설교나 목회행정 및 의식구조에서 나타나고 있다.

부터의 성장둔화에 대한 설명으로 결정적으로 중요한 것이다. 즉 1960년대 이후의 한국의 정치적, 경제적, 사회적 상황이 한국교회 성장에 크게 영향을 미쳤던 것이다. 60년대부터 한국사회는 정치적으로 커다란 어려움을 겪어 왔다. 5.16, 삼선개헌, 유신체제, 10.26, 12.12, 5.18에 이르기까지 많은 불안과 공포의 사건들을 경험했다. 수십 년간 군부독재와 권력의 장기화, 집중화, 절대화가 있어 왔고 정치억압, 인권탄압, 관료적 권위주의로 특정 지워지는 정치부재의 상황이 지속되었다. 반공, 안보, 성장 이데올로기는 정치적 긴장과 불안을 가중시켰다. 그러나 이러한 정치상황이 오히려 교회성장에는 도움을 주었다.

현대 사회에서는 국가가 국민들에게 안정과 복지를 마련해 줄 것을 기대되고 있다. 그러나 한국에서는 정치부재 상황으로 국가가 국민들에게 오히려 불안과 불만을 조성했다. 이에 대하여 사람들은 심리적 안정이나 복지감을 마련해 주는 대안을 찾게 되는데, 바로 이러한 기능을 지난 70, 80년대에 한국종교들이 수행했던 것이다. 정치상황이 불안할수록 사람들은 종교에 의존하는 경향이 있다. 이렇게 한국의 불안한 정치상황 가운데서 종교들은 안정감과 복지감을 마련해 주면서 성장할 수 있었는데, 그것은 특히 현세적인 복지를 약속하는 종교일수록, 교회일수록 그러했다.[151]

경제적으로 보면 1960년대 이후 경제성장정책이 크게 실효를 거두어 외형적인 '기적적 고도성장'과 공업화를 이루었다. 그러나 '성장제일주의'에 집착한 나머지 '분배정의'가 실현되지 못한 문제가 생겨났다. 경제적 효율성을 중요시하여 관주도형 수출 집약 정책을 쓰면서 경제적 집중현상이 심화되었고, 경제적 불평등에 대한 박탈감이 확산되었다. 뿐만 아니라 경제성장 제일주의는 물질획득과 양적성장에 최고의 가치를 부여함으로써 자연히 물질주의, 황금만능주의 가치관이 크게 조장되었다. 그런데 전통적으로 물질적으로든 정신적으로든 박탈에 대한 보상을 해주는 가장 강력한 기제는 종교로 알

---

151) 이원규, 「한국교회의 사회학적 이해」(성서연구사, 1992), p.235.

려져 왔다.[152] '하면 된다'는 식의 적극적 사고방식을 심어 주던, 물질적인 풍요와 축복을 약속함으로 희망을 주던, 영적 위안으로 만족을 주던 간에 종교는 박탈에 대한 중요한 보상기제로 작용하면서 성장할 수 있었던 것이다. 더욱이 기복적인 종교성이 강한 한국인들에게 있어서는 물질적 보상이나 축복에 대한 약속은 커다란 매력을 줄 수 있었을 것이다. 실제로 '적극적 사고방식'이나 물질적 축복을 강조하는 교회들이 급성장해 왔음을 알 수 있다.

사회적으로 보면 1960년대 이후 한국은 산업화와 도시화가 급격하게 이루어져 왔다. 산업구조가 농업과 같은 1차산업에서 공업, 제조업의 2차산업, 전문업, 서비스업의 3차산업으로 옮겨가면서 농촌에서 도시에로의 인구 이동이 활발해졌다(도시인구, 1960년 33.6%, 1990년 75.4%). 산업화와 도시화는 많은 문제들을 야기시켰다. 도시에서는 공동체의 상실, 이기주의와 개인주의의 확산, 정체성의 위기, 계약적이고 공리적이며 타산적인 인간관계의 확산, 사회 통제력의 약화, 도덕성의 실종과 같은 문제들이 생겨났다. 특히 중요한 것은 연대감이나 소속의식이 약화되어 도시인을 '고독한 군중'으로 만들었다는 점이다. 또한 도시의 거대한 조직과 기구는 관료화되고 제도화된 틀 안에서 각 개인은 개성과 정체성을 쉽게 잃어버리게 된다. 한국인은 급격한 도시화 과정 가운데서 쉽게 공동체성의 붕괴와 정체성의 상실을 경험하게 되었다.

이상과 같이 한국교회 성장의 요인은 매우 다양하고 복잡한 것임을 알 수 있다. 실제로 한국교회성장은 문화적, 상황적, 교회적 요인들이 함께 작용한 결과라고 할 수 있다. 특히 1970년대 이후의 급성장은 교회적 요인과 상황적 요인이 크게 작용했다고 하겠는데, 교회적 요인에 결정적 영향을 미친 것은 바로 '교회성장론'이라 할 수 있다.

그렇다면 앞으로 한국교회는 어떠한 리더십을 가지고 어떠한 방향으로 나아가야 하는가?

---

152) 이원규, 「종교 사회학」(한국신학연구소, 1991), 제10장

첫째, 평신도와 함께 하는 목회가 되어야 한다.

지금까지는 주로 목회자가 일인 중심의 목회를 해왔지만 미래목회의 중심은 평신도와 함께 하는 목회를 해야 할 것이다. 평신도의 목회참여는 제2의 종교개혁이라 할 수 있다.

미래목회는 목회자와 평신도와의 팀워크가 성장에 중요한 열쇠가 될 전망이다. 목회자가 모든 것을 혼자 할 수는 없다. 미래목회는 상담이면 상담, 교육이면 교육, 심방이면 심방 등등 전문성을 가지 평신도와 함께 열린 목회, 팀 목회를 해야 할 것이다.

둘째, 지역사회와 함께 하는 목회가 되어야 한다.

교회와 세상은 분리될 수 없는 상호관계에 있다. 교회는 세상의 소금과 빛으로 세상을 돌보고 인도한다. 우리 사회에는 장애인과 길식아동, 수많은 소년소녀가장 등 교회의 손길을 필요로 하는 사람들이 많다. 교회는 지역사회의 필요를 따라 그들과 함께 하는 목회를 해야 한다. 하나님이 원하시는 교회는 세상과 분리된 기관이 아니라 세상 속에 참여하는 교회일 것이다.

셋째, 목적이 이끌어가는 교회가 되어야 한다.

21세기 목회는 목회자의 비전이 교인들을 이끌고 가도록 해야 한다. 그 비전은 예수님의 비전이고, 성경에 나타난바 본래적 교회의 비전이다. 이 비전이 교회를 이끌고 가야 한다. 목적 없는 교회는 건강한 방향도 없다. 모든 교인들이 바라보고 성취할 수 있는 곧고 바른 확실한 목회철학을 가지고 비전을 제시해 주어야 한다.

교회의 목적과 방향은 목회자의 목회철학에서 나온다. 목회자는 목회철학이 분명해야 한다. 목회철학은 지도자 개발의 결과로 나타나는 것으로 그것은 아이디어요, 가치관이요, 원리들은 암시적이요 외향적이요, 지도자가 결정을 내릴 때 영향력을 행사하는 데, 그리고 사역을 평가하는데 안내지침으로 사용하게 된다. 지도력이 아주 낮은 수준일 땐, 목회철학이 간단하지만

높은 수준의 지도력에서는 철학은 보다 일반적이고 광범위한 안내 지침을
포함하게 되며 아울러 구체적 안내 지침 속에 포함하게 된다.

2. 교회성장이 한국교회에 끼친 영향

1) 긍정적 영향

교회성장론은 복음화에 크게 기여했다. 잃은 자를 찾고 모든 민족으로 제
자를 삼는 것을 하나님의 지상명령으로 가르침으로 전도에의 열정을 심어주
었다. 국내외적인 선교적 관심을 일깨워 주었고 복음화의 사명을 실천하고
적극적인 교회와 교인들이 되도록 하는 데 결정적인 영향을 미쳤다. 이것과
관련되어 교회성장론의 부흥운동의 확산에도 중요하게 작용했다고 본다. 복
음화의 구체적 결실은 교회부흥으로 나타나기 때문에 교인들의 신앙훈련 과
정으로, 그리고 비신자들에 대한 복음전도 과정으로 부흥회가 활성화될 수
있었다.

교회성장론은 복음화와 이를 통한 교회부흥에 대한 강한 성취동기를 부여
했다.[153] 특히 목회자의 강력한 지도력의 필요성을 역설하고 평신도들의
적극적인 신앙생활의 중요성을 일깨움으로 교회성장론은 지도력 개발과 평
신도 훈련의 효율성이라는 결과를 초래하기도 했다. 뿐만 아니라 교회성장
을 위한 구체적인 전략들을 소개함으로써 교회부흥의 체계적인 계획들을 수
립, 실천할 수 있는 방법을 제시했다는 점도 교회성장론의 공헌이라 하겠
다. 성장에 대한 낙관적이고 적극적인 의식을 심어줌으로 자신감을 가지고
복음화를 실천할 수 있는 분위기를 마련해 주기도 했다. 이렇게 모든 긍정

---

153) 사실상 교회성장론의 영향을 가장 크게 받은 「아세아연합신학대학원」(Acts)의
목회학박사 학위논문의 주제들은 거의가 교회성장, 복음화, 교회부흥에 관계된
것이다.

적 기능들의 결과는 한마디로 한국교회의 양적 성장이었다. 그리하여 한국 교회는 교세가 크게 확장되었고 외형적인 고도의 성장이 이루어졌던 것이 다. 물론 한국교회 성장이 가능했던 것은 다른 여러 요인들도 함께 작용한 결과이기도 하지만 여기에서 교회성장론의 역할은 아무리 강조해도 지나치 지 않을 것이다. 즉 교회성장론은 한국교회 성장의 충분조건은 아니라 할 지라도 필요조건임에는 틀림없다고 할 것이다.

2) 부정적 영향

교회성장론은 성장제일주의를 표방하기 때문에 교회의 존재 이유 자체를 '성장'이란 용어로 설명하는 경우가 많다. 즉 성장이 교회의 수단이 아니라 목적이 되어 버리는, 소위 목적전치현상이 생겨나게 된다.154) 이것은 교회 의 본질을 왜곡하기 쉬운 성장환원론, 혹은 성장신화에 빠지게 만든다. '성 장'으로 교회의 모든 것이 설명될 수 있고, '성장'으로 신앙의 모든 것이 정 당화되며, '성장'으로 질적 성숙이 희생되어 버리게 된다. 제도화된 외형적 교회를 절대시하는 '교회지상주의'는 그 자체가 하나의 우상이 될 수 있음을 바움(Baum)은 경고하고 있다.155)

교회성장론이 표방하는 성장제일주의는 많은 다른 문제들을 야기시키고 있다. 가장 심각한 것은 물량주의이다. 양적인 성장인 성공 척도가 되면서 크고 많은 것일수록 좋다는 물량주의 가치관에 쉽게 빠져버리게 되는 것이 다. 작은 것, 약한 것은 잊혀져 버리고 도외시되는 반면에 강한 것, 풍요한 것을 추구하면서 물질 지향적, 권력 지향적 세속 가치를 본의 아니게 그대 로 답습하는 결과가 초래할 수 있다. 또한 성장제일주의는 성장을 최고의 가치로 여기 때문에 그 목적을 달성하기 위해서는 수단, 방법을 가리지 않 는 천박한 모습을 교회가 보일 수도 있다. 교인 쟁탈전이 벌어지고 교인확

---

154) 이원규, 「한국교회의 사회학적 이해」 p.240.
155) Gregory Baum, 이원규 역, 「종교와 소외」(대한기독교출판사, 1983), 제4장

보를 위해 비신앙적, 비복음적 수단들이 동원되기도 한다. 소위 복음의 상
품화가 생겨나는 것이다.156) 교회의 전도가 더 많은 고객을 확보하기 위해
온갖 상술을 발휘하는 세속적 사업처럼 되어버린다는 것이다. 성장제일주의
는 또한 복음화로서의 선교에는 거의 관심을 갖지 못하게 한다. 교회성장론
에서도 사회적 관심을 전혀 도외시하는 것은 아니지만157) 그것은 어디까지
나 이차적이고 부차적인 관심이거나 아니면 그것을 단순히 복음화의 수단으
로만 보는 정도이다. 그나마 구조적인 사회변화의 책임문제는 노골적으로
거부 혹은 회피하고 기껏해야 구제나 봉사의 소극적 차원의 사회책임 문제
를 다룰 뿐이다. 이런 의미에서 교회성장론은 사회변혁의 능력이 결여되어
있다는 비판을 받고 있다.158)

교회성장에 도움이 되는 신학적 보수주의는 나름대로의 역기능이 있다.
그것은 신앙적으로나 사회적인 배타성과 자기 우월주의 의식을 강화시키기
때문에 사회갈등과, 종교 갈등의 결정적 요인이 되고 있다. 가치, 이념이
다원화되어가고 있는 현실 가운데서 자신들의 독특성과 동질의식을 지나치
게 강조하기 때문에 사회적응력을 상실하고 자칫하면 게토화 될 위험도 있
는 것이다. 심지어 교회성장론은 성장에 방해가 된다는 이유에서 에큐메니
칼적인 교회사업이나 교회 안의 지나친 친교조차도 부정적인 시각에서 보고
있다.159) 이와 같이 신학적 보수주의는 성장제일주의를 이념적으로 뒷받침
하면서 교회성장에 도움을 준 것이 사실이지만 반사회적, 탈 역사적 의식을
심어주기 때문에 문제인 것이다.

교회성장론은 성장의 전략에 있어서도 문제가 있다. 교회성장론은 교회성

---

156) 이원규, "도시산업 사회와 교회", 이원교 편저, 「한국교회와 사회」, p. 319.
157) Wagner, *Church Growth and The Whole Gospel*(New York: Har-
per&Row, 1981).
158) Robert A. Evans, "Recovering the Church's Transforming middle",
Hoge and Roozen, *op. cit.*, pp. 289-306.
159) Wagner, *Your Church Can Be Healthy*(Nashville:Abingdon Press,
1979).

장의 요인을 주로 교회 내적인 제도적 요인으로 한정시키는 경향이 있다.[160] 즉, 교회성장의 성패 여부는 전적으로 교회에 달려 있다는 것이다. 그러나 앞에서 밝혔듯이 교회성장에는 사회구조적인 상황적 요인도 매우 중요하게 작용한다. 따라서 상황적 요인에 대한 심층 분석이 결여된 교회성장론에서는 급격한 상황 변화에 대하여 대처할 능력이 약하게 될 수밖에 없다.

3. 한국교회(목회)의 위기
-목회의 우상이 된 교회 성장 제일주의-

지금 한국교회가 위기에 직면했다고 한다. 그 위기는 교회성장의 둔화 내지 마이너스 성장이라는 것이다. 하지만, 다른 한편으로, 한국교회의 더 큰 위기는 교회성장둔화나 마이너스 성장에 있다기보다는, 오히려 큰 교회를 지향하는 '교회성장제일주의'라고 한다.

그동안 한국교회는 놀라운 성장을 하였다. 이는 세계 선교역사상 그 유례를 찾아 볼 수 없는 놀라운 성장이다. 종교사회학적인 분석에 의하면 한국교회의 성장요인은 크게 세 가지이다. 즉 교회적 요인과 사회적 요인, 그리고 문화적 요인이다. 그 중에 결정적인 것은 교회적 요인으로서의 '교회성장론'이며, 이 교회성장이론은 미국의 풀러학파(Fuller school)에 의한 것으로써, 1970년대에 한국교회에 소개되면서 한국교회의 성장을 활성화시켰다. 하지만, 이 교회성장론이 한국교회에 미친 영향은 '순기능'보다는 '역기능'이 더 많다는 것이다.[161]

이렇게 '교회성장론'이 한국교회의 성장을 가속화시키는 데는 순기능을 하였다고는 하지만, 그것은 '성장신화'를 낳게 하고 교회성장제일주의라는 '우

---

160) Carl S. Dudley, *Where Have All Our People Gone?*(New York: Pilgrim Press, 1979), pp.47-52.
161) 이원규, 한국교회의 전망과 미래, 참조

상'을 섬기게 한 역기능이 크다는 것이다. 지금도 한국교회는 여전히 교회의 성장신화에서 벗어나지 못하고 있으며, 성장제일주의라는 우상의 노예가 된 상태에서 오로지 교회 성장 지향적인 목회에 총력을 기울이고 있는 것, 이 것이 '한국교회의 위기'라는 것이다. 그러므로 여기에서 우리는 교회성장제일주의가 야기시키는 '위기'가 구체적으로 무엇인가를 살펴보려는 것이다.

1) 기독교왕국화를 지향하는 성장제일주의 목회

오늘날 한국교회의 성장제일주의의 목회가 지향하고 있는 것은 예루살렘 성전화와 기독교 왕국화인데, 사실은 한국교회의 위기는 바로 여기에 있다는 것이다.

원래 교회의 이상적인 모델은 이스라엘의 '성막공동체'이며 예루살렘의 '초대교회'이다. 그런데 이스라엘 백성들의 광야생활에서 그들과 늘 함께 하면서 가나안 땅을 향해 끊임없이 움직이며 탈출해간 '성막'이 예루살렘에 와서 정착되면서, 거기에 거대한 성전이 세워지고, 더 이상 움직이지 않고 고정되고 제도화된 성전, 율법주의와 바리새주의로 부패하고 타락하여 도둑의 소굴이 된 예루살렘 성전, 이 성전은 예수님의 '심판'을 받기에 충분할 만큼 '위기'(심판)에 직면하게 된 것이다. 그래서 예수께서 "이 성전을 헐라"고 하신 것이다. 그리고 몰트만(J. Moltmann)은 교회는 끊임없이 탈출하는 '출애굽 교회'가 되어야 한다고 한 것이다.

예루살렘성전이 헐어진 그 이후, 주님의 몸 된 새로운 교회, 참으로 이상적인 예루살렘 초대교회가 세워졌다. 하지만 세월이 지남에 따라 점차적으로 교회가 제도화되면서, 결국 로마가톨릭교회가 세속을 지배하는 기독교 왕국화를 형성하는 데까지 이르게 되었다. 기독교왕국화가 된 로마가톨릭교회는 극도로 부패하고 타락하여 더 이상 빛을 발하지 못함으로써 중세기를 캄캄한 '암흑시대'(Dark Age)를 만든 것이다. 여기에서 루터(M. Luther)와 칼빈(J. Calvin) 등의 종교개혁자들이 기독교왕국화가 된 거대한 로마가톨릭교회와 힘겨운 투쟁을 하면서 교회를 개혁하세 된 것이다.

그런데, 한국교회는 지금, 예수께서 헐라고 하신 바로 그 예루살렘성전과 같은 거대한 교회를 지향하고 있으며, 또한 종교개혁자들이 개혁한 바로 그 로마가톨릭교회와 같은 기독교 왕국화를 지향하는 교회성장제일주의 목회에 총력을 기울이고 있다. 그러므로 한국교회의 위기는 바로 예루살렘 성전화 와 기독교 왕국화를 지향하는 교회성장제일주의 목회에 있다는 것이다.

2) 교회분열을 야기한 교회성장제일주의 목회

교회성장론의 또 다른 역기능은 개교회 집단이기주의와 교회분열을 야기 한 것이며, 이것이 한국교회의 위기이기이다.

개교회주의는 물론 개교회 성장에는 도움이 되지만, 대개이 경우 교회연 합사업을 어렵게 만들고 개교회 집단이기주의를 낳게 한다. 특히 개교회 주 의는 대형교회를 지향하고, 따라서 개교회 왕국이 되게 한다. 대형교회의 개교회 왕국화는 교단총회의 권위를 무시하고 자행자지(自行自止)하며, 범 교단 연합사업에 소극적이고, 독단적이고 폐쇄집단이 되어버릴 위험이 있다. 따라서 이 같은 개교회 주의는 교회가 주님의 몸으로서 각기 다른 지체들이 함께 연결된 공동체인 '은사 공동체'(카리스마공동체)임을 소홀히 하고 개교 회 집단이기주의에 빠질 가능성이 있다.

이렇게 교회성장주의가 개교회 이기주의를 가져 올 뿐만 아니라, 다른 한 편으로는 교회분열을 가져온다. 그동안 한국교회의 성장은 주로 도시교회에 집중되었고, 그와는 반대로 농어산촌교회는 날로 쇠퇴되고 있다. 이 같은 도농간의 양극화는 곧 교회분열과 계층간의 갈등의 원인이 된다. 한국교회 의 분열은 이 같은 외형적인 것뿐만 아니라, 내부의 분열은 더욱 심각하다. 이 분열상은 교파간 사분오열의 분열을 비롯하여 천차만별의 각양각색의 신 앙에서 나타나고 있다. 이것은 보수와 진보 및 급진주의, 신비주의와 열광주 의, 수많은 사이비 분파들의 분열의 모습이다. 이 같은 한국교회의 분열은 하나님 보시기에나 세상 사람들 보기에 심히 부끄러운 추한 모습이다. 어떤 경우에도, 어떠한 명분으로도 교회분열은 정당화 될 수 없는 인간의 죄악에서 비롯된 것이다. 그러므로 한국교회의 분열은 하나님의 '심판'앞에 서 있는 것이고, 이것이 곧 한국교회의 '위기'(Krise, crisis)이다. 이 위기는, 다시 말하지만, 개교회 집단이기주의로 개교회 성장에만 몰두하고, 성령께서 하나 되게 하신 것을 힘써 지키지 못한 직무유기이며, 은사공동체로서의 교회가 섬김(diakonia)과 나눔(koinonia)을 소홀히 한데서 비롯된 것이다.

3) 교회성장주의 목회

교회성장의 역기능으로서, 또 다른 하나는 '신앙구조'의 문제이다. 여기에서 말하는 신랑구조의 문제란, 하나님과의 종적인 관계를 강조하는 '수직적 신앙'(Vertikalglaube)을 말한다. 교회성장을 위해서는 신앙제일주의 의식을 가져야 하고, 신앙제일주의는 주로 종적(수직적)으로 하나님께 충성하는 '수직적'신앙을 강조하기 마련이다. 이 같은 수직적 신앙은 교회 안에서의 활동, 즉 교회예배 출석, 기도회, 성경공부, 헌금, 전도하는 일 등에 열심인 나머지, 이웃과 사회에 대한 관심과 사랑을 실천하는 '수평적신앙'(Horizontalglaube)이 결여되는 경향이 있다.

이렇게 수직적 신앙과 수평적 신앙이 조화를 이루지 못하면, 특히 수직적 신앙은 '칭의'(Rechtfertigung)를, 이웃과 사회의 책임을 지는 일에 있어서 그리스도의 제자로 살기위한 고난을 대가로 지불하지 않는 '값싼 은혜'(die billige Gnade)로 받아들이고 '성화'(Heiligung)의 삶을 소홀히 한다. 그래서 본훼퍼(D. Bonhoeffer)는 「나를 따르라」(Nachfolge)라는 책에서, '성화'란 '칭의'를 '값비싼 은혜'(die teure Gnade)로 받아들이고 날마다 십자가를 지고 그리스도를 따라 복종하며 사는 삶이라고 한다.

교회성장을 지향하는 성장주의자들은 신학적으로 보수주의를 선호한다. 신학적 보수주의는 신앙적으로 대체로 배타주의와 독선주의이기 때문에 사회갈

등, 종교간의 갈등, 교파간의 갈등의 결정적 요인이 된다. 이들은 가치와 이념이 다원화되어가고 있는 현실 가운데서 자신들의 독특성과 신념을 지나치게 강조하기 때문에 사회적응력을 상실하고 폐쇄적이며 게토(ghetto)화 될 위험이 있다. 뿐만 아니라 이들은 사회변혁에는 속수무책이며, 사회 속에서 자기 손을 더럽히지 않겠다는 '창백한 결백주의' 혹은 '창백한 도덕주의'에 빠지게 된다. 이 같은 신학적 보수주의는 그리스도인들과 교회로 하여금 반사회적이고, 탈 역사적인 의식을 갖게 한다.

이렇게 하여 교회성장을 지향하는 교회는 다소 외형적인 양적성장을 가져온다고 하더라도 세상과 담을 쌓게 되고, 세상 사람들로부터 외면당하게 되고 만다. 이렇게 되면, 교회는 교회의 본질적 사면으로서의 사회와 역사의 변혁을 위해 힘을 쓰지 못하는, 즉 사회적 영향력의 약화를 초래하게 된다. 오늘날 한국교회의 위기는 바로 여기에 있는 것이다.

4. 한국교회(목회)갱신의 과제
- 미래교회의 새로운 목회 패러다임-

여기에서, 이제 우리가 논의할 것은, 한국교회의 위기상황을 극복하는 '한국교회(목회) 갱신의 과제'로서 미래교회의 새로운 목회 패러다임을 제시하는 일이다. 앞서 우리는 보렌교수의 실천신학에서 배운 것이 있다. 보렌은 실천신학이란 현재의 교회를 신학적으로 분석비판 할 뿐만 아니라, 교회의 행위에 대한 새로운 방향을 제시하는 것이라고 하였다. 그러므로 이제 우리는 한국교회의 갱신의 과제, 즉 미래교회의 새로운 목회패러다임을 제시하려는 것이다.

1) 소집단교회 지향적인 목회

그동안 한국교회는 큰 교회를 지향하는, 맘모스교회 지향적인 목회를 해

왔다. 이 같은 목회경향은 교회의 규모가 크든지 작든지 간에 구별이 없다. 이 말은 모든 교회가 한결같이 성장제일주의적인 경향의 목회를 하고 있다는 말이다.

앞선 단락에서 우리는 한국교회가 예루살렘 성전화와 기독교 왕국화를 지향하는 교회성장제일주의 목회가 곧 한국교회의 위기라고 하는데 인식을 같이하였다. 그러므로 이제 우리는 더 이상 맘모스 교회 지향적인 목회를 할 것이 아니라, '소집단 교회'를 지향하는 목회로 전환할 수 있어야 한다. 그 이유는 대형교회가 마치 몸집이 커서 그 큰 몸을 유지할 수 없어 이 지상에서 소멸된 공룡처럼 될지도 모르기 때문이다.

소집단으로서의 작은교회란 물론 교회의 규모가 작은 것만을 의미하지는 않는다. '작은교회'란 몸집이 큰 '비대'가 아닌 건강하고 정숙한 교회를 의미하며, 이것은 곧 '참교회'를 말한다. 이 같은 교회의 모형은 이스라엘의 성막공동체(tabernacle community)와 하나님 편에 남아서 영적으로 살려고 하는 소수의 무리인 '남은자'(Remnant), 예수의 '제자공동체'와 사도시대의 '초대교회', 교회론에서 말하고 있는 '성도의 교제'(communio sanctorum)와 칼빈의 '선택된 자의 모임'(coetus electorum)과 같은 모형들, 그리고 스페너(P.S. Spener)의 '교회 속의 작은교회'(ecclesiola in ecclesia)와 블룸하르트(Chr. Fr. Blumhardt)가 말하고 있는 종말론적 하나님백성공동체로서 '작은무리'(die kleine Herde)등과 같은 것이다.

그러므로 한국교회가 지난 20세기에는 대형교회(Mega church)를 지향하는 목회를 해왔다고 하면, 21세기에는 소집단으로서의 '작은교회'(Meta church)를 지향하는 목회로 전환할 수 있어야 한다. 이것은 시대적인 요청이며, '참교회'로서 살아남기 위해서이다.

2) 교회연합과 일치를 지향하는 목회

우리는 앞선 단락에서, 교회성장제일주의 지향적인 목회가 상호견제와 경쟁을 일삼는 개교회 집단이기주의를 가져 왔을 뿐만 아니라, 교파주의와 교회분열을 더욱 조장 시켰으며, 교회연합과 일치의 장애요소가 되는, 이것이 한국교회의 위기라는데 인식을 같이 하였다. 다시 말하지만, 이 '위기'는 곧 '심판'이다. 지금 한국교회는 하나님의 무서운 심판 앞에 서 있다.

그러므로 이제 한국교회가 위기를 극복하고 하나님의 무서운 심판에서 벗어나기 위해서 해야 할 일이 있다. 그것은 '우리가 어찌 할꼬'라는 위기의식을 가지고 교회분열을 자행한 우리의 죄악을 회개하고 교회의 연합과 일치를 지향하는 목회를 하는 일이다.

지난 한 세기 동안, 한국교회가 개교회주의와 교회확장을 지향하는 목회를 하면서 교회를 살찌우는 일에 몰두했다고 한다면, 앞으로 새로운 세기에는 이웃과 지역사회를 섬기며 가진 것을 나누어주는, 교회의 몸집을 줄이는 '살 빼기 운동'에 힘써야 할 것이다. 이것이 교회의 본질적인 사명으로서의 '코이노니아'(koinonia, 나눔)를 회복하는 일이며, 교회의 연합과 일치를 위한 '에큐메니칼'운동이며, 이것이 에큐메니칼 신학으로서의 실천신학이 추구해야 할 과제이기도 하다.

3) 평신도 중심의 목회에로 전환

그동안 한국교회의 성장은 목회자 한 사람의 카리스마적인 지도력에 많이 좌우되었다. 이 같은 현상은 한국의 대형교회에서 더욱 두드러지게 나타나고 있다. 이 같은 구조 속에서 평신도는 단지 목회자의 목회방침에 따라 순종 잘하는 길들인 수종자로서 종속적인 관계에 있을 뿐이다.

미래교회를 전망하는 자들에 의하면, 앞으로 새로운 세기는 한사람의 카리스마적인 목회자의 지도력이 교회를 이끌어 가는 것이 아니라, 평신도의 역할이 극대화 될 것이라고 한다. 즉 미래교회의 목회는 대중적 카리스마적인 목회가 아니라, 소집단을 통한 평신도 중심의 목회가 될 것이라는 전망이다. 이것은 앞서 언급한 바 있는 대형교회로서의 '메가교회'(Mega church)와 구

별되는, 평신도가 함께 참여하는 소집단으로서의 '메타교회'(Meta church)
가 될 것이라는 전망이다.

이 같은 평신도 중심의 목회는 신학적으로 종교개혁자들의 '만인제사장설'
과 교회가 '카리스마공동체'라는 교회론을 그 배경으로 한다.

4) 성령론 지향적인 목회

보렌교수는 '기독론적 사고'(das christoligische Denken)와 '성령론
적 사고'(das pneumatologische Denken)를 구별한다. 기독론적 사고
는 하나님과 그리스도, 그리고 나와의 관계에서 나의 개인적인 구원(영혼구
원)을 강조하는 '수직적인 사고'라는 것이고 성령론적 사고는 어느 한 개인
에 국한하지 않고, 이웃과 인류전체와 모든 피조세계를 포괄하는 지평에서
사고하는 '수평적인 사고'라는 것이다.

보렌은 오늘날 인류전체와 모든 피조세계가 전쟁과 갈등, 그리고 환경파
괴로 인하여 위기에 직면하게 된 것은, 편협한 기독론적인 사고로 인하여
다른 사람과 피조세계를 생각하지 못한 수평적인 사고로서 성령론적인 사고
의 결핍에서 비롯된 것이라고 한다. 특히 그는 신학이 일반학문을 견제하고
비판했어야 했는데, 그 같은 일을 하지 못한 직무유기로 인하여 학문이 '세
속화'되고, 학문의 세속화가 인류와 피조세계에 위기를 가져오게 했다는 것
이다.

그러므로 보렌은 이제 인류가 직면한 위기를 극복하기 위해서는 인식의
새로운 차원, 곧 '인식의 전환'을 해야 하는데, 그 인식의 전환이 바로 '기독
론적 사고'에서 '성령론적 사고'에로의 전환이라는 것이다.

성령론적 사고는 세 가지인데, 첫째는 '이 시대의 표징을 올바르게 분별
하는 사고'(die Zeichen der Zeit-Gerichtetes Denken)이며, 둘째는
우리로 하여금 고난의 길로 가게하고, 이웃의 비참함 때문에 고뇌하며, 이
웃의 고난에 동참하도록 하는 '고뇌하는 사고'(Leidendes Denken)이며,

셋째는 우리로 하여금 상대방이 가지고 있는 은사(능력, 재능 등)들을 높이 기리는 '찬양하는 사고'(Lobendes Denken)이다.

5) 종말론 지향적인 목회

여기에서 우리가 새삼스럽게 제기하는 문제는, 교회가 무엇인가? 라는 교회론에 관한 것이다. 교회의 본질과 정체성은 '하나님의 백성'(Laos Tou Theou)이다. '하나님 백성'으로서의 교회는 곧 '종말론적 하나님백성공동체'를 의미한다. 즉 종말론적 하나님백성공동체로서의 교회는 하나님의 나라를 '기다리며'(warten), 그 나라가 이 땅에 임하도록 날마다 기도하며 '서두르는'(eilen) 종말론적으로 살아가는 '하나님 백성'을 말한다.

그런데 이 같은 종말론적 하나님백성공동체로서의 교회가 세월이 지나면서 제도화되고 교회의 본질과 정체성을 상실하게 된 것이다. 그러므로 미래 교회가 "제도적 교회에서 종말론적 하나님백성공동체로 전환되어야 한다"는 것은, 본래 교회가 가지고 있는 "교회의 본질과 정체성을 회복해야 한다"는 말이며, 이것은 곧 "교회를 본래의 모습으로 개혁해야 한다"는 말이다.[162]

5. 교회성장과 비성장의 일반적 원리

교회의 성장은 먼저 목회자의 그릇만큼 목회자의 비전과 능력만큼 성장하는 것을 명심해야 한다. 다음으로 중요한 것은 교회성장은 근본적으로 하나님의 교회 성장을 의미하기 때문에 바로 세계선교라고 할 수 있다. 이것이 오해 되고 있기 때문에 교회성장을 자기 교회만의 성장으로 생각하기 십상이다. 그러다 보니 개교회주의가 생기기도 하는 것이다. 그리고 교회성장의 비결은 뭐니 뭐니 해도 성령의 역사에 달려있다(행1:8). 왜냐하면 교회성

---

162) 김종열, 한국교회의 위기와 갱신의 과제. 목회교육연구원.

장은 바로 성령의 역사에 따라 좌우되기 때문이다. 사실 성령 운동 없이 교회는 절대로 성장되지 않기 때문이다. 그러나 여기서는 이런 절대적 요소 외에 일반적 원리를 언급하려고 한다.

1) 성장하는 교회 원리

첫째로, 지도자의 자질이 무엇보다도 중요하다.
둘째로, 복음전파에 우선권을 두어야 교회가 성장한다.
셋째로, 기도하는 교회가 성장한다.
넷째로, 구역이 성장되고 강화되어야 교회가 성장한다.
다섯째로, 승법번식을 해야 교회가 성장한다(딤후 2:2).
여섯째로, 영혼구원의 열정과 자신의 독특한 목회철학과 과감한 재정적 투자를 해야 교회가 성장한다.
일곱째로, '거룩한 무질서'가 있어야 교회가 성장한다.
여덟째로, 새신자들을 위한 양육 프로그램이 좋아야 교회가 성장한다.
아홉째로, 목회자의 설교가 쉽고 치유목회를 해야 교회가 성장한다.
열 번째로, 목회자의 계속적인 재충전이 있어야 교회가 성장한다.
열한 번째로, 미래의 교회는 주차장과 필요한 행정과 시설을 갖추어야 교회가 성장한다.
열두 번째로, 목회자가 자기관리를 잘해야 교회가 성장한다.

2) 비성장하는 교회 원리

이것이 전부일순 없겠지만 다만 이런 스타일의 교회는 통계적 이론적으로 볼 때 성장하지 않는다는 것이다.
첫 번째로, 목회자의 리더십을 인정하지 않는 교회는 성장하지 않는다.
두 번째, 지도자의 비전과 기도가 부족한 교회는 성장하지 않는다.

세 번째로, 설교가 어렵고 원고에 얽매이는 설교를 하는 목회자의 교회는
　　　성장하지 않는다.

네 번째, 특히 공 예배 전에 찬송이 없고 한 옥타브 낮게 또 느리게 찬
　　　송을 부르는 교회 이런 교회는 성장하지 않는다.

다섯 번째로, 선교와 전도를 안 하는 교회는 성장하지 않는다.

여섯 번째로, 십일조와 주일성수를 강조하지 않는 교회는 성장하지 않는다.

일곱 번째로, 평신도 훈련에 게으른 교회는 성장하지 않는다.

여덟 번째로, 통성기도를 하지 않고 묵상으로만 기도하는 교회는 성장하
　　　지 않는다.

아홉 번째로, 대학부가 약한 교회는 성장하지 않는다.

열 번째로, 교회 전통이 길고 장로들의 평균 나이가 높은 교회는 성장하
　　　지 않는다.

열한 번째로, 목회자가 교권에 관심이 많은 교회는 성장하지 않는다.

열두 번째로, 심방이 별로 없고 새신자에게 별 관심이 없는 교회는 성장
　　　하지 않는다.

열세 번째로, 재충전하지 않는 교회는 성장하지 않는다.

현재 많은 한국의 교회들은 고령화, 인구감소, 지역사회, 사회복지와 같
은 사회 특성에 맞물린 교회 성장에 대한 부정적인 시각에 대해 한국교회가
극복해야 할 과제와 그 해결방안이 한국 교회의 앞날을 전망할 것이라고 보
고 있다.

한국교회의 과제와 그 앞날을 전망함에 있어 사회학 분야의 이해를 곁들
여 몇 가지로 생각해 보면,

첫째, 한국교회는 후기 산업사회, 곧 과학 기술 사회를 위한 대안적 세계
관을 심어주어야 하며 이것은 한국교회의 발전을 가늠하는 중요한 척도가
될 것이다. 한국의 교회문제는 결코 교회자체만의 문제가 아니라 한국사회
의 문제이기도 하다.

둘째, 앞으로의 사회는 인간의 잠재성을 높이고 사회를 긍정적으로 구조하는 틀을 바라고 있으며, 한국교회는 이것에 눈을 떠야 한다. 앞으로의 교회는 이 같은 사회의식의 발전과 함께 성숙할 것이다.

셋째, 사회 공동체성을 회복하는 교회가 되어야 한다. 다원화된 사회일수록 자아를 회복하고 잃었던 과거를 되찾으려는 욕구가 강하다. 교회마저 이익집단으로 전락하게 될 때 우리에게 주는 실망은 매우 클 것이다. 교회는 마땅히 모래알과 같은 성원들을 서로 묶어주고 화해시키는 역할을 수행해야 한다. 그것이 복음을 통해서 이루어질 때 성원의 사회적 결속력은 더욱 단단해질 것이다. 이렇게 교회 공동체성의 회복은 그리스도를 다시 찾는 일이 될 뿐만 아니라 자기를 다시 찾는 일이 될 것이다.

넷째, 한국교회는 복음의 기초를 수호하면서 사회의 변화를 복음으로 해석해주고, 개혁해 나가야 한다. 한국 교회는 먼저 그리스도를 회복해야 한다. 그리스도를 빙자하여, 복음을 빙자하여 교회 자체의 성장이나 인물 중심의 교회로 변질되어 있는 상황을 개선해야 한다. 그리고 한국교회는 윤리 규범이 무너져 가고 쾌락주의가 난무하는 세대를 향해 선지자적인 입장에 서서 경고하여 바람직한 사회 윤리가 자리를 잡히도록 해야 한다. 이것은 교회의 양면성, 곧 보수성과 개혁성을 동시에 가지고 있어야 함을 보여주는 것이다. 이외에도 사회 변동을 교회가 어떻게 주도하고 또한 대처해 나아가야 할 것인가에 대한 문제와 관련하여 논의되어야 할 과제들이 많이 있다. 이것들은 사회와 관련해서 한국교회가 어떠한 입장에 서 있어야 하며 어떻게 행동해야 할 것인지를 가르쳐 준다. 한국교회와 한국 사회가 결코 유리될 수 없다고 볼 때 한국교회는 앞으로 전개될 사회에 대한 그 이해도를 높여야 함은 물론이며, 이러한 사회에 대처하기 위한 방향과 기능을 얼마만큼 잘 설정하느냐에 따라 한국 교회의 발전은 좌우될 것이다.

이처럼 한국교회를 비롯한 모든 교회의 성장을 위해서는 질적인 교회 내실화에 역점을 두어야 할 것이다.

6. 목회자의 자기 개발

초대교회를 통해 훈련된 제자들이 각 곳으로 흩어져서 재생산의 역사가 일어나게 된 것이 교회 역사의 시작이다. 이런 역사의 시발점은 바로 제자들을 통해 세계를 복음화하려고 했던 주님의 비전에서 비롯되었다. 한 사람의 비전이 그의 제자들에게 전달되었고 결국은 전 세계에 전달되는 놀라운 역사가 전개된 것이다. 이런 역사는 지역교회에서도 새롭게 되풀이 될 수 있다. 지역교회의 책임을 맡은 목회자가 비전을 가지고 제자를 훈련시킬 때 그 비전이 교회에 전달되고 결국은 교회당 문을 넘어서서 세계를 향한 선교의 열매를 맺게 된다. 이런 과정을 M자로 시작하는 다섯 가지의 단계로 표현할 수 있는데 이 과정은 지역교회 내에서 제자훈련을 시도하려는 목회자들에게 도전과 경고가 될 수 있을 것이다.

1) 비전 있는 사람

한국교회는 붐(Movement)을 타는 경향이 있다. 다른 교회에서 어떤 프로그램을 통해 교회가 성장했으면 그 프로그램에 관심을 가지고 너도 나도 시작한다. 그 프로그램의 기본원리나 적용이 가능한 환경에 대한 고려도 없이 무턱대고 시도하기 때문에 때로는 많은 시행착오를 범한다. 그런데 하나님의 일은 결코 사람들이 하는 움직임(Movement)에서 시작되는 것이 아니라 그 일에 대한 분명한 비전을 가지고 있는 한 사람(Man)의 확신으로부터 시작이 된다.

예수님의 경우가 그랬고 바울의 경우가 그랬다. 예수님은 그 당시의 종교 지도자들과 다른 비전을 가지고 있었기 때문에 그들과는 다른 방법으로 사람들을 가르쳤으며 바울 역시 다른 사도들과는 다른 비전을 가지고 있었으므로 그들과는 다른 지역에서 복음을 전했다. 그들은 그저 남들이 하는 것을 비슷하게 흉내 내는 식의 사역을 하지 않고 하나님이 자신에게 주신 비전에 충실했다. 지역교회 내에서 제자훈련을 시도하려는 목회자들에게는 이러한 비전에 대한 확신이 필요하다. 상황을 고려하지 않은 채 자기 고집만을 부려서는 안 되겠지만 제자훈련 사역이 하나님이 내게 맡겨진 성도들을 통해 지상사명을 이루게 하시는 하나님의 뜻이라는 확신을 가지고 임해야 한다는 말이다.

2) 평신도 운동

한 사람의 확신이 그 사람에게만 머물러 있으면 하나님의 일은 진행되지 않는다. 비전은 주변 사람들에게 전달되어 일종의 운동(Movement)을 이루어야 한다. 분위기가 형성되어 그들이 속한 공동체의 방향이 이 운동성을 따라 한 곳으로 모여져야 한다. 지역교회의 구심점이 되는 평신도들에게 이런 운동성이 전달되어야 한다. 그렇지 않은 채 목회자들이 자기들의 비전대로 끌고만 간다면 일시적으로는 움직이지만 결국은 주저앉고 만다.

예수님의 제자들이 예수님이 하늘로 올리우신 후에 계속 복음을 전하고 제자 삼는 사역을 계속할 수 있었던 원동력은 바로 이러한 운동성에 있었다. 이런 운동성을 갖기 위해서는 사역이 많은 사람에게 분산(Decentralized)되어야 한다. 사역을 목회자들의 손에서 평신도에게 이양하지 않는 한 사역은 결코 운동(Movenent)으로 확산되지 않는다. 물론 철저한 훈련을 전제하기는 해야 하겠으나 때로는 평신도를 통해 역사하시는 성령님께 의지해서 시행착오도 감수하는 모험(?)도 감행할 필요가 있다.

3) 미션기구 형성

에너지는 그것을 담는 도구가 있을 때 유용하게 사용된다. 마찬가지로 하나님의 일을 하게하는 운동성 역시 담을 그릇이 필요하다. 제자훈련 운동이 교회 안에 일어나면 이 운동을 담을 그릇으로서의 미션조직이 필요한 것이다. 교회의 조직을 부정적으로 생각한 사람들이 있다. 그들의 생각을 이해 못하는 바는 아니지만 하나님의 일을 하는데 조직이 필요하다. 성령충만으로 엄청난 영적인 능력을 가지고 있던 예루살렘교회가 그것을 담을 조직을 필요로 했던 것이 좋은 예가 된다.

그러나 여기서 주의할 점은 운동(Movement)이 채 이루어지기 전에 미션(Mission)이 나타나지 않도록 해야 한다는 점이다. 교회 내에 제자훈련에 대한 무드가 조성되지 않았는데 제자훈련을 위한 조직이나 프로그램이 먼저 등장하게 되는 것은 목회자가 비전이 없이 붐에 따라 움직이는 현상이나 마찬가지로 별로 바람직한 현상이 아니다. 교회내의 조직은 이미 형성되는 움직임을 담기 위한 목적이 아니라면 존재의 의미가 없을 뿐 아니라 생기더라도 곧 쇠퇴해버린다.

4) Machine(기계)

교회역사는 엄청난 일을 이루었던 미션이 세월이 감에 따라 그 활력을 잃고 외형만을 겨우 유지하는 경우를 보여준다. 지역교회의 역사는 물론 지역교회의 부족을 보완하기 위해서 일어난 선교단체의 역사도 예외는 아닌 것 같다. 미션(Mission)이 기계(Machine)로 변한 경우가 된다. 이런 역사의 패턴은 개교회안에서 얼마든지 나타날 수 있다. 제자훈련을 위한 조직이 계속 생명력을 유지하기 위해서는 시간의 흐름과 함께 나타나는 노화현상인 제도주의(Institutionalism)를 경계해야 한다.

조직이나 프로그램이 자동적으로 흘러가는 것까지는 좋으나 이끄는 사람이나 참여하는 사람이 의미를 모르는 채 진행한다면 이미 제도주의의 병에 걸린 것이다. 이런 현상이 일어났을 때는 다시 원점으로 돌아가야 한다. 그래서 원래의 의도를 파악하고 어디서 문제가 발생했는지를 냉철하게 찾아서 변화를 시도해야 한다.

5) 기념물

기계화 되어버린 미션은 더 시간이 지나가다 보면 그나마 외형적인 조직마저 사라져 버리고 역사의 기억으로만 남게 될 수도 있다. 이것은 어찌 보면 거스를 수 없는 역사의 흐름일지도 모르겠다. 교회 역사에 이런 예가 적지 않듯이 지역교회내의 프로그램들도 비슷한 운명에 처한 예가 적지 않다. 이러한 결과를 막기 위해서 주의할 점은 기계화된 미션이라도 대안이 없이 포기하거나 없애버리지 말아야 한다는 것이다.

창조적인 대안이 나올 때까지는 답답해 보이더라도 기존의 미션을 유지하는 인내가 있어야 한다. 물론 이 대안은 역시 비전을 가진 한 사람에 의해서 나타난다. 아니, 하나님께서 이 한 사람을 통해서 다시 시작하신다.[163]

제2절 21세기 목회자의 자질

건강한 교회는 건강한 목회자에게서 온다. 지도자의 건강한 리더십은 교회를 건강하게 할 것이다. 건강한 교회는 하나님이 교회에 맡기신 사명을 잘 감당하게 될 것이다.

탁월한 리더십을 발휘하기 위해서는 리더가 탁월해야 한다. 리더는 어떠한 자질을 갖추어야 하는가?

1. 전문성을 지닌 리더

현재의 상태를 근본적으로 변화시키고자 노력하며, 보다 높은 차원의 비전을 제시하는 것은 리더의 역할이다. 또한 추종자들의 존경과 구성원들을

---

163) 평신도를 깨운다. 1994년 4월호

일치시키기 위해서는 무엇보다 21세기 시대적 흐름에 맞는 전문적인 지식을 가져야만 한다.

효과적인 지도자들에게 나타나는 놀라운 개성은 끝없이 배우려는 태도다. 그들은 모든 자료에서 배운다. 그들은 성경에서 배운다. 그들은 어떤 상황에서도 새로운 진리를 발견한다. 능력 있는 지도자는 그가 어떤 수준에 와 있든 전 생애를 통해 배우려는 자세를 견지하고 있다.164)

리더는 배우고 훈련받아야 한다. 사역을 완수하는데 필요한 기술들을 습득해야 한다. 사회와 역사를 보는 통찰력, 말씀을 전달하는 기술, 성경공부 방법, 전도, 조직과 운영, 소그룹운영, 그룹 다이내믹스, 갈등관리 기술 등을 포함한다.

2. 열성을 지닌 리더

21세기의 리더는 따뜻하고 열린 마인드를 지녀야 한다. 여러 사람의 목소리를 수용하는 있는 포용력이 있어야 한다. 마음이 닫힌 채로 편견을 갖고 상대를 인식하던 것이 아니라 열정을 가지고 상호작용 하는 것은 리더로서 중요한 자세다. 이처럼 쌍방간의 대화와 모색을 통해 문제를 해결하기 위한 노력을 다하는 리더가 되어야 한다.

리더는 따뜻한 마음뿐만 아니라 난관에 굴복하지 않고, 흔들리지 않고 나아가는 열정이 있어야 한다. 열정은 비전에서 오고, 열정은 가치에 대한 신념에서 온다. 열정을 가진 리더는 낙관적이고 긍정적인 자세로 사역을 해나갈 것이다.

지도자는 편 하려고 하지 않는다. 현상에 만족하지 않는다. 현상 유지에 빠지지 않는다. 혼란을 감수한다. 실패는 끝이 아니라는 생각, 문제 속에 기회가 들어 있다고 생각한다. 환난은 지도자의 영적인 성숙을 가져온다.

---

164) Robert Clinton, Op.cit., p.194.

문제는 지도자의 마음을 준비시키고 단련시킨다. 중요한 것은 지도자가 흔들리지 않고 사명에 헌신하는 것이다. 따라서 지도자는 리더는 일을 추진함에 있어 열정과 흔들리지 않는 강인함을 가져야 한다.

지도자는 확신으로 가득 차야 한다. "확신이란 목표가 가치 있다는 사실에 대한 불굴의 신념이다. 이것이 성취에로의 추진력이다."165) 열정을 가지고 목회자 자신의 자질, 실력, 기술을 개발해야 한다.

3. 소명이 확실한 리더

하나님은 개 교회마다 계획을 세우시고, 그 교회지도자들을 통하여 그의 계획을 완성해 가신다. 여기서 지도자의 소명을 거론하지 않을 수 없다. 지도자의 소명은 하나님의 계획을 성취하는 첫 걸음이다.

한국교회가 정체되고 세상 사람들에게 신뢰를 잃어가고 있는 것은 소명의식이 결여된 지도자들 때문이다. 소명의식이 없는 사람은 절대로 하나님의 영광을 구하지도 않을 뿐 아니라, 교인들에게도 참된 지도자가 될 수 없다. 소명의식이 결여된 사람은 어떤 일을 할 때 '왜 내가 그 일을 해야 하는가' 하는 그 이유를 모르고 참여하기 때문이다.

그러면 '소명'이란 무엇인가? 소명이란 하나님에 의해 부름을 받았다는 말이다. 하나님 자신의 뜻을 따라, 하나님의 목적으로 위하여, 하나님이 그 사람을 부르셨다. 내가 좋아서 시작한 일이 아니라 하나님의 부르심에 의해 사역자가 되고, 일꾼이 되고 청지기가 되었다.

하나님이 교회에 지도자를 세운 것은 모든 교인들로 하여금 서로 봉사하게 하기 위하여 그들을 훈련하고 준비시키려 하신 것이다.166) 그렇다면 교회지도

---

165) John C. Maxwell, Be All You Can Be, 오연희 역, 열매 맺는 지도자 (두란노, 1991), p.30.
166) 엡4:11-13

자는 건강하고 튼튼한 교회를 만들기 위하여 성도들을 교육하고 훈련해야 하며, 또한 그들이 봉사하는 일에 참여하도록 적극적인 안내와 돌봄이 있어야 한다.

교회지도자는 소명의식이 투철한 사람이어야 한다. 하나님은 확실한 소명에 붙들린 사람을 사용하신다. 성경의 지도자적 인물들은 모두 소명의식에 사로잡힌 사람들이었다.

하나님은 모세를 호렙산 가시떨불 사이에서 부르시고 이스라엘 백성들을 출애굽 시키라는 사명을 부여하신다. 결국 회피하던 모세는 하나님의 부르심에 순응할 때 이스라엘 백성들을 출애굽 시키는 영도자가 되었다. 사역 기간 동안 모세에게는 그 자신이 하나님의 음성을 듣고 부름 받은 자라는 의식이 있었다.

신약시대에도 하나님은 바울을 다메섹 도상에서 이방인들을 위한 복음 전파자로 부르셨다. 이 부르심을 깨달은 바울은 복음의 핍박자에서 구원의 복음을 온 세계에 전하는 복음진도자가 되었다. 하나님의 사역은 확고한 소명의식에서 출발하는 것이다.

여기서 소명의 종류에 대하여 간단히 살펴보자. 소명의 종류에는 서너 가지가 있다.

첫째로 구원에로의 소명 – 이 부름은 세상에서 하나님나라에로의 부름이다. 사망에서 영생에로의 부름이다. 마귀의 자녀에서 하나님의 자녀가 되는 신분의 변화를 나타내는 부름이다. 교회지도자는 이 부름에 대한 확실한 증인이 되어야 한다.

둘째로 성화에로의 부름 – 이 부름은 육신의 정욕을 피하여 하나님의 성품에 참여하는 부름이다. 그리스도의 장성한 분량에 이르도록 하는 온전한 자로의 부름이다. 교회지도자는 성숙의 열매를 맺도록 부르심을 받았다.

셋째로 사역에로의 부름 – 이 부름은 봉사에로의 부름이다. 하나님의 교회가 건강하고 튼튼하게 서려면 성도들은 열심히 일을 해야 한다. 작은 일이라도 맡겨진 일에 최선을 다해야 하는 것이다. 하나님은 부지런히 일하는 사람들을 통하여 교회를 성장, 발전시킨다.

넷째로 전문직에로의 부름 – 이 부름은 특별한 사역을 감당하기 위한 전문직에로의 부름이다. 교회의 전임 사역자로서 목사나 전도사, 사무장이나 상담자로 봉사하는 부름을 말한다.

하나님은 전문직에로의 부름을 제외한 위의 세 가지 부름을 모든 성도들에게 선포하셨다. 특히 교회지도자는 하나님의 일을 하기 전에 이 부르심에 먼저 응답해야 할 것이다. 여기서 우리가 주의해야 할 것은 잘못된 소명이나 미지근한 소명은 하나님의 뜻과 의를 이루지 못한다는 것이다. 하나님을 섬기는 일도 결단이 있어야 한다. "나를 따르려면 자기를 부인하고 나를 좇으라."[167]

4. 끊임없이 동기를 부여하는 리더

말을 물가로 끌고 갈 수는 있지만 그 말에게 강제로 물을 먹일 수는 없다. 지도자가 구성원들에게 일을 억지로 강요하거나 강제적으로 목적을 달성하여 순간의 이익은 얻을 수 있을는지 모르겠으나 장기적으로는 지도자의 리더십에 커다란 불이익이 초래될 것이다.

지도자는 구성원들의 내면의 변화를 통해서 스스로 목적을 달성토록 유도하는 기술이 필요하다. 실제적으로 각 교회마다 봉사에 참여하는 적극적인 성도의 수가 전체 교인의 10-20%에 불과한 것을 볼 때, 지도자는 모든 구성원들이 자발적으로 봉사의 일을 하도록 동기를 부여하는 기술이 필요한 것이다. 즉 효율적 리더십은 얼마나 많은 교인들을 동기부여 하여 봉사하도록 하게 하느냐에 달린 것이다.

그러나 지도자는 동기를 부여하는데 몇 가지 주의할 사항들이 있다. 첫째로, 지도자는 죄의식을 통하여 구성원들에게 동기를 유발하지 말아야 한다. 이것은 사람들에게 죄의식을 심어주어 목적을 달성케 하려는 위험한 방법이다. 둘째로, 공포를 조성하여 동기부여 하는 방법이다. 이것은 사람들에게 두려움을 조성하여 억지로 동참하도록 강요하는 방법이다. 셋째는 조정 혹

---

167) 눅9:23

은 조작을 통한 동기부여 방법이다. 이것은 구성원들을 속이거나 거짓을 말함으로 목적을 달성하려는 방법이다. 이와 같은 동기부여 방법은 크리스천으로 삼가야 할 세속적인 위험한 방법들이다. 거짓말, 협박, 뇌물과 같은 분명한 방법뿐 아니라 직접 계시를 받았다고 호소하는 것이나 아첨, 모든 종류의 책략은 영적 지도자들에게 부당한 방법들이다.168)

그러면 교회지도자로서 동기부여 하는 좋은 실제적인 방법은 무엇인가. 네비게이토에서 오랫동안 사역했던 리로이 에임스가 '동기를 부여하는 지도자'란 책에서 제안한 동기부여 방법을 먼저 살펴보자. 그는 지도자가 갖추어야 자질들을 거론함으로 구성원들의 동기를 유발하는 방법을 제시하고 있다.169) 일반적으로 구성원들은 지도자가 능력과 자질 면에서 준비되었음을 확신할 때 봉사하고픈 강한 동기를 부여받게 된다.

그가 제시한 자질들은 다음과 같다: '책임감 있는 지도자가 되라. 성장하는 지도자가 되라. 본을 보이는 지도자가 되라. 활력을 공급하는 지도자가 되라. 효율적인 지도자가 되라. 사랑으로 돌보는 지도자가 되라. 의사전달을 잘하는 지도자가 되라. 목표 지향적인 지도자가 되라. 결단력 있는 지도자가 되라. 능력 있는 지도자가 되라. 단결과 화합을 이루는 지도자가 되라. 부지런한 지도자가 되라.' 지도자의 자질이 위와 같은 준비된 모습으로 구성원들에게 비춰질 때 구성원들은 봉사하고 픈 강한 마음을 가질 것이다.

그리고 동기부여는 전체적으로 이루어지는 것보다는 개인과 개인 사이에서 이루어지는 것이 중요하다.170)

그러나 무엇보다도 동기부여 이론 중에서 빼놓을 수 없는 것은 심리학자인 아브라함 마슬로에 의하여 제안된 사람의 욕구171)에 의한 동기부여 방

---

168) James E. Means, Leadership In Christian Ministry. 주상지 역, 그리스도인 사역의 지도력 (서울: 생명의 말씀사, 1991), p.238.

169) Leroy Eims, Be a Motivational Leader: Lasting Leadership Principles, 번역부, 동기를 부여하는 지도자 (네비게이토, 1983), pp.35-38.

170) Olan Hendrix, Management for Christion Leaders, 차종율 역, 크리스천 지도자들을 위한 경영관리 (기독교문서선교회, 1994), p.33.

법이다. 마슬로에 의하면 사람은 일반적으로 의·식·주에 관한 기본적인 욕구를 가지고 있다. 그래서 사람은 의·식·주의 문제가 해결되지 않으면, 그 다음 단계인 소속감의 욕구로 넘어 가지 않는다는 것이다. 그러나 첫째 단계의 욕구가 성취되면, 사람은 두 번째 단계인 어딘가에 소속하고 싶은 욕구를 추구한다는 것이다. 또 두 번째 단계의 욕구가 충족되면, 사람들은 셋째 단계인 만족을 추구하는 단계로 이동해 간다는 것이다. 이렇게 욕구를 따라 이동해 감으로서 마지막으로는 자기 현실화 단계에 이른다는 것이다. 이 자기 현실화 단계는 스스로 삶의 의미를 느끼며 보람과 가치를 추구하는 단계이다. 필자는 여기에다 한 가지 더 추가하고 싶은 것이 있다. 교인의 신앙에 필요한 영적인 필요를 공급해 주는 것이다. 그들의 필요가 충족될 때 그들은 강력한 동기부여를 받고 하나님의 일을 완수할 것이다.

지도자는 혼자 일하는 사람이 아니다. 교회지도자는 교인들과 함께 일하는 사람이다. 그러므로 지도자는 교인들로 하여금 봉사하게 하려면 그들의 욕구를 먼저 살피고 그들의 필요를 충족시켜 줘야 하는 것이다. 구성원들의 욕구를 충족시켜 주는 것만큼 강한 동기를 유발시킬 수 있는 방법은 없을 것이다. 교회 지도자는 봉사하고자 하는 마음을 불러일으키는 전문가가 되어 그리스도께서 주신 목표를 향하여 함께 달려가야 할 것이다.

영적 지도자들이 필요로 하는 도덕적 방법에는 격려에 의한 동기부여, 우수한 사역, 사람들을 참여시키는 것이 있다. 또한 사람들, 그들의 희망 사랑, 꿈, 문제, 아픔, 고유한 가치를 존중하는 모든 방법들도 추천한다.[172]

5. 의사소통이 탁월한 리더

의사소통의 중요성은 아무리 강조해도 지나치지 않다. 지도자는 의사전달

---

171) 김명훈, 심리학개론 (박영사, 1986), p.218.
172) James E. Means, Op.cit., p.239.

의 중요성을 인식해야 한다. 한 조직의 성공과 실패는 원활한 의사소통의
여부에 달려있다. 리더십의 열쇠는 의사전달이다.

사람들은 왜 지도자의 말에 귀를 기울이지 않을까? 그들이 말하는 이유는
다음과 같은 것들이다: '너무 말을 많이 한다. 내용을 충분히 설명하지 않는
다. 너무 수사적인 언어를 사용한다. 욕설을 퍼붓는다, 과장해서 말한다, 너
무 막연하게 말한다. 통계를 잘못 사용한다. 논점을 교묘히 피한다.[173]

지도자의 의사소통은 분명해야 한다. 말하는 내용이 쉽고 명백하게 전달되어야
한다. 거짓말은 절대로 안 된다. 그것은 신뢰를 깨뜨리고 공동체를 무너뜨릴 것이다.

현대에 와서 일방소통이란 있을 수 없다. 일방적 의사소통은 효과도 없다. 반
드시 구성원들로 하여금 민주적으로 양방향 의사소통이 되도록 해야 한다. 그들
이 자유롭게 의사를 개진하고, 지도자는 그들의 말을 경청해서 들어야 한다.[174]

지도력의 유형은 지도력과 구성원 사이에 발생하는 커뮤니케이션의 형태
에 영향을 준다. 그 유형이 보다 권위적이면 권위적일수록, 커뮤니케이션은
위에서 아래로 일방통행이 되는 경향이 더욱 강해진다. 효율적 의사전달 없
이 훌륭한 리더십을 발휘할 수는 없다.

의사전달이란 무엇인가. 의사전달이란 영어로 Communication이라 하
는데 이 용어는 라틴어 Communis에 뿌리를 두고 있다. 이 단어는 '공통
적인 것' 혹은 '일반적인 것'이란 의미를 가지고 있다. 그래서 '의사전달이
잘됐다'라는 표현은 '전달자가 말을 유창하게 구사했다'라는 의미가 아니라
전달자의 의사가 수신자에게 정확하게 전달되어, 수신자가 전달자의 의도대
로 이해하고 있다는 것을 의미하는 것이다.

지도자, 곧 전달자가 정확하고 분명한 의사소통을 하는데 필요한 것은 무
엇인가?

---

173) David L. Hocking, Be A Leader People Follow, 김영국 역, 사람이 따
르는 지도자 (생명의 말씀사, 1993), pp.53-61.
174) Michael Hammer, The Agenda, 김이숙 역, 아젠다 (한국경제신문사, 2002),
pp.338-340.

첫째로, 지도자는 전달할 자신의 사고 혹은 느낌을 분명히 표현하는 기술을 개발해야 한다.

둘째로, 지도자는 그 사고와 느낌을 전달할 적절한 행동과 단어를 선택해야 한다.

셋째로, 지도자는 효율적 의사소통을 방해하는 요소를 찾아 최소화시켜야 한다.

그 다음에 구성원들, 즉 수신자가 취할 요소들을 무엇인가?

첫째로, 전달자의 표정이나 행동을 유심히 관찰함으로 전해지는 정보를 모두 수용한다.

둘째는, 전달자의 사고와 행동을 분석하고 이해하여 그 진의를 파악하는 것이다.

셋째로, 전달자의 사고와 느낌을 왜곡됨이 없이 수용하도록 자신을 발전시킨다.

효율적인 의사전달은 지도자가 의사를 수신자에게 분명히 전달하는 방법을 개발하고, 수신자 또한 전달자의 사고와 느낌을 올바로 해석하고 받아들이는 방법을 개발할 때 가능한 것이다. 훌륭한 의사소통은 정확하게 전달하고, 바르게 이해하는 것이다.

커뮤니케이션이 중요하다. 지도자는 의사소통의 달인이 되어야 한다. 의사소통이 되어야 팀의 정보다 교류되어 진공상태를 피할 수 있다.

말과 행동을 일치시켜라. 일관성이 있어야 한다. 문제 봉착시 그룹원들에게 책임을 전가하지 말고, 사과할 것이 있으면 사과하라. 이메일이나 여러 새로운 도구들을 커뮤니케이션 수단으로 현명하게 활용하라.175)

지도자의 의사전달의 부재는 지도자와 교인들 간에 상호불신과 의심을 초래하며 결국은 비능률적인 사역으로 이어질 수밖에 없다. 그러나 지도자가

---

175) Bob Rosner, Alan Levins, Allan Halcrow, The Boss's Survival Guide, 김은령 역, 최고의 팀을 만드는 리더의 법칙 (청림출판, 2002년), pp.181-212.

의사전달을 원만하고 공정하며 신속하게 하면 그 결과 구성원들의 사기는 증진될 것이며, 지도자의 리더십은 흔들림 없이 서게 될 것이다.

6. 자기부정을 우선시하는 리더

우리는 영적 지도자의 동기가 맹목적인 야심을 동반한 이기주의인 경우를 자주 보게 된다. 그러한 자기중심주의는 때때로 욕심, 지나친 우월감, 자만심 등과 결합되어 목적을 위하여 수단을 정당화하는 사태에까지 이른다. 이러한 지도자의 자기함정을 해결하는 길은 하나님 앞에 철저히 깨어지는 체험을 가지는 것이다. 나는 아무것도 아니며 하나님 없이는 아무 일도 할 수 없다는 철저한 자기부정이 필요한 것이다.

지도자가 하나님 앞에 깨어진다는 것은 하나님께 전적으로 항복하는 것을 의미한다. 베니 힌은 성령충만하여 하나님께 쓰임 받는 두 가지 조건을 '영적 갈망'과 '전적 항복'으로 보았다. 영적인 지도자는 사람들에게 순종을 요구하기 전에 먼저 하나님에게 순종하는 자이다. 하나님의 뜻이 이해되고 만족스럽기 때문에 순종하는 것이 아니다. 이해가 되지 않고 불편하더라도 하나님의 뜻이기 때문에 순종하는 것이다. 그러므로 깨어지고 항복하는 자는 더 이상 하나님의 뜻에 수동적이지 않다.

하나님 앞에 깨어지고 항복하는 것 자체가 목적은 아니다. 그것들은 하나님의 나라와 교회의 성장을 위해서 보다 더 효과적으로 쓰임 받기 위한 수단일 뿐이다. 깨어지고 항복하는 것 자체가 목적이 되면 고행을 통한 자기만족을 추구하는 수도원 운동이나 신비주의에 빠지게 된다. 경건이나 영성 훈련은 깨어짐의 과정을 통해 더욱 하나님께 의지하면서 세상에 적극적으로 나아가 세상을 구원하는 데 그 궁극적인 목적이 있는 것이다. 하나님의 뜻에 절대적으로 순종하는 것이 우리의 목적이 되어야 한다. 하나님께 유감없이 쓰임 받는 것이 우리의 소원이 되어야 한다.[176]

제3절 한국 사회와 한국교회

1. 시대의 흐름

오늘날까지 한국사회는 산업사회의 구조와 형식을 가지고 있다. 미래학자인 앨빈 토플러는 이러한 산업사회를 제2의 물결로 표현하였다.

1) 한국사회

그동안 우리는 산업사회의 지식과 형태와 구조 가운데서 생각하고 생활해 왔다. 그 동안 우리나라 산업사회의 기조를 이룬 대표적 표어는 "잘 살아보세"였다. 6.25의 전쟁으로 폐허가 된 사회와 경제를 일으켜 보자는 취지였다. 그 후, "경제개발 5개년 계획", "수출 백만 불 달성" 등의 구호는 국민들의 허리띠를 졸라 매는 산업사회의 대표적인 목표들이었다. 어느 학자는 이러한 산업사회를 개미사회로 표현하였다. 즉, 산업사회는 개미처럼 부지런하게 일을 해서 일한 결과를 자신이 먹는 독점사회로 보았던 것이다. 산업사회에선 근면, 성실이 최고인 사회였다. 산업사회의 특징을 몇 가지만 더 살펴보면; 첫째로 권위주의적이다. 산업사회는 계급이 형성되어 지시와 명령을 통한 수직적 권력구조를 형성하게 되었다. 이러한 구조는 많은 생산성을 성취하였으나 이에 대한 역 기능도 만만치 않았다. 사람들은 출세만을 위하여 달음질하도록 몰고 갔다. 둘째로 물질과 물량주의이다. 사람들은 많은 것을 소유하려는 경향을 갖게 되었으며, 돈이면 모든 것을 해결할 수 있다는 황금만능의 사상을 낳게 되었다. 그래서 물리적인 힘을 가진 자들이 나라를 지배하고 돈 많은 사람들이 적게 가진 자들을 지배하게 된 것이다. 이 시대는 '질'보다는 '양'으로 측정하는 시대로 표현된다. 소위 '재벌'이라는 것도 산업사회의 구조에서 탄생

---

176) 김국현, 리도십과 자기부정. 2003.

한 독점적 형태의 산물이다. 이런 산업사회의 틀은 더 이상 정보사회의 구조에 맞지 않는다. 그래서 정보사회에 맞는 구조로 조정이 필요한 것이다.

2) 한국교회

오늘날 한국교회는 산업사회의 구조와 형태에 의하여 발생한 목회 패러다임을 가지고 있다. 정보화 사회로 넘어가는 이 시점에서 미래목회에 대비하려면 새로운 밀레니엄 시대에 맞는 목회의 구조를 형성해야 할 것이다. 교회와 목회의 구조는 삶과 떼어놓고 생각할 수 없는 것이다. 그러면, 먼저 산업사회에서 발생한 한국목회의 틀을 진단해 보자.

(1) 권위주의적 목회

그동안 한국 목회자들은 사다리 혹은 피라미드 형태의 교회조직 구조에 의하여 목회를 해 왔다. 지금까지는 목회자들이 전도사보다는 부목사, 부목사보다는 담임목사, 담임목사보다는 또 다른 위치로 옮겨가는 것을 선호하였다. 당회장이 교회의 모든 권위를 휘어잡고 목회자 중심적 목회를 한 것이다. 그러나 이러한 권위주의적 구조와 생각은 새로운 문화에서 자라나는 청소년들에게 열린 마음으로 접근하지 못하였고, 그들을 수용하지도 못하였다. 점점 더 권위를 상실해 가는 현 세대에선 좀더 민주적이고 합리적인 목회의 구조를 요구하는 것이다.

(2) 개 교회 중심적 목회

그동안 한국교회는 4만여 교회와 1,200만 명에 이르는 교인 수를 자랑해 왔다. 그럼에도 불구하고 서로 연합하지 못함으로 사회에 미치는 영향력은 아주 미미하였다. 덩치와 크기는 자랑할 만하였지만, 이빨 빠진 강아지처럼 힘을 발휘하지 못한 것이다. 이와 같은 개 교회주의 현상으로 빚어진 무기력함은 사회를 변화시키기에 너무 빈약하였다. 배타적이고 이기적인 사고와 분파적인 행동은 자동적으로 개 교회 중심적 현상을 낳은 것이다.

(3) 거품 목회

허삼수, 허화평, 허문도 5공 시절을 대표하는 세 허씨들이다. 한국교회에도 산업사회시대에 주름잡던 세 허(虛)가 있다. 그 3허는 허세(虛勢)와 허상(虛像)과 허수(虛數)이다. 한국에 제일 큰 장로교회가 있고, 제일 큰 감리교회가 있고, 세계에서 제일 큰 교회가 있다고 해서 한국교인들이 세계에서 제일 돈독한 신앙심을 가지고 있는가? 사람들은 교회에 사람들의 숫자가 많으면 성공한 것처럼 허수(虛數)들을 두고 있다. 이것은 모든 것을 숫자로 결정하려는 사람들의 경향을 말해 준다. 또한 한국교회는 허상을 가지고 있다. 아무리 기도하고 교회에 다녀도 그리스도의 모습으로 변모하지 않는 이유는 무엇일까? 성도 각 개인이 홀로 서기 신앙을 갖지 못하고, 자신의 신앙을 목회자에게만 의존하는 것, 또한 신앙의 허상이다. 그리고 예배에 열심히 참석하고 기도모임에 빠지지 않으면 하나님의 축복을 받는다는 것도 허상이다. 이것은 열심이 축복을 만들어낸다는 허상이다. 한국교회는 이러한 허상들 때문에 문제가 되고 있다. 한국교회는 커다란 건물을 지으면 성공한 교회처럼 허세를 부리고 있다. 진정한 목회자의 권세는 하나님의 진리의 말씀에 입각한 영적인 파워에서 나와야 한다.

(4) 목회자 자질론

우리나라에 400여 개의 무인가 신학교가 있다고 한다. 여기서 쏟아지는 목회자는 어디로 갈 것인가? 한 가지 분명한 사실은 철저히 준비되지 않은 상태에서 목회현장에 뛰어 들었을 때, 목회자는 당혹감, 혹은 패배감을 맛보게 된다. 목회자는 누구나 자신들에게 적합한 목회지를 선택하고 목회하는 지혜가 필요하다. 이제는 목회자를 '양'으로 평가하지 않고 '질'로 평가한다.

(5) 성장주의 일변도의 목회

그동안 한국교회는 하나님의 은총아래 빠른 성장을 보여 왔다. 선교 100년 만에 국민의 25%라는 경이적인 복음화를 이룩했고, 외국의 선교기관과 교회의 지도자들은 한국교회의 성장을 연구하기 시작했던 것이다. 이것은 세계적으로 놀라운 사건이다. 그러나 지금의 한국교회의 현실은 어떠한가? 그 동안 성장제일 주의로 치달아온 부작용이 지금은 성장의 감소추세로 돌아선 것이다. 성장일변도의 외형적인 성장만을 추구한 나머지 내실이 부족했고, 균형을 이루지 못한 기형적인 모습으로 성장한 것이다. 성장일변도 목회를 하다 보니 건물은 커지고 높고, 시설은 첨단을 걸어만 갔으나 성도 개개인의 신앙은 답보상태를 면치 못하게 된 것이다. 지금도 많은 사람들이 교회의 건물이 크고, 교회내의 교인들이 많으면 성공한 것으로 생각하고 있다. 물론 큰 교회를 부정하는 것은 아니다. 다만 교회성장에 관한 올바른 개념 정립을 기대하는 것뿐이다.

(6) 양(量)으로 결정하는 목회

한국교회는 세속주의에 물들어서 그런지 숫자로 모든 것을 평가하는 목회가 되었나. 교인 수가 및 멍인가가 최내의 판심사가 되었고, 교회에 일마나 안 빠지고 다니느냐가 신앙의 척도가 되었다. 그리고 새벽기도에 얼마나 충실하게 출석하느냐가 그 사람의 신앙의 기준이 되었다. 이러한 것들은 부분적으로 수긍은 하나 역시 세속화되기 쉬운 위험한 발상이다. 외형적인 숫자로만 그 사람의 인격과 신앙을 평가하기 때문이다. 이러한 잘못된 판단이 많은 교회의 타락을 부추겨왔다. 물론 많은 사람들 중에 질 좋은 사람이 있는 것은 인정된다. 그렇다고 양을 늘리기 위한 목회철학을 가진다면 세속화되기 쉽다. 산업사회의 전형은 외형적인 것으로 사람의 인격과 신앙을 평가하려 했던 것이다. 외모로 사람을 평가하는 것은 위험한 발상이다.

산업사회의 구조와 틀이 왜 새 밀레니엄 시대에 문제가 되는가? 바로 사회의 형태와 구조가 달라지기 때문이다. 산업사회의 틀을 가지고 정보사회에 맞출 수 없다. 교회도 마찬가지이다. 산업사회의 목회구조를 가지고 정보화사회의 목회에 대처해 나갈 수 없다. 새 시대에는 새 패러다임으로 적응해 가야 한다. 그러면 미래 사회와 미래목회의 구조는 어떠한가 알아보자.

2. 미래사회 & 미래목회

미래의 변화는 총체적이다. 정치, 경제, 교육, 윤리, 가치, 사상 등 모든 영역이 동시적으로 변하고 있다.

1) 미래사회

(1) 불확실성의 세계

하버드대학교 경제학자인 갈 브레이드 교수는 미래사회를 불확실성의 시대라고 정의하였고, 예일대학교 역사학 교수인 폴 케네디 박사도 "우리가 수없이 많은 불확실성에 직면한 것 말고는 아무것도 확실한 것이 없다"고 말함으로 미래사회는 예측할 수 없는 사회임을 예견했다. 미래학자들의 증언에서 보듯이 미래사회를 정확히 예측할 수 없는 것이 오늘의 현실이다. 그럼에도 불구하고 미래사회는 지식과 정보가 가득한 사회가 될 것이라는 것에 이의를 제기하지 않고 있다.

(2) 지식정보사회

선지자 다니엘은 하나님의 영감을 통해서 미래사회에 대하여 예언하고 있다. "많은 사람이 빨리 왕래하며 지식이 더하더라"(단 12:4). 이 예언처럼, 미래사회는 한마디로 지식과 정보사회라 일컬어질 것이다. 미래 사회는 지식과 정보가 엄청나게 많아질 것이며, 한번도 사용해 보지 못하고 폐기되는 지식도 엄청나게 많을 것이다. 그러므로 앞으로의 지식인은 습득하는데 중점을 두기보다는 활용하는 데 역점을 두게 될 것이며 소유하는 지식보다는 공유하는 지식이 될 것이다. 지식인의 개념도 달라지게 된다. 과거에는 학력이 높고, 공부를 많이 하면 지식인이라고 했다.

그러나 미래의 지식인은 학력에 관계없이 자기가 가지고 있는 지식을 자기 분야에 적절하게 활용할 수 있는 능력을 소유했다고 하면 (신)지식인이라 불린다.

(3) 멀티미디어의 시대

멀티미디어 시대란 문자를 수용하기보다는 이미지를 더 선호하는 사람들의 시대를 말한다. 지금은 컴퓨터와 인터넷, 영상가요, 뮤직비디오, M-TV 등의 시대에 살고 있다. 이러한 멀티미디어 시대에 살고 있는 세대들의 가치관은 오디오 시대의 가치관과 다르다. 이들은 듣고 결정하는 것이 아니라 보고 결정하기 때문이다.

(4) 미래사회의 가장 큰 변화는 교통수단과 지식의 발달을 들 수 있겠다. 교통의 발달로 관광산업(2015년에 인구의 10%가 관광업에 종사)이 더욱 발전 할 것이며, 한 곳에 정착하여 생활하지 않고 세계의 이곳저곳을 다니며 생활하는 새로운 유목민(임시성과 일회성의 발달)이 탄생할 것이며, 지속적인 인간관계 유지가 어렵게 되며 그 기간 또한 단축될 것이다. 수직직인 인간관계의 구조가 수평적 구조로 이동되며 위계질서가 붕괴되어 갈 것이다. 폴 케네디 예일대 역사학 교수와 미래학자인 앨빈 토플러의 미래진단을 살펴보면, 미래사회는 인구가 폭발적으로 증가(10월에 60억, 2025년에 87억, 2050년에는 100억 명 이상)할 것이며, 자연환경 파괴(대기와 땅, 물 오염, 오존층 파괴, 생태계 파괴, 라니냐 현상)와 민족분쟁(코소보 사태, 아프리카 대부분의 국가들)이 심화될 것이다. 그리고 개방화, 세계화, 더 나아가서는 지구촌화가 되기 때문에 통신과 금융의 발달로 다국적 기업이 출현할 것이며, 생명공학의 대혁명(복제 인간의 탄생)이 일어나고, 로봇과 자동화를 통한 신 산업혁명 시대가 될 것으로 전망하고 있다.

이와 같은 미래사회를 진단해 볼 때 목회자는 미래목회에 대하여 무관심할 수 없는 것이다. 바로 목회자들이 직면할 현실이기 때문이다. 목회자가 변해야 교회도 변한다. 새 술은 새 부대에 넣어야 한다. 낡은 구조에 맞는 낡은 사고와 가치관을 가지고 미래지향적인 창조적 사역으로 발전해 갈 수가 없다. 그러면 미래목회는 어떻게 변할 것인가 살펴보자.

2) 미래목회

한국사회가 산업사회에서 정보화 사회로 그 속도를 더해 감으로 빠르게 변할 때 한국교회는 어떻게 대처할 것인가? "가장 먼저 망하는 길은 변하지 않는 것이다." 21세기에 도태되지 않으려면 교회도 변화와 개혁을 추구하지 않으면 안 된다.

먼저 추종자를 만드는 킹(King)의 리더십에서 지도자를 생산하는 킹 메이커(King Maker)의 리더십으로 전환되어야 합니다.

지금까지의 목회 리더십은 주의 종이라는 절대 권위를 가지고 성도들이 추종자로 따라오도록 만드는 킹(King)의 리더십이다. 유교적인 수직적 패러다임을 가지고 성도들에게 '주의 종님'이라는 웃지 못 할 고백을 받아 내면서 목회자의 권위를 강요하고 성도들을 복종시키는 리더십을 발휘해야 했다. 그러나 이제는 이런 수직적 사고체계를 가진 리더십을 가지고는 더 이상 목회자로서의 영향력을 발휘할 수 없는 시대가 되었다. 우리가 살고 있는 사회 구조자체가 이제는 팀 사역을 강조하는 수평적인 패러다임으로 바뀌어 가고 있기 때문이다. 따라서 교회 안에서의 목회 리더십도 목사 홀로 이끌어 가는 독불 장군식의 킹(King)리더십에서 모든 성도를 지도자로 세워주고 그들을 통해서 더욱 효과적으로 또 다른 지도자를 생산하는(딤후 2:2) 킹 메이커(King Maker)의 리더십으로 전환해야 한다.

래리 리차즈(Larry Richards)가 1992년도에 미국 목회자 5,000명을 대상으로 설문조사를 했다. 교회를 성장시키고 강화하기 위해 앞으로 가장 필요한 것이 무엇이라고 생각합니까? 이 질문에 응답자의 100%가 똑같은 대답을 하였다. "평신도를 사역의 동역자로 발굴하여 훈련하는 것이다." 이것이 의미하는 바가 무엇입니까? 이것은 21세기의 교회를 위해서는 목회의 철학과 전략이 바뀌어야만 된다는 것을 말하고 있는 것이다. 이것이 바로 킹 메이커 리더십이다. 셀 목회로 건강한 교회를 담임하고 있는 데일 갤로

웨이 목사는 "어떤 리더들은 팔로워들을 만들기를 원한다. 하지만 나는 리더를 만들기 원한다. 나는 리더들을 만들기를 원할 뿐 아니라 또한 리더들 중에서 리더를 만들기를 원한다. 그 다음에는 나는 리더들 중의 리더를 만들기를 원한다."라고 했다. 존 맥스웰은 "성장을 이루기 위해 팔로워들을 이끌라. 그러나 성장을 증폭시키려면 리더들을 이끌라!"고 말했다. 나 홀로 지도자가 되는 것이 아니라 다른 사람이 지도자가 될 수 있도록 만드는 것이 바로 21세기의 목회 리더십이다. 왜냐하면 이것이 성경적인 원리이기 때문이다. 그래서 목사 혼자서 열심히 그리고 헌신적으로 일하는 것은 멋있어 보이지만 사실 다른 사람에게 헌신하도록 가르치는 것은 더 멋있는 일이다.

한국교회는 이러 목회철학을 가지고 모든 신자를 사역자와 지도자로 세우기 위해 계속적인 양육훈련을 진행하여야 한다. 리더는 태어나는 것이 아니라 만들어지는 것이라는 전제 아래 목회 리더십을 발휘해야 한다.

두 번째로 21세기에는 아날로그 리더십에서 디지털 리더십으로 전환이 되어야 합니다.

아날로그와 디지털의 가장 큰 차이점은 다양성과 전문성이다. 아날로그 방식은 한 가지밖에 일을 수행하지 못하며 그 질도 별로 뛰어 나지 않다는 것이다. 그러나 디지털은 동시에 수많은 일을 행할 수가 있으며 그 질이 탁월하다는 것이다. 따라서 디지털 리더십은 하나님이 주신 비전을 위해 모든 평신도 지도자가 자기 분야의 탁월함을 가지고 함께 사역함으로 시너지 효과를 창출하도록 하는 것이다. 지금까지 교회 성장은 거의 모든 것이 담임목사 한 사람의 역량에 의해 좌우되어져 왔다고 해도 과언이 아니었다. 그러나 이제 21세기는 팀으로 일하지 않으면 안 된다. 목회자뿐만 아니라 모든 신자들이 사역자로 훈련되고 헌신되어져서 함께 일하지 않으면 성공할 수 없는 시대가 된 것이다. 이제 21세기 목회자의 역할은 혼자서 끌고 가는 리더십이 아니라 모든 신자들이 사역자와 지도자로 자기의 사역분야에서 탁월하게 사역하고 섬길 수 있도록 조정하고 구비하고 돕는 리더십을 소유해야 한다. 담임목사의 역할에 변화가 있어야 한다. 목사 혼자서 열사람 몫의 일을 하는 것보다 열 사람이 일할 수 있도록 훈련시키는 것이 21세기 목회 리더십이다.

사실 교회에서는 어떤 사람도 혼자 교회의 리더가 될 수 없고 머리가 될 수 없다. 오직 예수님만이 교회의 머리이시다. 누구도 자신이 교회의 머리라고 선포할 수는 없다. 이것이 바로 성경의 입장이다. 머리됨은 오직 그리스도에게만 속해 있는 것이다. 따라서 목회자는 이렇게 모든 신자들이 사역자로 구비되어 일하도록 부름 받고 선택받은 소명자인 것이다. 로버트 레인즈라는 사람은 "새로운 공동체에서 우리의 임무는 우리의 은사를 다른 사람에게 나누어주는 것뿐만 아니라 다른 사람이 가진 은사도 스스로 발견할 수 있도록 돕는 것이다."라고 말했다. 목사는 자기가 혼자 주도권을 쥐고 일하는 자가 아니라 모든 신자들에게 품으신 하나님의 소원을 따라 섬기도록 그들의 은사를 개발하고 훈련하고 사역하도록 구비시키는 자인 것이다. 벧전 2:9에서 "오직 너희는 택하신 족속이요 왕 같은 제사장들이요"라고 선언했을 때 구약의 제사장들이 그러했듯이 모든 신자들은 세상에서 하나님을 섬기는 것이 그들의 직업이요 사명이요 임무인 것으로 살아가도록 깨우쳐야 한다. 따라서 다가오는 21세기의 목회자는 모든 신자들이 각자의 직장에서 하나님을 섬기는 목표를 가지고 살아가도록 비전을 제시해야 한다. 뿐만 아니라 성도들 가슴속에 예수에 대한 열정을 불러일으켜 헌신하도록 구비시켜야 한다. 왜냐하면 21세기에는 이런 목회 리더십을 가진 목사가 건강한 교회로 성장시키는 탁월한 목회자가 될 것이기 때문이다.

세 번째로 하드웨어 리더십에서 소프트웨어 리더십으로 전환되어야 합니다.

지금까지 목회 성공의 잣대는 얼마나 큰 교회당을 지었으며, 교회가 얼마나 많은 재정을 가지고 있으며, 또한 얼마나 많은 성도 수를 가지고 있느냐로 평가되어 왔다. 그래서 작은 교회 목사님들 중 어떤 분들은 스스로의 자존심에 상처를 입기도 한 것이 사실이다. 그러나 21세기는 이러한 하드웨어적인 리더십 패러다임을 가지고는 더 이상 건강한 교회로 성장시킬 수가 없다. 건강한 것과 살찐 것과는 다른 것이다. 건강한 교회는 교회의 사명을 다하는 교회이다. 21세기에 가져야 할 소프트웨어적인 리더십은 건물과 업적을 과시하는 목회보다는 사람을 키우는 목회가 되어야 한다. 또한 얼마나 큰 교회인가에서 얼마나 예배가 감격스러우며 성도들이 사랑으로 하나 된 교회인가가 훨씬 더 중요하다. 그리고 양적 성장만을 추구하기보다는 성도들 신앙의 성숙과 사역의 탁월함에 주력하는 교회가 21세기에 건강하게 성장하는 교회가 될 것이다. 따라서 21세기에는 얼마나 큰 교회인가가 중요한 것이 아니라 얼마나 감동적이며 성도들의 삶에 그리스도의 영향력을 끼치는 성숙한 교회인가에 따라 그 평가의 기준이 달라지게 될 것이다.

21세기에 성공하는 교회의 기준은 다른 사람들에 의해서 결정되는 것이 아니라 목회자 자신이 하나님 안에서 성경적 교회 상을 스스로 정해 놓고 이루는 것이다. 일의 크기에 관계없이 자신이 정한 목표를 얼마나 탁월하게 이루었느냐에 따라 성공과 실패가 판가름되는 것이다. 마7:21이하에 있는 말씀처럼 목회성공은 사람의 평가에 있는 것이 아니라 하나님의 평가에 그 기준을 두어야 한다. 마렌 모리첸이란 교육학자는 "우리는 대부분 위대한 일을 하지 못한다. 하지만 작은 일을 위대하게 해 낼 수는 있다."고 말했다. 자기에게 주신 하나님의 은사를 최대한 발휘해서 작은 일을 위대하게 성취하는 목회자가 진정으로 성공한 목회자이다.

따라서 저는 항상 탁월함을 강조한다. '우리가 완벽한 예배는 드릴 수 없지만 온전한 예배를 드립시다. 우리가 최고의 교회는 될 수 없지만 주어진 환경 속에서 최상의 교회가 됩시다'라고 가르치고 그렇게 하려고 노력하고 있다. 예배의 예를 들더라도 예배에 참석하는 성도들이 그저 한 시간 동안 앞사람의 뒷모습만 바라보다가 돌아가는 것이 아니라 성령 안에서 예배의 감격을 경험하도록 기획하고 철저히 준비해야 한다. 성도들이 모든 일에서 최선을 다하는 그리스도인으로서 균형 있게 성장하고 성숙하도록 섬기는 탁월한 교회가 되는 것이 우리의 목표가 되어야 한다.

마지막으로 21세기 목회는 권위주의주의 적인 성직자 리더십에서 섬기는 목자 리더십으로 전환이 되어야 합니다.

그동안 한국 교회의 목회 리더십을 표현하자면 목사의 권위를 가지고 "내가 가르치는 대로하라"는 것이었다. 그러나 21세기형 리더십은 '내가 보여주는 대로 하라'가 되어야 한다. 자신은 몸을 숨긴 채 성도들에게 '돌격 앞으로'를 외치는 비겁한 목사가 아니라 모든 것에서 본을 보이며 '나를 따르라'고 외치는 목사가 되어야 한다. 요즘 사람들은 더 이상 목회자의 입술을 보지 않는다. 목회자의 뒷모습을 본다. 리더란 원래 앞서가면서 뒤를 보여주는 자이다. 이것이 진정한 리더이다. 예수님도 목자로서 자기 목숨까지 내어주는 섬김의 모습을 통해 리더십을 발휘하셨다. 요즘 베스트셀러가 되고 있는 '가시고기'라는 소설책에 나오는 주인공 아버지처럼 헌신된 모습, 그리고 가시고기처럼 아무런 대가 없이 섬기는 모습을 통해 목회자는 성도들에게 영향을 주게 된다. 사람은 사역을 통해서 변화가 되는 것이 아니라 관계를 통해서 변화되게 되어 있다. 일을 통해서 변화가 되는 것이 아니라 사랑을 통해서 변화가 되게 되어 있다. 왜냐하면 진정한 목회 리더십이란 관계 속에서 오는 영향력이기 때문이다. 목회자의 임무는 공동체를 지배하기 위해서 성직자라는 권위적인 위치를 사용하는 것이 아니라 오히려 그 공동체의 유익을 위하여 목자로서 교인들을 돌보고 섬기는 일을 해야 한다.

지금까지의 목회 리더십 스타일은 권위주의적인 보스 스타일이었다. 그러나 이제는 섬기는 리더 스타일이 되어야 한다. 보스는 가라고 하지만 리더는 가자고 한다. 또한 보스는 나라고 말하지만 리더는 우리라고 말한다. 교회는 한 몸 공동체이다. 목사도 그 공동체의 일원으로 섬기는 자이다. 차별화된 나를 강조하는 것이 아니라 하나 된 우리를 강조해야 한다. 보스는 2인자를 안 키운다. 그러나 리더는 사람을 키운다. 목회란 그 자체가 바로 사람을 키우는 것이기 때문이다. 보스는 두려움을 일으키나 그러나 리더는 열정과 희망을 일으킨다. 지금까지는 성직자의 권위의식으로 성도들에게 지시하고 대접받으며 그들에게 순종을 강요했다. 그러나 21세기는 자신의 가슴을 꿈틀거리게 하는 비전과 열정을 제시하는 존경하는 리더에게만 자원해서 순종할 것이다. 보스는 사람을 몰고 간다. 그러나 리더는 사람을 이끌고 간다. 목사는 성도들에게 억지로 강요하거나 성직자의 권위로 몰아가는 것이 아니라 성도들에게 비전을 제시하고 열정을 불러일으키는 섬김의 리더십으로 이끌어 가야 한다. 현재 우리가 살고 있는 시대는 보스 타입의 성직자의 권위와 말 한마디에 대중이 움직이는 시대가 아니라 존경받는 섬김의 리더십으로 성도들을 이끄는 시대가 되었다. 이제 보스 타입의 절대 권위란 있을 수가 없다. 헌신된 지도자들이 솔선수범하며 섬기는 목자 리더십 패러다임으로 전환되어야 한다. 21세기 목회 리더십의 파워는 업적과 일에서 오는 것이 아니라 하나님과의 관계성과 사람과의 관계성에서 온다. 따라서 21세기 목회 리더십은 섬김의 관계성을 통해서 탁월하게 빛휘되게 될 것이다.

헬렌 켈러는 "인생이란 멋있는 것이다. 그러나 가장 멋있는 인생은 남을 위해 사는 것이다."라고 말했다. 정말 남을 섬기고 사랑하며 사는 것이 그리스도인으로서 가장 멋있고 보람 있는 삶이라는 것을 삶의 현장 속에서 체험하도록 해야 한다. 뿐만 아니라 존 스토트가 말한 대로 "우리는 위대하게 되도록 부르심을 받은 것이 아니다. 우리는 섬기도록 부르심을 받는다. 진실로 하나님 나라에서 위대함은 섬김에 의해 측정을 받는다."는 진리를 성도들의 삶 속에서 구현하도록 해야 한다. 그러므로 이제 성직자라는 권위주의적인 틀 속에 안주하는 것이 아니라 예수님처럼 섬기는 목자 리더십을 가지고 나아가야 한다.

이제 목회자들이 21세기에도 자신이 섬기는 교회를 하나님이 원하시는 건강한 교회로 성장시키려면 무엇보다도 먼저 목회자 자신의 리더십 패러다임이 변해야 한다. 목회자의 리더십에 따라 교회의 방향과 사역이 달라지기 때문이다. '잘못된 시간에 잘못된 결정을 재난이라고 한다. 그리고 올바른 시간에 잘못된 결정을 실수라고 한다. 또한 잘못된 시간에 올바른 결정은 거절된다고 하였다. 그러나 올바른 시간에 올바른 결정은 성공을 가져온다.' 21세기 교회의 장래는 전적으로 담임목회자의 리더십 패러다임에 달렸다.

21세기에는 무엇보다도 담임목사의 목회 리더십이 중요한 시대이다. 그러므로 건강한 교회로의 계속적인 성장을 추구하는 목회자라면 누구라도 새로운 21세기형 리더십 패러다임으로 변화해야 할 것이다. 그리고 이렇게 목회 리더십 패러다임이 바뀌어야 하는 이유는 성도들에게 아부하면서 끌려다니기 위해서가 아니다. 그들을 진정 위해 주는 목회를 하기 위해서이다. 또한 변하는 시대정신을 따라가기 위해서가 아니다. 시대정신을 예수 이름으로 고치는 자가 되기 위해서이다. 그러나 이 모든 것은 목회자 자신의 혼자 힘과 능력으로는 결코 할 수 없다. 나방과 나비에는 여러 가지의 차이점이 있다. 나방은 자기의 힘으로 날아다니다 결국은 죽어 버리고 말지만 그러나 나비는 자기 날개에 있는 태양전지판을 통해 햇빛에서 에너지를 공급받아 아름답고 우아하게 날아오른다. 21세기 목회자는 바로 나비처럼 성령님의 능력과 도우심을 힘입어 새로운 목회 리더십을 가질 때 주님이 원하시는 건강한 교회로 성장하게 될 것이다.[177]

(1) 평신도와 함께 하는 목회

지금까지는 주로 목회자가 일인 중심의 목회를 해왔지만, 미래목회의 중심은 평신도와 함께 하는 목회를 해야 할 것이다. 평신도의 목회참여는 제2의 종교개혁이라 할 수 있다. 목회자 중심의 목회 일변도에서 평신도와 함께 하는 더불어 참여하는 협력목회의 장으로 변해가야 하는 것이다. 평신도의 지적인 수준이 많이 향상되었고, 신학적으로도 평신도와 함께 복음전파의 사명을 감당하는데 있어서 전혀 문제될 것이 없기 때문이다.

미래목회는 목회자와 평신도와의 팀워크가 성장에 중요한 열쇠가 될 전망이다. 목회자가 모든 것을 혼자 할 수 없다. 앞으로는 일의 양이 증가하는 반면에 점점 전문화된 목회사역을 요구하기 때문입니다. 그러므로 미래목회는 상담이면 상담, 교육이면 교육, 심방이면 심방, 등등의 전문성을 가진

---

177) 안의묵. 공주침례교회. 소논문

평신도와 함께 열린 목회(팀 사역)를 해야 할 것이다.

(2) 지역사회와 함께 하는 목회

우리의 주변에는 현재 전 인구의 5%에 해당하는 장애인과 결식아동 15만 명, 수많은 소년, 소녀 가장 등등, 교회의 손길을 필요로 하는 사람들이 많다. 교회는 지역사회의 필요를 따라 그들과 함께 하는 목회를 해야 한다. 세상이 교회를 필요로 하지 않고 진정한 기독교인들을 원하고 있다는 것은 교회가 지역사회에 적극적으로 참여해야 한다는 의미인 것이다. 지역사회에 참여하지 않는 교회는 절대로 전도할 수 없다. 선교도 할 수 없다. 하나님이 원하시는 교회는 세상에서 분리된 기관이 아니라 세상 속에 참여하는 교회일 것이다. "너희는 세상의 소금이니 소금이 만일 그 맛을 잃으면 무엇으로 짜게 하리요 후에는 아무 쓸데없어 다만 밖에 버리어 사람에게 밟힐 뿐이니라"(마 5:13). 미래사회는 지역사회와 공유하는 목회가 되어야 한다.

(3) 과학적 교회행정 및 도구 활용

지금 자라나는 청소년들은 멀티미디어 시대에 살고 있다. 각종 영상과 음악에 익숙한 사람들에게 구태의연한 목회방법은 효율성이 떨어질 것이다. 그러므로 목회활동에 있어서 이들에게 적합한 도구를 적절히 사용할 줄 아는 기술이 필요하다. 현재 개발된 컴퓨터나 멀티미디어의 신기술과 기타의 과학적 방법들을 목회에 적극적으로 활용하여 효율성을 높이라. 경건성이 떨어진다고 각종 과학적 신기술 사용을 거부하지 말고, 목회발전을 위 최첨단 과학적 도구들을 활용하라.

(4) 목적이 이끌어 가는 교회

21세시 목회는 목회자가 이끌어 가도록 하지 말고, 목회자의 비전이 교인들을 이끌고 가도록 해야 한다. 목적 없는 목회는 잡초와 같다. 잡초는 다듬어 주지 않음으로 아무렇게나 자라난다. 성장해도 볼품이 없다. 그러나 무성하게 성장한다. 이렇게 목적 없는 교회는 잡초처럼 성장할 수 있다. 목적이 없는 교회는 불균형적인 모습으로 성장한다. 균형 감각을 상실한 기형적인 모습으로 성장한다.

그러므로 목회지도자는 교회의 목적을 분명히 해야 한다. 모든 교인들이 바라보고 성취할 수 있는 곧고 바른 확실한 목회철학을 가지고 비전을 제시해 주어야 한다. 목회지도자는 왜 목회를 하고 있는가, 무엇 때문에 하고 있는가? 등의 질문을 교인들에게 제시하고 그 답을 주워야 한다. 교회의 목적이 교인들을 끌고 가도록 해야 할 것이다. 다음은 얼마 전, 릭 워렌 목사가 사랑의 교회에서 '목적이 이끌어 가는 교회가 되기 위한 10가지 방법'에 관한 강의 내용이다. 목적이 이끌어 가는 교회가 되려면:

1) 목적에 모든 교우들을 동화시켜라.
2) 목적이 따라 프로그램을 편성하라.
3) 목적에 따라 교인들을 교육하라.
4) 목적에 따라 소그룹을 조직하라.
5) 목적에 따라 직원들을 선발하라.
6) 목적에 맞춰 조직하라.
7) 목적에 맞춰 설교하라.
8) 목적에 맞춰 예산을 세우라
9) 목적에 맞춰 행사계획을 세우라.
10) 목적에 맞춰 평가하라.

(5) 질을 추구하는 목회

신 경영 이론에 보면, 미래인의 구매양식은 국적이나 상표보다는 가격과 품질에 따라 좌우된다고 한다. 미래사회는 질을 추구하는 시대이다. 목회도 마찬가지이다. 사람을 불러 모으는 일에만 열중할 것이 아니라 교회 안에 있는 사람들을 헌신 자로 만들고, 교회에 충성할 수 있는 핵심인물로 준비시키는 것이 필요하다. 그 동안 한국교회는 "한 영혼을 그리스도께" 혹은 "내 집을 채우라"라는 슬로건과 함께 사람들을 교회로 인도하는 것에 주력하여 왔다. 사람들을 교회에 모으는 일에 전력을 다해 온 것이다. 그러나 이제부터는 모인 사람들이 무엇을 할 것인가를 생각하게 해야 한다. '많이' 혹은 '자주' 하는 것을 목표로 하지 말고, 한번을 하더라도 수준 높은 프로그램을 진행하는 것이 필요하다.

교회지도자는 교인들의 신앙심을 굳건하게 하고, 말씀을 실천하며, 그리스도의 사명을 완수할 수 있는 자로 성숙해 가도록 이끌어야 한다. 앞으로의 세계는 양보다는 질을 추구하는 세계이다. 교회지도자는 교회에 있는 사람들을 온전하게 하여 어떤 사명이라도 감당할 수 있게 준비시키는 자인 것이다.

이와 같은 미래목회 진단은 새로운 목회전략 구상을 필요로 한다. 그러면 먼저 목회전략 구상을 위한 기초원리를 살펴보자.

3. 미래목회 리더십의 원리와 요소

1) 목회리더십의 원리

목회전략은 항상 세 가지 관점에서 만들어지고 평가되어야 한다.

(1) 성경적 관점－성경에 위배되거나 저촉되는 목회전략을 세워서는 안 된다. 복음은 변하지 않는 것이기 때문에 복음을 변질시키는 전략을 구사해서는 안 된다. 변화하는 상황에 복음이 잘 적응할 수 있도록 전략을 구사해야 하는 것이다.

(2) 상황적 관점－사회적, 문화적 상황은 각 교회마다 다르다. 그리고 상황은 무시로 변하는 것이다. 그렇기 때문에 목회전략을 구상하기 전에 상황을 정확히 분석하고 진단하는 작업이 선행되어야 한다. 상황에 적합한 목회를 하려면 각 교회의 목회리더십은 창조적일 수밖에 없다. 그렇게 때문에 개 교회마다 목회는 개성이 강하고 독창적이어야 하는 것이다. 모방하는 목회는 성공할 수 없다. 하나님께서 주신 비전을 가슴에 품고 상황에 적응해 가는 독특한 목회를

하는 것이 바람직하다. 목회지도자는 '뱁새가 황새 좇아가다 가랑이 찢어진다'는 우리의 속담을 상고하고, 형편에 맞는 눈높이 목회를 해야 할 것이다.

(3) 능력적 관점 - 목회전략을 세우는데 마지막으로 고려해야 할 것은 목회자의 자신과 능력과 기술 등을 고려해야 한다. 그리고 교인들의 지적, 영적인 능력을 고려해야 한다. 그래서 목회전략은 각 교회의 목회자와 교인들의 수준에 맞는 눈높이 전략을 세워야 한다. 아무리 좋은 목표와 전략을 가지고 있어도 그 교회가 감당할 수 없는 것이라면 아무런 변화도 이끌어 낼 수가 없기 때문이다. 이와 같은 원리의 관점에서 21세기 목회전략은 개 교회마다 형편과 능력에 따라 독창적이고 창의적이어야 한다는 것을 알 수 있다.

2) 21세기 리더십 요소들

(1) 목회철학을 분명히 설정해야 한다.

성공하는 사람은 철학을 가지고 있다. 목회는 도박이 아니다. 우연히 성공하는 사람은 극히 드물다. 그러므로 사과나무 아래서 사과가 떨어지기를 기다리는 심정으로 목회를 하겠는가? 아니면 복권이 당첨되기를 기다리는 심정으로 목회를 하겠는가? 한 가지 분명한 사실은 철학을 가진 사람은 앉아서 기다리지 않는다는 것이다. 건강한 교회는 목적이 분명한 교회이다. 목회는 저절로 성장하도록 기다리는 것이 아니다. 목적을 가지고 창조해 가는 것이다.

지도자로서 아무 것도 예측할 수 없는 미래사회를 헤쳐 나간다는 것은 한 마디로 두려운 일이다. 그러나 목회자가 분명한 비전을 가지고 그 비전을 달성하기 위하여 헌신만 한다면 성공적으로 미래의 길을 헤쳐갈 수 있다.

한국이 97년 말에 IMF의 시대를 맞이한 또 다른 이유로는 정치철학의 부재를 들 수 있다. 지도자가 철학이 없이 기분 내키는 대로 정치를 하다 보니 IMF를 맞은 것이다. 한 때는 하루에 6교회 씩 교회를 세워가던 한국교회가 요즘은 하루에 6교회씩 감소한다고 한다. 무엇 때문에 이런 현상이 나타날까? 그 근본

은 목회자의 목회철학의 빈곤에서 비롯된다는 것을 되새겨야 한다. 다음은 명성
훈 목사가 제시한 목적이 분명한 교회의 7대 자화상을 정리 요약해 놓은 것이다.

첫째, 목적이 분명하지 않으면 목회를 하지 마라.
둘째, 목적의 절대 중요성을 깨달으라.
셋째, 목적을 성경적으로 책정하라.
넷째, 목적을 효과적으로 진술하라.
다섯째, 목적을 총체적으로 전달하라.
여섯째, 목적에 따라 교회를 조직하라.
일곱째, 목적을 실제목회에 적용하라.

(2) 목회열정이 있어야 한디.

'정신 일도 하사 불성'이란 말이 있다. 정신을 집중하면 불가능한 일이 없다
란 말이다. 목회지도자는 자신의 목회에 집중해야 한다. 그래서 목회지도자는
목회 전반에 걸쳐 항상 진단하고 처방하는 일을 게을리 해서는 안 된다. 이와
같은 일은 목회에 집중하는 것이다. 한국인은 잘 미친다. 푹 빠져 버리는 경
향이 있다. 목회자는 자신의 양 무리들에게 푹 빠져야 한다. 바로 그들이 하
나님께서 양육하라고 주신 백성들이기 때문이다. 그들을 정성껏 돌봐야 한다.
그리고 잘 성장하도록 관찰하고 보호하고 먹이는데 열정을 보여야 하는 것이
다. 미래 목회자는 이렇게 자신의 목회에 미쳐서 집중해야만 성공할 수 있다.

(3) 목회지식이 있어야 한다.

아무리 열정이 높아도 무식하면 일만 저지른다. 성장을 위한 올바른 일은
능력이 있을 때만 가능하다. 지식은 목회자의 능력이다. 그래서 목회지도자
는 지식을 얻기 위해서 책을 많이 읽어야 한다. 성경은 물론 이거니와 사회
에서 전반적으로 돌아가는 소식들에 민감해야 한다. 특히 목회지도자는 바
른 교회론과 교인들의 문화에 대하여 전문적인 지식을 갖춰야 한다. 여기서

꼭 필요한 두 가지 학문적 분야에 대하여 간단히 거론하고자 한다.

① 성경적 교회론

전통적으로 교회를 성도들이 모여 예배하는 곳, 교육하는 곳, 친교하는 곳, 혹은 봉사하는 곳으로 좁은 의미에서 정의해 왔다. 그러나 이제는 좀 더 넓은 선교적 의미로 해석하는 것이 타당하겠다. 교회는 믿는 사람과 믿지 않는 사람이 공존하는 곳으로 생각해야 한다. 그러나 믿지 않는 사람이 영향력을 행사하는 것이 아니라는 사람들이 영향력을 행사하는 곳이어야 한다. 미래 사회의 교회는 폐쇄적이어는 안 된다. 좀 더 열려있는 교회가 되어야 한다. 하늘나라와 세상의 사다리가 되어 하늘과 땅이 하나님의 계획 속에서 통일이 되도록 해야 하는 것이다.

②문화적 교회론

오늘날 교인이 감소하는 이유 가운데 하나는 교인들이 이해할 수 없는 목회를 하기 때문이라 생각한다. 목회는 교인들의 문화 속에서 실행되어야 하는 것이다. 교인들이 성경에 대한 지식이나 교훈을 잘 못 배워서 교회를 등지는 것이 아니다. 그들이 적용할 수 없는 지식을 제공하거나 그들의 삶에 어울리지 않는 목회를 하기 때문이다. 그러므로 그들의 눈높이 문화에 맞는 목회를 하는 것이 바람직하다. 존 스타트가 말한 것처럼, 목회자는 한 손에 성경을, 또 다른 한 손에는 신문을 들어야 한다. 물론 이 말은 성경의 진리를 교인들과 타협하라는 것은 아니다. 복음을 그들이 이해할 수 있는 방법으로 전달하라는 것이다. 절대적인 진리가 그들의 문화 속에서 꽃을 피워야 하는 것이다.

(3) 목회기술을 개발해야 한다.

① 목회지도자는 리더십의 유형을 잘 선택해야 한다.

교인들의 지적 수준이 향상될수록 권위주의적인 구조에서 탈피하여 모든 교인들이 참여하는 민주적 유형으로 변화되어야 한다. 그리고 상황과 시기에 적절한 리더십의 유형을 선택해야 한다. 상황에 따라 융통성 있는 리더십을 발휘하라.

② 목회지도자는 교인들에게 동기부여와 의사전달에 능통해야 한다.

목회지도자는 자신의 비전과 목회철학을 교인들에게 효과적으로 전달해야 한다. 의사를 전달함에 있어서 예수가 제자들에게 한 것처럼, 12명의 제자들 중, 먼저 세 명에게 전하고, 그 다음에 나머지 제자들에게 전달하고, 또 다른 제자들에게 전달한 것처럼, 지도자는 함께 사역하고 있는 가장 신뢰할 수 있는 사람들에게 먼저 전달하고, 그 다음에 측근들에게 전달하고, 마지막으로 전 교인들에게 전달하는 것이 바람직하다.

③ 목회지도자는 팀 목회를 선택해야 한다.

혼자서는 많은 일을 할 수 없다. 이제는 긱 분야에서 진문성을 가진 목회자들이 공동으로 사역해야 할 때이다. 각 분야에서 은사를 창의적으로 최대한도로 활용할 수 있도록 다른 목회자들(평신도)을 활용해야 한다.

(4) 영성 목회를 해야 한다.

정보화시대의 역 기능으로 사람들의 마음이 더욱 황폐화될 것이다. 사람들은 인본주의적 세속주의로 흘러 영적 진공상태를 이룰 것이다. 반면에 영성에 관한 관심은 증대될 것이다. 목회자는 이 사람들을 신앙적으로 지도하려면 영적인 능력을 확보해야 한다. 영적 목회는 성경으로 돌아가는 목회이다. 앞으로는 교인들이 무슨 교단이나 교파를 따지기보다는 영적인 면에 충실한 교회로 이동해 갈 것이다. 조직에 얽매이기를 싫어하는 이들은 자신의 영성에 도움이 되는 교회를 선택할 것이다. 그러므로 목회자는 본질적인 것으로 돌아가야 한다. 목회내용을 중요시하고, 형식은 시대의 변화에 따라 과감하게 바꿔 줄 수 있어야 한다.

4. 미래목회 리더십의 실제적 전략

한국사회와 목회 그리고 미래사회와 목회를 진단해 보고, 미래사회를 예측함으로 21세기 목회를 아래와 같이 구상해 본다.

1) 소그룹 중심의 목회가 필수

현대교회는 대중적 목회에서 소그룹 목회로 바뀌어 가는 추세이다. 이것은 탈권위주의적 사회현상에서 비롯되는 것이기도 하나, 성경적 원리이기도 하다. 같은 성향이나 목적에 의한 친근한 사람끼리 묶어 그리스도 안에서 성장하도록 돕는 것이다. 교인 수가 수천 명되는 교회라 할지라도 한 성도가 사귈 수 있는 성도의 수는 50여 명 정도라 한다.

2) 다양한 목회 프로그램이 필수

낚시하는 사람은 어떤 고기를 잡을 것인가를 결정하고 그 고기낚시에 적합한 미끼를 던진다. 고기에 따라서 낚시하는 방법이 다른 것이다. 미래에 획일적인 목회는 더 이상 효율성이 없다. 모든 사람이 동일하지 않기 때문이다. 미래사회는 더 복잡하고 다양한 성격과 종류의 사람들이 존재할 것이기 때문에, 교회가 이들을 포용하고 수용하기 위해서 가능한 한 이들의 교회필요를 충족시켜 주는 다양한 많은 프로그램을 개발할 수밖에 없다.

3) 목회 전문화가 필수

21세기가 되면, 지금까지의 형식적인 팀 목회에서 전문화된 팀 목회로 바뀔 것이다. 목회의 다양화도 중요하지만 다양화 속에서의 전문화는 더 중요하다. 미래 사회에서는 반드시 전문성, 자기만의 주특기라고 할 수 있는 목회의 특징이 있어야 한다. 그리고 전문성을 가진 사람들을 교회의 목적아래 규합하고 협력하도록 하는 것이 필수적이다. 그래서 팀 목회는 직원들뿐 아니라, 평신도에게까지 은사에 따라 일을 분담토록 해야 한다.

4) 목회의 본질화가 필수

성경의 본질은 변하는 것이 아니지만, 그 본질을 전하는 전달방법에 있어서는 시대에 적합한 변화를 가져와야 한다. 미래목회는 다양성을 추구하는 목회가 되어야 하겠지만 목회의 본질을 고수하는 것을 잊어서는 안 된다. 기독교 신앙의 본질은 결코 침해받을 수 없는 하나님의 고유영역이기 때문이다.

5) 영성 목회가 필수

과학문명이 발달할수록 인간의 마음이 더 황폐화되기가 쉽다. 사람들은 더욱 초조해 지고, 불안하고, 걱정과 근심에 싸일 수가 있다. 21세기 사람들은 이러한 자신들의 문제를 해결하기 위해 영적 욕구를 더욱 갖게 될 것이다. 목회자는 이들의 영적 필요를 하나님 말씀으로 채워 줘야 한다. 하나님의 은혜가 충만하다는 것을 말씀을 통해 제시해 줘야 한다.

5. 목회지도자의 자세

'겸손하고 교양 있고 예의바른 세계인이 되자' 이 표어는 조선일보가 한국인을 대상으로 캠페인을 벌이는 문구이다. 세계인이 되려면 지구인들과 밀접한 교제를 할 수 있는 예의와 태도를 갖춰야 한다. 이와 마찬가지로, 미래목회에 있어서 또 한 가지 중요한 것은 목회자의 자세이다. 목회지도자의 자세는 성공과 실패를 좌우하는 열쇠가 되기도 한다. 우리나라 속담에도 '말 한마디로 천 냥 빚을 갚는다'란 말이 있다. 이 의미는 사람의 태도가 그 여하에 따라 결과에 엄청난 영향력을 미칠 수 있다는 것이다. 올바른 자세는 상대방을 설득하고 지도하는데 커다란 작용을 하는 것이다. 효율적 목회를 위해서 목회자는 공손하고, 친숙하고 신뢰할 만한 자세를 취하는 것이 필요하다.

1) 겸손한 자세

하나님은 교만한 자를 대적하시고 겸손한 자를 들어 사용하신다. 망하려면 거만 하라. 교만은 패망의 선봉이다. 목회자는 성도들에게 점점 더 더욱 겸손해야 한다. 교인들에게 섬기는 자세를 취하지 않고 군림하려는 자세를 취할 때 강한 저항에 부딪칠 것이다. 겸손은 온유한 것이며, 자신을 낮추는 것이다. 목회지도자는 종의 자세를 취하여야 한다.

2) 사랑의 자세

사람들은 점점 더 소외감을 느끼고 있다. 사랑 받기를 갈망하고 있다. 존중과 존경받기를 원하고 있다. 그래서 지도자는 성도들이 사랑을 느끼도록 베풀어야 한다. 사랑은 주는 것이다. 하나님의 사랑은 희생적이며, 무조건적이며, 영원한 특징이 있다.

3) 친절한 자세

목회지도자는 친절해야 한다. 친절은 미소 속에 담겨져 있다. 아무리 곱고 멋지게 생겼어도 찡그리면 흉하다. 그러나 미소 짓는 얼굴은 결코 밉지 않다. 미소를 연습하고 그 힘이 얼마나 큰지를 연습하라. 목회지도자는 사람대접하기를 즐거워하고, 항상 기뻐하며, 낙천적이고, 미소 짓는 사람이 되어야 한다. 웃음 얼굴에 침 뱉으랴.

미래사회를 흔히 럭비공에 비유한다. 그 이유는 공이 날아오는 것은 보이는데 떨어진 다음에는 어디로 튈지 모르기 때문이다. 지금 목회자들이 너무 안일하지 않은가 생각해 본다. 현대사회는 목회자들이 변하는 것보다 더 빨리 미래의 모습으로 달려가고 있는지도 모른다. 효율적 목회를 위하여 미래사회에 슬기롭게 대처하는 목회자가 되어야 한다.

앞으로 10년이 지나면 큰 교회는 점점 더 커지고, 영적으로 대처하지 못하고 시대에 둔감한 교회는 더 작아지는 교회의 양극화 현상들이 나타날 것이다. 나는 어느 길에 들어서 설 것인가? 슬기로운 다섯 처녀의 편에 속할 것인가? 아니면, 미련한 다섯 처녀의 편에 속할 것인가? 미래목회는 준비하는 자의 것이다.

제4절 성경적 목회 리더십의 개발

1. 기름부음 받은 리더십 (anointed leadership)

세상의 리더는 자기 개발과 훈련으로 성장한다. 그러나 크리스천 리더는 무엇보다 성령의 기름부음을 받고 성령의 능력으로 무장되고 성령의 인도하심을 받는 리더이다. 사람들은 기름부음이 있는 기독교 지도자를 두려워하고, 존경하고 따를 것이다. 그는 사람의 지혜만을 의지하지 않고 하나님의 은혜와 지혜와 능력을 동원하여 일한다. 그는 말씀과 기도를 통해 항상 하나님과 교제하고 교통하며 영적인 충만함을 가지고 일한다.

기름부음 받은 지도자는 그 속에서 하나님이 일하시는 지도자이다. 여호수아[178], 사울 왕과 다윗[179], 사사들과 선지자들, 예수님과 제자들 모두 성령의 기름부음을 받은 지도자들이다.[180] 이는 사람의 힘으로는 하나님나라 일을 도저히 감당하지 못하기 때문이다. 사람의 힘과 능력이 아니라 하나님의 힘과 능력으로 된다.[181]

주도자는 말할 때 하나님의 말씀을 하는 것 같이 하고, 봉사할 때 마치 하나님의 공급하시는 힘으로 하는 것 같이해야 할 것이다.[182]

2. 섬기는 리더십
(servant leadership)

현대사회는 권위의 근거인 친족, 지역사회, 종교, 전통을 질식 시키고 있다. 마이클 마자르는 권위의 쇠퇴를 나타내는 5가지 지표를 다음과 같이 말한다.

① 가족의 붕괴, ② 국가권위의 붕괴, ③ 범죄와 부패의 증가, ④ 종교의 다원화와 개인화, ⑤ 전통에 대항하는 세력의 증가가 그것이다.[183]

현대사회는 권위주의의 시대가 아니다. 중앙집권적이고 위계적인 리더십은 끝났다. "중앙집권적이고 위계적인 권위의 붕괴는 지식시대의 중심에 자리 잡고 있는 대중매체, 특히 전자매체의 힘이 증가하는 현상에 힘입은 바 크다. 대중매체가 전통적인 권위를 수세로 몰아붙이고 있는 것이다."[184]

브레인 리는 세 가지 리더십에 대해 말한다.[185]

---

178) 신34:9
179) 삼상16:13
180) 눅4:18; 행2:4; 4:31; 6:3, 10
181) 슥4:6
182) 벧전4:11
183) Michael Mazarr, Global Trends 2005, 김승욱 역, 트렌드2005 (작가정신, 2000), pp.248-254.
184) Ibid., p.278.
185) Blaine Lee, The Power Principle, 장성민 역, 지도력의 원칙 (김영사, 1999), pp.29-30.

첫째, 강압적 리더십이다. 추종자들은 지도자를 따르지 않을 때 생기는 불이익이 두려워 마지못해 따라간다. 이 리더십의 원천은 두려움이다. 위협이나 협박, 감언이설, 물리적 강제력을 사용해 사람들이 두려움을 느끼도록 해서 그들의 순응을 이끌어 낸다.

둘째, 실리적 리더십이다. 이 리더십이 많은 영향력을 갖는 것은 지도자가 추종자들에게 무엇인가를 해 줄 수 있기 때문이다. 위협이나 완력은 없으나 추종의 대가로 무엇인가를 제공받는다. 마치 거래와 같다. 그러나 더 좋은 조건을 약속하는 리더가 나타나면 이러한 실리적 관계는 언제든지 파기될 수 있는 것이다.

셋째, 원칙중심의 리더십이다. 이 리더십은 존경심에 기반한 리더십이다. 이 지도력을 사용하는 사람은 신뢰와 존경을 받는다. 그는 그들을 인격적으로 신뢰하고 그들 역시 그를 인격적으로 신뢰한다. 추종자들은 지도자가 원하는 것을 기꺼이 내어준다. 지도자의 리더십은 다른 사람들과 같은 위치에 있음으로 해서 나오는 것이지 그들 위에 군림하는 데서 나오는 것이 아니다.

"강압적 지도력은 사용하면 다른 사람들의 행동을 통제할 수는 있다. 그러나 통제는 강압적 지도력을 사용하는 순간에만 가능하다. 위협을 그치면 상대는 더 이상 우리의 의견을 존중하지도 자시를 따르지도 않을 것이다. 장기적인 결과는 부정적일 수밖에 없다."186)

참된 리더십은 상호간의 신뢰와 존경에 기초한 리더십이다. 존경심이 곧 힘이다. 존경의 지도력은 시너지 효과를 일으켜 기대 이상의 큰 결과를 얻게 될 것이다.

만일 우리가 원칙 중심의 지도력을 갖기를 원한다면 우리는 명성이나 사회적 인정이나 찬사를 찾기보다 존경받을 만한 자질을 갖추고 있는지에 관심을 두어야 할 것이다. 어떤 사람을 존경한다는 것은 그를 신뢰하는 것이며 그의 선함을 믿는 것이다. 우리는 그들이 정직하고 성실하며, 존경을 받을 만한 행동을 한다고 믿는다. 존경받는 사람은 의심할 수 없는 신용과 성실성을 가지고 있다."187)

세상의 리더십은 군림하는 리더십이지만 크리스천 리더십은 섬기는 리더

---

186) Ibid., p.37.
187) Ibid., p.160.

십이다.188)

섬김의 리더십은 스포트라이트를 다른 사람과 공유한다. 예수님을 조직의 핵심으로 한다. 많은 리더를 키운다. 구성원의 이탈률이 낮다. 직위를 거의 언급하지 않는다. 사람을 존중해서 자유롭게 사고하도록 한다. 파워 이미지를 제거한다. 하나님을 위해서 많은 구성원을 발굴한다. 많은 것을 포용할 수 있는 넓은 도량과 인간존중의 사랑을 갖는다. 권한을 이양한다. 리더십의 목표도 자신의 성공보다 보다 큰 가치를 위해 노력한다. 주님의 뜻을 이루어 드린다.

그러나 기존의 파워 리더십의 특징은 스포트라이트를 좋아한다. 다른 리더를 키우지 않는다. 처세에 능하고 방해자를 음해한다. 권력을 상징하는 이미지, 사무실, 보수를 중시한다. 많은 구성원을 직무 중심으로 선발한다.

섬김의 리더십의 핵심은 섬기는 자세에 있다. "나는 최선을 다해 봉사를 하겠다. 당신들이 나를 따르는 것은 선택 사항이다" 섬기는 기능을 목적으로 결정한다. 섬기려는 마음이 모든 것을 우선하는 리더이다. 인간을 존중하고, 사람에 대한 따뜻한 사랑이 뒷받침된 리더십이다.189)

3. 목자의 리더십
(shepherd leadership)

하나님은 우리를 보호하고 기르시고 인도하시는 목자이시다.190) 목자와 양은 상호간의 사랑과 신뢰를 바탕으로 한 관계다. 잃어버린 양에게 관심이 있다. 목자는 양 한 마리 한 마리를 귀하게 여기는 사람이다.

주님의 리더십은 철저히 목자의 리더십이었다. 그분은 모든 것을 주고 또 주고 마지막에는 자신의 생명을 주셨다. 목자는 거대주의, 물량주의, 성장

---

188) 마20:25-28, 23:11; 요10:11
189) 신완선, 컬러 리더십, 더난출판사, 2002년 . 88-91
190) 시23:1

주의에 빠지지 않는다. 목자는 한 마리, 한 마리 양에게 관심을 가진다.[191] 참된 목자는 한 사람의 인격, 한 사람의 존재에 관심을 가진다.

4. 청지기의 리더십 (steward leadership)

청지기는 주인의 것을 잘 관리하고 감당하는 사람이다. 신자의 모든 것 - 시간, 물질, 재능, 은사, 및 재물 등 - 하나님의 것이다. 하나님은 마지막 때에 청지기로서의 우리를 심판하신다.[192] 충성된 종은 칭찬 받고 게으른 종은 책망 받는다.[193]

5. 훈련자의 리더십 (equipper leadership)

지도자는 성도들을 리더로 세우기 위해 말씀, 기도 및 신앙훈련을 게을리 하지 말아야 한다. 훈련의 목적은 성도를 온전케 하여 봉사의 일을 하며 그리스도의 몸을 세우려 함이다.[194]

한 사람 한 사람을 그리스도 안에서 완전한 자로 세워야 한다.[195]

지도자 자신이 강하게 훈련받을 때 다른 사람들도 이것을 깨닫고 지도자가 그들에게 기대하는 훈련에 협력하여 기꺼이 응하게 된다. 훈련 가운데 더 강요할 수 있는 사항은 다른 사람들에게 도움을 줄 뿐만 아니라 다른 사람들로부터 도움을 기꺼이 받아들이는 훈련이다.[196]

---

191) 마18:12
192) 고후5:10
193) 마25:21, 30
194) 엡4:12
195) 골1:28

6. 사랑중심, 관계중심의 리더십
(relational leadership)

세상의 리더십은 일 중심의 리더십이다. 그러나 크리스천 리더십은 사람중심, 관계 중심의 리더십이다. 일은 사람을 위한 것이다. 크리스천 리더십은 일도 중요하지만 사람 자체와 사람의 변화에 더 중점을 두는 리더십이다.

"최선의 지도자는 자신의 촉각을 다른 사람들에게 예민하게 맞춘다. 그는 상황을 감지하고, 전모를 파악하며, 언어의 뜻을 헤아려 안다. 그렇게 함으로써 그 민감한 시각으로 사역하여 지혜와 이해력이 융화된 지도력을 발휘하게 되는 것이다. 그러한 지도자에게 호응하는 자들은 자기의 지도자는 그들을 개인적으로 돌보아 준다는 것을 알기 때문에 기쁨으로 호응하는 것이다."[197]

7. 본을 보이는 리더십
(modeling leadership)

종 된 지도자의 능력의 근원은 삶과 가르침을 통해 표현되는 하나님의 말씀의 진실성이다. [198]

영적 지도자들은 자기들이 가르치는 진리를 반드시 모범으로 보여야 한다. 우리는 가르침뿐만 아니라 본을 통해서 다른 사람이 그리스도께 더 깊이 헌신하도록 지도해야 한다.[199]

크리스천 리더십은 말이 아니라 행동으로 본을 보이는 리더십이다.

"내가 그리스도를 본받는 자 된 것같이 너희는 나를 본받는 자 되라."[200]

---

196) J. Oswald Sanders, Spiritual Leadership, 이동원 역, 영적 지도력 (요단출판사, 1996), p.75.
197) Charles Swindoll, Leadership (waco: word, 1985), p.52.
198) Lawrence O. Richards, Op.cit., p.142.
199) 로렌스, 144

"이를 위하여 너희가 부르심을 입었으니 그리스도도 너희를 위하여 고난을 받으사 너희에게 본을 끼쳐 그 자취를 따라오게 하려 하셨느니라."[201]

경쟁력 있는 리더십은 인격에서 나온다. 훌륭한 리더십과 인격은 서로 밀접한 관련이 있다. 지도자의 훌륭한 인격은 성공적인 경영의 필수적 조건이다. 인격적인 결함이 드러나면 어떠한 성과도 무의미해진다. 지도자의 심각한 인격적 결함은 조직을 이끄는 힘을 좀먹게 한. 인격적 결함은 조직을 이끄는 능력을 좀먹을 뿐 아니라 리더의 모든 업적을 의미 없게 만들어버린다.[202]

"훌륭한 인격을 갖춘 리더는 이기적이지 않고 겸손하며 정직하고 안정적인 자아를 가지고 있다. 이러한 자아는 지위나 명예 및 권력에서 나오는 것이 아니라 성공적으로 다른 사람들을 이끌 수 있다는 내면 깊숙한 곳에서 우러나오는 자신감에서 비롯된다."[203]

제5절 교회 성장형 리더십의 핵심요소

하나님께서는 교회가 성장하기를 원하신다. 교회성장은 하나님의 뜻이다. 그렇기 때문에 교회가 성장하지 않는 것은 하나님의 책임이라기보다는 인간의 책임이다. 왜냐하면 인간을 통해서 일하시는 하나님께서는 인간들로부터 죽어가는 영혼들이 하나님께로 돌아오는 결과들을 보시기 원하고 계시기 때문이다. 이에 무엇보다도 교회가 성장하기 위해서는 지도자가 중요한데 교회 지도자의 마음에서 성장형 마인드가 새롭게 태어나야만 한다. 성장형 지

---

200) 고전11:1
201) 벧전2:21
202) Ron P. Simmons, Thad A. Gaebelein, A Question of Character, 김규태 역, 인격의 힘 (이지북, 2000), pp.32-33.
203) Ibid., p.41.

도자는 몇몇 특징을 지니고 있는데 다음과 같은 특징을 발견할 수 있다.

1. 비 전

지도자는 비전의 사람이요 꿈을 꾸는 사람이다. "비전은 사람의 마음을 사로잡는다. 비전은 지도자의 필수품이다."204)

지도자는 큰 꿈을 꿀 줄 아는 사람이다. 우리는 꿈의 사람이 되어야 한다. 모든 위대한 운동은 꿈에서부터 시작되었다. 위대한 비전 없이 위대한 일은 일어날 수 없다. 위대한 역사는 위대한 비전을 전재로 한다.

비전이 없는 사람, 꿈이 없는 사람은 미래가 없다. 미래가 없는 사람은 위험하다. 위험스런 사람은 지도자가 될 수 없다. 꿈을 잃은 지도자들에게 우리는 기대할 할 수 없다. 비전 없는 지도자를 경계해야 한다.

이 비전 이 꿈은 결코 인간의 망상이나 계획을 말하는 것이 아니다. 하나님이 보여 주시는 하나님 나라의 비전이다. 하나님이 그의 종들에게 보여 주셨던 하나님의 꿈이다.205)

비전은 지도자를 멈추게 하고 지도자에 도전한다. 바울이 다메섹에 멈추어 서듯 멈추어 서서 자신의 위치, 잠재력, 가능성을 보게 한다.

비전은 나가게 한다. 지도자는 비전에 의해 멈추었지만 비전은 지도자를 다시 나가게 한다.

비전은 지도자를 강하게 만든다. 하나님께서는 비전의 사람에게 권능을 주셔서 담대하게 비전을 실현하게 한다.

비전은 지도자로 하여금 계속 내뻗어 나가게 한다. 비전을 이루게 만든다.

비전은 지도자와 추종자 모두를 만족케 한다. 성취로부터 오는 만족이다.206)

---

204) Warren Benniss and Burt Nanus, Leaders: The Strategies for Taking Change (N.Y.: harper & Row, 1986), p.32.

205) 양창삼, 교회경영학 (엠마오, 1994), p.197.

지도자가 마음속에서 먼저 꿈과 비전을 그려본다. 하나님이 주신 비전을 생각하며 꿈이 실현되었을 때를 그려본다. 지도자는 그 꿈과 비전을 위해 기꺼이 희생을 감수한다. "결정에는 언제나 값 지불이 뒤따른다는 것이다. 값없는 헌신이란 있을 수 없다."[207] 투자를 한다. 대가를 지불한다. 그리고 그 꿈을 향해 열심히 달려간다. 그 꿈은 마침내 꿈꾸는 비전으로 이루어지게 될 것이다.[208]

지도자와 다른 지도자의 차이점은 지도자는 미래에 관심을 갖고 있을 뿐만 아니라 미래에 대처하는 자질도 지니고 있다는 것이다. 이 비전을 통해서 지도자는 다른 사람보다 미래를 점도 앞서서 그리고 보다 분명히 볼 수 있고 여러 기회와 가능성을 잘 포착함으로써 잎으로 생길 사건이나 있음직한 상황에 어떻게 대처할지 알 수 있다. 비전은 언제나 위대한 지도자의 근본이 되는 표시였으니 바로 모세와 여호수아, 사무엘, 다윗, 느헤미야의 두드러진 특징이었다.

교인들도 리더의 비전을 분명히 알 때 부흥할 것이다. 지도자의 중요한 역할은 미비전과 목적에 대해 끊임없이 말하는 것이다. 즉 기회를 찾고 있다가 기회가 오면 삶들에게 비전이 무엇인지에 대해 상기시켜 주는 것이다. 지도자에게 있어서 비전의 중요성에 대해 아무리 강조해도 지나치지 않다. 지도자의 필수적인 자질이 바로 비전이기 때문이다. 지도자는 비전을 먹고 사는 사람이다. 특히 교회성장형 지도자에게 있어서는 비전이란 생명과 같은 것이다. 하나님의 선한 역사를 믿음의 눈, 비전의 시각으로 바라보고 나아가는 것은 대단히 중요하다.

그 비전을 이루어 나가는 데에는 시험이 따른다. 그러나 우리가 진정 하나님께 헌신하면 하나님은 영광을 받을 것이다.[209]

---

206) John C. Maxwell, Op.cit., pp.54-62.
207) Ibid., p.181.
208) Ibid., pp.52-53.
209) Ibid., p.183.

비전은 목표와 관련된다. 목표는 평가되고 측정되어야 한다. 목표는 고정되어서는 안 되고 확장시킬 수 있어야 한다. 새롭게 높일 수 있는 비전이 되어야 한다.210)

비전은 교회성장형 리더십의 특징이다. 지도자는 비전의 사람이요, 꿈의 사람이요, 환상의 사람을 말한다. 비전은 보이지 않는 미래의 교회성장을 믿음으로 현실화시키는 것이다. 비전은 믿음이다. 비전은 바라는 것을 실상으로, 보지 못하는 것을 증거로 취하는 행위이다. 비전은 크게 생각하는 능력이다.

목회자의 비전은 성령 하나님으로부터 오는 것이어야 한다. 교회의 목회자에게 주어지는 비전은 하나님의 나라를 확장하는 교회성장형 비전(Church Growth Vision)이어야 한다. 그것이 비전을 인간적인 야망과 구별하는 기준이 된다.

비전을 가지면 6가지 유익이 있다.

첫째, 방향을 제시한다. (Direction).

둘째, 하나가 되게 한다. (Unity).

셋째, 변화를 가져다준다. (Change).

넷째, 동기를 부여한다. (Motivation).

다섯째, 헌신하게 한다. (Giving).

여섯째, 정확한 평가가 가능하다. (Evaluation).

비전에 대해서는 다음과 같은 점검 항목들이 있다.

첫째, 여러분 자신에 대한 긍정적 자화상을 가지고 있는가? 부정적인 자화상을 가진 사람은 비전을 가질 수 없다. 절망 가운데도 희망을 가진 사람, 역경 가운데도 용기를 가진 긍정적인 사람이 비전을 가질 수 있다. 나는 얼마나 긍정적인지 점수를 매겨보았으면 한다.

둘째, 분명한 교회의 자화상을 가지고 있는가? 교회의 비전은 교회의 자화상을 바탕으로 시작 된다. 그것은 비전이 현실을 바탕으로 하기 때문이다. "우리

---

210) Ibid., pp.28-29.

교회는 이러한 교회이다"라는 자화상 위에 비전이 세워진다. 그 많은 교회가 있는데 왜 하나님께서 우리 교회를 세우셨는지 그 이유를 알고 있어야 한다.

셋째, 교회의 비전선언문 (vision statement) 을 가지고 있는가? 교회의 비전선언문에는 교회의 사명과 목적과 목표가 담겨 있어야 한다. 명문화된 선언문이 없으면 이번 기회에 작성하라. 사명과 목적과 목표는 비전을 이루는 3대 요소이다. 목회자 자신의 사명과 목적과 목표도 재확인하는 기회가 되도록 하라.

넷째, 10년 후의 교회의 모습을 그릴 수 있는가? 비전이 있는 목회자는 교회의 미래 모습을 그려볼 수 있어야 한다. 비전이란 보이지 않는 미래를 생각과 언어의 붓으로 그리는 능력이다.

마지막으로, 교회의 비전과 목표를 전교인이 얼마나 이해하고 있는가? 교회의 비전은 목회자 혼자만의 비전으로 끝나서는 안 된다. 교인들까지 의식화되고 공유되어야 비전이 현실로 나타나는 것이다. 단순한 구호가 아니라 체질이 되어야 한다.

2. 목회철학을 가진 리더십

가르치는 사람은 나름대로의 가르침에 대한 철학이 있으며, 장사를 하는 사람도 장사에 대한 철학이 있고, 정치를 하는 사람도 나름대로 정치철학이 있다. 마찬가지로 목회를 하는 목회자 역시 목회철학이 있어야 한다. 특별히 성장형 지도자가 사역철학을 가져야 되는 것은 말할 필요도 없다.

모든 지도자는 사역 철학을 가지고 있다. 이것은 하나님을 통해 얻은 경험에서 나온다. 지도력의 중심적인 과업은 하나님의 백성에게 하나님께서 목적하시는 방향으로 영향을 주는 일이다. 적절한 사역 철학 없이 이 목표를 전 생애에 걸쳐 유지할 수 없다. 지도자는 성경적 지도자 가치관을 옹호하고, 그들이 살고 있는 시대의 도전을 수용하며, 동시에 자신의 고유한 은

사들과 열매 맺는 상태를 진단하고 개인적인 발전에 기여하는 적합한 사역
철학을 개발해야 한다.

목회자는 목회를 위한 강한 의욕과 강한 목회철학을 가지고 있어야 한다.
나름의 투철한 목회철학을 갖고 있어야 한다. 목회자가 비록 그 결과를 미
리 단정할 수는 없으나 그래도 10년 이내에 교인 수를 두 배로 성장시키겠
다든지, 혹은 질적인 목회를 하겠다든지 혹은 이 지역 사회에서 교회의 사
회적 기능을 강화하고 사회적 역할을 담당하는 목회를 하겠다든지 분명한
소신을 갖고 목회에 임할 때, 그 교회는 성장하며 활성화되며 지역사회의
선도적 역할을 감당할 수 있게 된다.

3. 영적 권위

기독교 지도자에게 있어 영적 권위는 중요하다. 곧 성령의 기름부으심을
통해 가질 수 있는 영적 권위를 지닌 지도자가 영적인 지도력을 가지고 나아
갈 수 있는 것이다. 성장하는 교회의 성도들은 그들의 지도자들이 영적인 지
도자이기를 원한다. 영적 권위는 성장형 지도자에게 필수적인 것이다. 스펄전
의 다음과 같은 말은 과연 옳다. "우리의 동역자들을 다스릴 수 있는 가장 위
대한 능력은 거룩함과 신성함에서 나오는 능력이라고 나는 믿는다."211)

만약 목회자가 너무 바쁘고, 본질적이지 않은 일에 얽매이면 그 자신의
영적 생활이 소홀해진다. 그러면 영적 권위가 떨어지고, 영적인 리더십은
저하된다. 철저한 경건생활, 이것이 리더십이다. 지도자의 영적인 삶, 경건
한 삶 속에 리더십이 힘을 발휘한다. 영적 권위의 무기는 오직 기도와 말씀
과 리더의 성결한 삶뿐이다.

영적 지도력은 보다 높은 차원의 영적 능력의 문제이다. 영적 영역에서

---

211) Charles Spurgeon, All-Round Ministry (penn: Banner of Truth,
1972), p.245.

행사되는 권위는 지위에서 우위에 있는 사람이 가지는 그런 권위와 다르다.

영적 권위는 반대자들이 순응하도록 하기 위한 방법도 아니다. 영적 권위의 목표는 따르는 이, 구성원들로 거룩한 삶을 살 수 있도록 해주는 것이다. 영적 권위는 마음에서 우러나오는 복종과 순종을 낳는다.

하나님은 성령을 우리 모든 그리스도인들에게 보내어 맡은 바 사명과 책임을 감당하게 하며, 그리스도의 영광을 나타내며, 우리 속에 성령의 열매를 맺게 하시기 때문에 우리가 성령의 능력을 힘입지 않는다면 그리스도인의 삶을 바로 살 수 없다. 그러므로 우리는 우리의 인격적 결단으로 우리 자신을 성령께 드리고, 성령을 좇아 행하기로 작정하며 그리스도를 따라가는 동안에 진정한 그리스도인의 삶을 살며 하나님의 형상을 온전히 이루는 자가 될 것이다.

하나님의 교회를 섬기고 성장시켜 나아가는데 쓰임받기 원하는 지도자는 유능하고 능력 있는 지도자이어야 함은 두말할 필요도 없다. 그런데 하나님의 교회에 있어 참으로 유능한 지도자는 영적인 권위를 소유한 사람이다.

4. 추진력

지도자는 깊이 생각하되 지체 없이 결정하여 책임을 지고 밀고 나가는 추진력이 있어야 한다. 내린 결정에 대해 위험을 무릅 쓰고 추진하되 또한 책임을 질 줄 아는 지도자가 되어야 한다.

성공했을 때는 성공의 자리에 안주하여 머무르지 않고, 실패했을 때는 또한 좌절과 패배감에 빠져 쓰러지지 않고 일어서는 강인한 지도자가 되어야 한다.

지도자가 결정을 내릴 때 다음 네 가지 중요한 질문을 묻고 체크해야 할 것이다.

(1) 내가 정말 문제를 이해하고 있는가? 그 이유를 알고 있는가?

(2) 내가 무엇을 이루려고 하는가? 그 목적은 무엇인가?

(3) 이것이 최선의 방법인가? 또 다른 방법이 있는가?

(4) 내가 이 방법을 선택한다면 잘못될 어떤 것이 있는가? 그 결과는 무엇인가?212)

지도자는 또한 열정을 가지고 일을 추진하되 우선순위를 찾아서 과업을 성취해야 한다.

성공적인 리더십의 필수 요건 중에 하나는 우선순위를 바로 정하는 일이다. 정해진 목표를 향해 나아갈 때 만나게 되는 많은 일들 중에 우선순위를 정하고 그것을 실행해 나가는 능력이야말로 리더십의 중요한 요소다.

우선순위를 정하는 데 유용한 도구는 20 / 80원리라고도 불리우는 파레토 원리(Pareto Principle)다. 이는 우선해서 실행하는 20%의 일들이 80%의 성과를 가져다준다는 원리이다. 지도자는 별로 중요하지 않은 일에 많은 비중을 두어서는 안 된다. 정해진 시간 안에 긴급하게 일을 처리해야 할 때 가장 효과적인 일을 선택하는 것이 바로 우선순위를 정하는 것이다.213)

5. 열 정

웨슬리 듀웰은 지도자들이 당연히 가져야 할 구령의 열정에 대해 다음과 같이 이야기하고 있다.

"날마다 사람들이 그리스도 앞에 나오기를 소원하는 불길이 마음속에서 타오르지 않는다면 어떠한 그리스도인 지도자도 주님께서 원하시는 하나님의 사람은 아닐 것이다. 하나님의 사랑과 그리스도의 임재로부터 영원히 분리되고, 또 변화될 수 있다는 모든 희망이 영원히 사라져 버리는 곳을 향하여 맹목적으로 달려가는 구원받지 못한 사람들로 인해서 흘리는 그리스도의 눈물에 참여하지 못한다면 우리는 그리스도의 영을 깊이 마신 사람이 아니다 …… 우리는 그리스도로부터 영혼을 위한 열정을 찾기까지 구해야 한다."

---

212) 황위섭, Op.cit., pp.29-30.
213) 김남용, 목회자의 리더십 개발전략 (그리심, 2004), pp.107-109.

하나님께 크게 쓰임 받은 많은 사람들, 그리스도를 위하여 교회와 세상을 움직인 위대한 지도자들은 이처럼 영혼을 위한 열정을 품고 있었다.

지도력에는 긍정적인 열정이 있다······ 지도자는 언제나 긍정적인 면을 본다······ 지도자는 적극적이고 긍정적이고 열정적일 때 목표를 향해서 나아가며 목표로 가는 동안 생기는 장애물은 보지 않는다······ 열정을 소유한 지도자를 사람들은 따르게 되는 것이다.

오스왈드 스미스는 "오늘날 교회는 참으로 딱한 처지에 놓여 있다. 반드시 부흥이 와야 한다. 복음의 열정과 열심의 큰 파도가 없으면, 하나님의 백성의 영적 유산을 회복하지 못한다"고 하면서 복음의 열정, 구령의 열정을 강조하고 있다. 부흥과 성장을 원하는 성장형 지도자는 구령에 대한 열심이 특심해야 한다.

6. 위 임

성경을 통하여 뛰어난 지도자들은 권한을 위임하는 것을 보게 된다. 특별히 모세는 장신 이드로의 말을 받아들여 천부장, 백부장, 오십부장, 십부장을 뽑아 그들에게 권한을 위임하는 것을 볼 수 있다.

지도자는 권한을 위임한다. 자기의 권한을 다른 지도자들에게 위임할 줄 안다. 곧 지도자에게 있어서 위임할 줄 안다는 것은 매우 중요하다.

목회자들은 '나밖에는 아무도 목회할 수 없다'는 태도를 극복해야 하며 이러한 태도는 평신도의 겸손한 척하며 거절하는 입장에 반영되거나 목회자가 자기 직무를 행하는데 실패한 것으로 여기게 되는 두려움에 영향을 주게 된다. 곧 지도자인 목회자는 임무를 분담하는 위임의 기술을 갖추어야 한다.

지도자는 다른 사람과 함께 일하는 자임과 동시에 지도하는 사람이기에 혼자서 모든 것을 감당할 수 없다는 사실을 알고 최선의 열매와 효과를 위하여 책임과 권한을 위임할 줄 알아야 하는 것이다. 위임할 줄 아는 사람이 진정한 지도자인 것이다. 강한 지도력을 가진 지도자일수록 권위를 독점하려고 한다. 그러나 성장형 지도자는 독재하려고 하는 것이 아니라 위임과 협력을 중시여기는 사람이다.

교회를 건강하게 성장시키는 목사들은 자신이 주목을 받는 대신 목회의 중심이 되어야 할 평신도들로 하여금 목회 활동의 책임과 권위를 떠맡게 함으로써 그들을 인도하는 것이다.

지도력은 다른 사람들의 특수한 능력과 한계를 인식하는 능력이며, 각 사람이 최선을 다해 할 수 있는 알맞은 일을 능력에 맞게 연결해 주는 것이다. 다른 사람들을 통하여 일을 성공적으로 하는 사람은 최고의 지도력을 구가하는 사람이다. 자신의 권위를 안전하게 넘겨줄 수 있는 사람들을 선택하는 능력과 또 이것을 실제로 넘겨준다는 것은 참된 지도자의 능력을 나타낸 것이다.

교회성장형 지도자는 위임하는 것을 배우기 위해 시간을 잘 통제한다. 그들은 자신과 함께 일하는 사람들에게 일과 더불어 그들에게 자유를 부여한다. 그들은 사람들을 훈련하기 위해 위임의 기회를 제공한다.

성장형 지도자는 위임할 줄 안다. 책임만 지우는 것이 아니라 권한도 함께 부여함으로써 참된 위임을 통하여 열매 맺는 일에 극도의 효과를 발휘할 것이다. 혼자만 움켜잡은 지도자는 넓은 마음과 지혜와 합리성을 소유하지 못한 지도자이다.

목회자들은 다른 사람에게 권위를 이양하는 것을 두려워한다. 이런 관점은 지도력을 매우 한정적으로 보는 것이다. 오히려 반대로 목회자가 권위를 이임할 때 목회자는 더 큰 권위를 가지게 된다. 평신도 지도자를 양성하다 보면 목회자 자신이 성장하게 된다.[214]

---

214) Paul Stevens, Op.cit., pp.171-172.

7. 훈 련

그리스도인 지도자의 표지는 훈련이다 .그것은 일반적인 자기 훈련-자기의 감정, 시간, 힘을 다스리는 것-뿐 아니라 특별히 그 스스로 하나님을 섬기는 훈련도 포함하는 것이다. 성장형 지도자는 그의 일생을 통하여 훈련을 철저하게 받은 사람이다. 하나님 앞에 철저하게 깨어지는 체험과 훈련을 통하여 성장형 지도자로 서게 된 것이다. 곧 이들은 훈련을 통하여 하나님 앞에 준비된 자들로 선 사람들이라는 사실이다.

교회성장형 지도자는 교회성장의 원리들을 따라 훈련을 받아온 사람들이다. 그들은 세미나, 워크숍, 그리고 다른 신학교들에서 훈련을 받았다. 그들은 교회성장학 분야를 계속 읽었으며 교회성장학의 새로운 책들과 잡지들과 징기간행물들을 읽었다. 그들은 할 수 있는 한 모든 것에서, 모든 사람에게서 배우려고 한다.

배우고 자기를 쳐 훈련하는 지도자가 되어야 한다. 훈련을 통해 자신이 가진 재능을 발휘한다. 훈련을 통해 자기의 최고의 능력을 발휘한다. 지도자란 먼저 외부로부터 부과된 훈련에 자발적으로 복종하여 순종하기를 배울 뿐만 아니라 내부로부터 더욱 엄격한 훈련을 자기 자신에게 부화할 줄 아는 사람이다.

훈련이 없이 지도자 되는 일은 위험한 일이다. 특히 하나님의 교회를 성장시켜 나감에 있어서 하나님으로부터 철저히 훈련받지 못했다면 그 사역을 감당하기 힘들 것이다.

8. 상황에 맞는 적절한 리더십 사용

많은 교회지도자들이 효율적 목회를 경험하지 못하는 이유들 중의 하나는 적절한 상황에 적절한 리더십을 발휘하지 못하기 때문이다. 온유한 리더십을 발휘해야 할 때 강한 리더십을 발휘하거나 강한 리더십을 발휘해야 할 때 온유한 리더십을 발휘하면 문제가 발생할 수 있다. 물론 각 사람마다 개성이 있고 독특한 스타일이 있다. 그럼에도 불구하고 상황에 조화되지 않은 부적절한 리더십은 자신을 위기로 몰아넣는다. 상황에 알맞은 리더십유형은 무엇인가?

첫째로 의사결정에 따른 권한의 집중정도로 리더십의 유형을 살피는 것이다. 여기에는 네 가지 종류가 있다. 의사결정에 있어서 권한이 지도자와 교인들 사이에서 지도자에게 극단적으로 편중되어 있으면 독재자형이고, 반대로 의사결정 권한이 교인들에게 많이 편중되어 있다면 자유방임형의 지도자이다. 이 두 유형의 사이에 관료형과 참여형의 리더십이 있다. 관료형은 의사결정 권한을 법과 제도에 두고 리더십을 발휘하는 형이다. 참여형은 민주형이라고도 하는데 지도자가 의사를 결정하는데 있어서 여러 사람들을 참여시키는 유형을 말한다.

리더십마다 장단점이 있다. 필요할 때 적합한 리더십을 활용해야 한다. 극단적 유형의 리더십은 바람직하지 않다. 상황에 맞는 리더십 유형을 사용하는 것이다.

둘째로 행위에 따른 리더십의 유형이다. 지도자에게는 기본적으로 두 가지 종류의 행위가 발생한다. 그것은 일-중심적 리더십과 사람-중심적 리더십이다. 먼저 일-중심적 유형의 지도자를 살펴보면, 교인의 각 사람에 대한 관심보다는 일의 목표와 성취에 더 많은 열정과 관심을 나타낸다. 이 유형은 목표를 성취한다는 데 집중한다는 것은 바람직한 것이나 교인들 위에서 군림하거나 지배하려는 의도와 교인들을 도구화시키려는 위험성을 내포하고 있다. 사람-중심적 유형의 지도자를 살펴보면, 일에 대한 열정과 헌신보다는 각 사람에게 더 많은 관심을 나타낸다. 이 유형은 교인들의 친교와 화합을 도모한다는 것에는 도움이 되나 목표에 대한 설정과 성취가 빈약하다.

여기서도 각 유형마다 장단점이 있다. 가장 빈약한 리더십의 유형은 일에 대한 관심이 낮으며 사람에 대한 관심도 낮은 유형의 지도자이다. 반대로 가장 바람직한 지도자의 유형은 일-중심적이면서도 사람-중심적인 리더십일 것이다.

셋째로 상황에 따른 리더십의 유형이다. 리더십은 지도자와 교인들과 상황의 관계에 따라 발전한다고 보고 가장 이상적인 리더십은 교인들의 상황에 따라 적합한 리더십을 발휘하는 것으로 보는 것이다. 여기서도 네 가지 유형으로 구분된다. 먼저 보조유형을 살펴보겠다. 보조유형은 능력은 있으나 자신감과 동기가 결여된 사람들에게 알맞은 리더십이다. 지시유형은 흥미나 헌신은 있으나 능력이나 자신감이 상실된 사람들에게 적합하다. 코치유형은 자신감과 헌신이 약간씩 부족한 사람들에게 적합하다. 위임형은 능력과 열정이 있는 사람들에게 적합한 유형의 리더십이다. 여기서도 이상적인 리더십은 정해져 있지 않다. 가장 효율적인 리더십은 구성원들의 상태를 진단하고 그 형편에 알맞은 눈높이 리더십을 발휘하는 것이다.

넷째로 지도자의 성격에 따른 리더십의 유형이다. 훌륭한 지도자들의 성격을 연구해 보면 다양한 성격을 가지고 있는 것을 발견한다. 이것은 지도자의 성격이 훌륭한 리더십을 발휘하는 요건이 아님을 말해준다. 그러나 지도자가 자신의 성격을 진단하고 구성원들의 성격을 분석하면 서로 이해하고 지도하는데 커다란 도움이 된다. 먼저 분석적 유형을 살펴보면, 사려가 깊으며 논리와 주장이 체계적이다. 그러나 남을 배려할 줄 모르는 단점도 있다. 저돌적 유형은 도전적이며 강하고 밀어붙이는 특기가 있다. 그러나 차가우며 거칠고 때로는 잔혹하다. 섬세한 유형은 부드러우며 온화하고 친근감을 나타낸다. 단점으로는 행동이 느리고, 시간관리가 허술하다. 서술적 유형은 활달하며 낙천적이고 상상력이 풍부하다. 하지만 충동적이고 감상적이며 소란스런 단점도 가지고 있다.

지도자는 자신의 성격을 파악하여 장점은 살리고 단점은 보완함으로 다른 사람들과 조화를 이룰 수 있는 균형 잡힌 성격으로 개발해 가야 할 것이다.

결과적으로 어느 특정한 리더십의 유형이 지도자를 성공으로 이끌지 않는다는 것을 살펴보았다. 교회에서는 극단적인 유형의 리더십이 적합하지 않다. 참여형 같은 소극적이지도 적극적이지도 않은 유형의 리더십이 일반적으로 알맞다. 오늘날 지도자들이 상황에 맞지 않는 부적절한 리더십을 발휘함으로 리더십에 치명적인 오점을 남기는 사람들이 있다. 상황과 형편에 적합한 융통성 있는 리더십을 발휘하라. 부적절한 리더십은 패망의 원인이 될 수 있다.

9. 팀 사역

혼자서는 일을 효율적으로 할 수 없다. 현대 사회는 과학문명이 극도로 발전해 각 분야마다 전문성을 요구하고 있다. 그리고 다양한 직종과 복잡한 조직으로 서로 연결돼 있다. 무엇보다도 현재사회는 개인이 처리할 수 없을 정도로 엄청난 양의 정보가 쏟아져 나오고, 해야 할 일은 훨씬 많아졌기 때문에 일을 효과적으로, 창의적이고 생산적으로 해야 한다. 그것이 팀 사역이다.

효율적 리더십을 발휘하려면 지도자는 사역의 전문성을 가진 사람들과 일을 분담해야 하고, 일의 하중에 따라 권한과 책임도 그들과 나눠야 한다. 혼자 하는 독불장군의 리더십은 더 이상 용납되지 않는다.

이스라엘의 영도자 모세는 비효율적으로 백성들을 지도하고 있었다. 그의 문제는 업무가 가중되는 대도 불구하고 그 많은 일들을 혼자 하려고 했던 것이다. 다행히 그의 장인인 이드로의 충고를 받아들여 백성들 중 정직하고 존경받는 사람들을 선택하여 능력에 따라 천부장과 백부장과 오십 부장과 십 부장의 중간관리를 뽑는다. 그리고 그들에게 리더십을 발휘할 수 있는 권한과 책임을 부여한다. 그 결과 모세는 가중한 업무와 탈진에서 해방되고 백성들은 많은 불만이 해소되었다.

교회도 무한한 성장과 발전을 이룩하기 위해 지도자가 준비된 사역자들을 선발하여 책임과 권한을 부여하고 하나님의 선하신 목적을 향하여 함께 사역하는 것이 필요하다. 하나님 나라는 혼자 건설하는 것이 아니라, 모든 지체가 연합하고, 모든 성도가 은사와 능력에 따라 함께 사역함으로 건설된다.

그러면 어떤 방법과 기술이 팀 사역에 필요한가? 팀 사역에 필요한 몇 가지 역할분담의 원리는 무엇인가?

첫째, 팀 사역은 교회와 지도자가 생존하기 위한 본질적인 것이다. 모세의 경우에서 보았듯이 역할분담은 효과적인 사역을 위한 필수적인 기술이다. 역할분담하지 않는 지도자는 스트레스가 가중되고 의욕상실을 가져올 수 있다. 이것은 모든 것을 혼자 하려는 데서 온다.

둘째, 책임과 권한을 위임할 동역자들을 잘 선택해야 한다. 준비되지 않은 사람에게 책임과 권한을 주는 것은 위험하다. 현명한 지도자는 올바른 사람을 선택한다. 먼저 조직에 필요한 일꾼을 선발할 기준을 설정하고 그 원칙에 따라 사역자를 선발하라. "리더는 항상 모든 것을 신경 쓸 수는 없기 때문에 능력 있는 사람들을 바람직한 방식으로 조직에 참여시키는 것은 꼭 필요한 일이다. 좋은 리더는 자신을 신뢰하는 동시에 믿음직한 사람들을 자기 아래에 배치할 줄 알아야 한다."[215]

셋째, 할 수 있는 한 선정된 팀 사역자들에게 역할을 많이 분담시켜라. 지도자 자신은 역할을 분담시킬 수 없는 것들만 골라서 하라. 그리고 지도자로서 그들에게 꿈과 비전과 방향을 제시하라. 다른 사람들이 할 수 있는 것들은 그들로 하여금 일하게 하라.

넷째, 역할분담은 사역자들의 리더십 개발을 위해 꼭 필요하다. 사람을 키우기 위한 가장 좋은 방법은 그들이 감당할 수 있는 일거리를 주고, 그 사역에 책임을 부여하는 방법이다.

다섯째, 지도자는 역할을 분담하여 팀 사역을 한다고 해서 그 사역으로부터 완전히 해방되는 것은 아니다. 결국 모든 책임은 지도자에게 있다. 그래서 지도자는 팀 사역을 하는 사역자들에게 그들의 필요를 공급해 주고, 중간

---

215) Ron P. Simmons, Op.cit., p.62.

중간에 사역의 진행을 점검하며, 늘 확인해야 하는 점을 잊어서는 안 된다.

팀 사역은 역할분담이 핵심이다. 효과적인 사역은 역할분담에서 시작한다. 앞으로 교회사역은 팀 사역을 통해서만 그 효율성을 입증할 수 있다. 그러나 역할 분담 자체가 모든 것 해결해 주는 것은 아니다. 여기에는 팀 사역자 서로 간에 커다란 신뢰와 믿음이 동반되어야 한다.

"지도자들은 그들 자신과 구성원들 사이에 신뢰의 유대 관계를 이룰 뿐 아니라, 그들이 주관하는 조직체 전체를 통하여 신뢰의 분위기를 조성하여야 한다. 신뢰란 인간의 그룹을 함께 묶는 유일한 끈은 아니지만, 그것이 풀어지면 효과적으로 기능을 발휘하는 그룹의 능력은 심하게 손상을 받게 된다."216)

10. 은사배치

요즘, 제2의 종교개혁이 일어나고 있다. 첫 번째 종교개혁은 "오직 믿음으로"란 슬로건 아래 마틴 루터에 의하여 1518년에 주창된 만인제사장 설이었다. 이에 버금가는 커다란 변화가 현대의 교회에서 일어나고 있는데 그 것은 목회자 중심의 목회에서 평신도 중심의 목회로 이동하는 것이다. 우리는 이것을 제2의 종교개혁이라 부른다. 요즘, 평신도들이 깨어나고 있으며, 교회를 섬길 만한 훌륭한 자질을 갖춘 것이다. 목회지도자는 효율적 목회를 위하여 이들의 은사를 파악하고, 이들의 은사대로 교회를 섬기도록 지도하는 것이 필요하다.

각 지도자들은 개인의 영적 은사들을 파악하고 기능을 알아서 최대 역량까지 그것들을 사용해야 한다. 각자는 모두 독특하다. 다른 사람의 성공이 나의 기준이 될 수 없다. 더 크다는 것이 곧 더 좋다는 것이 될 수 없다.

---

216) John W. Gardner, The Heart of the Matter: Leader-Constituent Interaction (Washington D. C.: Independent Sector, 1986), p.18.

우리는 타고난 영적 은사들을 사용하여 하나님께서 의도하시는 수준까지 다음 세데 지도자들을 개발해야 한다. 은사들과 기능을 향상시키는 기술들을 배워 사용해야 한다.[217]

은사란 예수 그리스도의 지상명령을 수행하기 위하여 하나님이 성도들에게 주신 도구이다. 은사는 신앙심이 깊은 사람에게만 하나님이 주신 특별한 선물이 아니다. 하나님이 예수를 그리스도로 고백하는 모든 성도들에게 주신 선물인 것이다. 그래서 은사는 신앙의 경륜을 나타내거나 측정하는 표식이 아니며, 하나님의 특별한 사랑이 표현된 증거도 아니다. 은사란 하나님의 영광과 교회를 튼튼히 세우기 위한 도구로 활용되어지도록 하나님께서 성도들에게 주신 선물인 것이다. 즉 그리스도의 몸 된 교회를 효율적으로 섬기기 위한 것이다.

하나님께서는 긱 성도들마다 교회를 섬기도록 은사를 주셨디. 그들은 각각 한 가지 이상의 은사를 받았으며 다른 사람이 받은 은사와 중복되기도 한다. 그러나 동일한 은사를 모든 사람에게 주시지는 않았다. 그들이 받은 은사는 각각 다르다.

그렇기 때문에 교회에서 봉사하는 사람은 정해져 있는 것이 아니다. 누구나 교회의 일원이면 봉사할 수 있을 뿐 아니라, 교회의 목적을 성취하기 위하여 각기 다른 사역에 참여해야 하는 것이다. 그러나 은사를 효율적으로 활용하기 위하여 교회 지도자는 여기서 몇 가지 사항에 주의를 기울여야 한다.

첫째로 각 성도의 은사는 모두가 귀중한 하나님의 선물이란 것이다. 그래서 이들의 봉사는 모두가 귀중한 사역이다. 교회 내의 어느 특정한 역할이 더 중요하고 덜 중요할 수는 있다. 하지만 거기에는 어떤 수직적인 서열도 존재하지 않는다. 모두가 고결하고 필요한 사역이다. 그러므로 교회지도자는 성도들 간에 위화감이 조성되지 않도록 각 개인의 귀중함을 일깨워 주는 것이 필요하다.

---

217) Robert Clinton, Op.cit., p.214.

둘째로 각 성도는 은사의 유형과 능력에 따라 봉사하도록 해야 한다. 지도자는 사역에 적합한 봉사자를 먼저 발견하고, 그 봉사자가 사역을 감당할 수 있는지를 점검하는 것이다. 많은 일을 감당할 수 있는 사람에게는 일을 많이 맡기고, 작은 일밖에 할 수 없는 사람에게는 적게 일을 맡기는 기술이 필요하다. 능력의 결과에 따라 하나님 앞에서 상급이 달라지겠지만, 무엇보다 중요한 것은 맡겨진 일에 충성을 다하도록 하는 것이다.

셋째로 성도의 은사와 능력은 개발될 수 있다는 것이다. 은사의 유형은 하나님이 각 사람에게 주신 것이기 때문에 불평할 수 없는 것이다. 그러나 어떤 은사를 하나님께로부터 받았는지 발견하는 작업과 그 능력을 더 큰 용도로 배가시키는 노력은 성도 각자의 몫이다. 은사를 개발하는 것과 활용하는 것은 각 사람의 책임인 것이다.

그러면 나는 어떤 은사를 가지고 있는가?

자신의 은사발견 방법으로는 첫째로 자신에게 솔직히 은사에 관해 자문자답해 보는 것이다. 둘째로 자신의 영적 은사에 대하여 가장 잘 알 만한 두 사람 이상의 성숙한 크리스천을 찾아가 질문해 보는 것이다. 그들이 당신의 영적 은사에 대해 무엇을 말하는지 살펴보라. 셋째로는 준비된 영적 은사 테스트 질문서를 작성해 보는 것이다. 이 점에 있어서 필요하다면 목회지도자의 안내를 받으라.

이렇게 발견된 은사는 활용되어야 한다. 하나님이 은사를 각 사람에게 주실 땐 사용하라고 주신 것이다. 교회의 사명과 목표를 달성하기 위하여 은사를 역동적으로 활용하라. 그리고 교회의 여러 다른 기능들과 함께 상호보완적인 조화를 이루라. 그러면 그리스도의 몸 된 교회는 건강히 세워져 갈 것이다. 교회의 효율적인 사역은 성도들의 영적 은사 활용에 달려 있다.

제6절 정체기의 교회를 어떻게 변화시킬까?

교회의 성장 곡선을 보면 어느 정도까지 성장하면 그 다음부터는 평행선을 그으면서 정체기(Plateau)가 지속된다. 바로 이 정체기를 잘 관리하지 못하면 교회는 권태감을 느끼게 하며 불평의 소지를 만들어 침체기로 들어가게 된다. 이때에 지도자는 과연 어떻게 일을 처리해 나가야 이 어려운 상황을 극복할 수 있을지 몇 가지로 소개해 보고자 한다.

1. 포럼(forum)을 가져 토의한다.

정체기를 의식했을 때, 시기를 미루지 말고 공개 토론회(forum)를 개최한다. 교역자는 이런 모임에 대해 두려운 마음을 가지면 안 된다. 교역자 자신도 겸손하고 솔직하게 인정해야 할 것은 인정하고 교인들과 무엇인가 힘을 모아 최대한의 타개책을 만들어 내야 한다.

2. 사이즈의 변화를 인정한다.

과거에는 500명이 모였는데 지금은 350여명이 모인다든지 과거에는 300명이 모였는데 지금은 230여 명이 모인다든지 과거에는 150명이 모였는데 지금은 100여 명 정도 모이게 되면 감소율이 30%에서 25%로 생각된다. 이러한 비율로 감소되면 전 교인들이 현저하게 교인들이 줄어들었음을 의식하게 된다. 이럴 때 지도자는 현재 사이즈를 가지고 우리가 해야 할 일이 무엇인가를 결정하고 교인들의 머리 속에서 사이즈 전환(Size transition)의식을 만들어 내야 한다.

즉 과거에는 계속적인 성장 분위기와 성장의식, 성장에 따르는 모든 프로그램과 예산, 사업 등을 가졌지만 이제부터는 현재 사이즈를 긍정적으로 인정하고 스스로 낮아지고 현실에 내려앉는 의식전환이 중요하다. 현재 수준에 맞게 뚱뚱한 옷을 벗어버리고 다시 몸에 맞는 옷을 지어 입어야 한다.

성장은 하나님께서 하시고 인간이 도구로 사용되기 때문에 인간은 교회의 변화를 인정하고 교회의 본질적인 사명까지 망각하면 안 된다. 오늘의 교인의 숫자를 출발지점으로 하여 필요한 분야에서 수준에 맞게 하나씩 변화를 가져오도록 노력해야 한다.

3. 기도 운동과 성경공부 운동에 변화를 일으킨다.

정체기에서의 특별한 징조는 교인들이 성경공부나 기도회에 잘 참석하지 않는 것이다. 이때는 모든 교인들의 영적 상태가 다같이 정체되어 있기 때문이다. 이럴 때 자칫 잘못하면 주류교인들까지 흔들릴 수가 있다. 이때 가장 적절한 방법은 지도자가 기도 운동과 새로운 교재와 조직을 도입한 성경공부 운동을 일으키는 것이다. 정체기 때는 주로 고참 신자들이 남는데 이들만이라도 화합하고 하나로 뭉치기 위해서는 교역자가 영적인 불을 지펴야한다. 방법은 오직 기도와 성경공부밖에는 없다.

4. 비전을 명확히 제시한다.

현재 상태에서 교회가 무엇인가 변화를 일으키기 위해서 단계적인 계획과 비전을 발표하는 것이 필요하다. 너무나 거창한 계획보다는 가능한 작은 일부터 시작함이 좋다. 작은 것 하나를 성취시키는 것이 동기 유발에 가장 원동력이 되며 자신감을 가져다준다. 그러므로 쉽게 성취할 수 있는 작은 계획을 심중하게 세워 반드시 성취하면 교인들이 자신감이 생기기 시작하여 다음 단계에로 도전할 수 있게 된다.

5. 교인들의 반응에 예민 하라.

정체기에서 나타나는 교인들의 반응을 솔직히 인정한다. 그리고 새로운 계획을 세워 추진할 때도 반드시 교인들의 반응에 예민하여 수시로 계획에 반영한다. 긍정적일 때는 긍정적인 측면으로 전진하고 부정적일 때는 더 이상 끌고 갈 생각하지 말고 자연스럽게 다른 방향으로 전환한다.[218]

제7절 다가오는 미래에 대한 목회적 전망

희랍 신화 가운데 시간의 신 '크로노스'에 대한 신화가 있다. 시간의 신 크로노스는 늘 바삐 빠른 걸음으로 뛰어 다닌다. 크로노스에게는 멈춰 서있는 시간이 있을 수 없다. 언제나 뛰어 다니는 그를 붙잡기란 하늘의 별따기 보다 어렵다. 왜냐하면 빠르기도 빠르거니와 유일하게 그를 움켜쥐고 붙잡을 수 있는 머리카락마저 앞머리에만 나 있고 뒷머리는 반짝거리는 뒷대머리이기 때문이다. 지나가는 크로노스를 잡으려 하면 '앗!'하는 사이에 미끈거리는 그의 뒤통수만을 만질 뿐이다. 크로노스를 잡을 수 있는 유일한 길은 바로 그가 다니는 길의 길목을 지키고 서서 달려오는 크로노스를 앞에서 머리채를 낚아채야 한다.

---

218) 엠파스, 쉬만한 물가, 교회론, 목회철학 (광야 9905)

이 신화의 이야기는 우리에게 다가오는 미래에 대한 대응의 자세를 잘 말해주고 있다. 이제 미래는 우리 앞에 성큼 다가오고 있다. 준비하고 기다리지 않으면 그 시간은 영원히 우리의 손에서 멀어져 갈 것이다. 시대와 함께 걷지 않는 교회는 퇴보되고 민중의 삶과 멀어질 수밖에 없다. 교회가 앞으로 이 사회를 책임지기 위해서는 이 사회가 나아갈 방향을 간파하고 그에 대한 효과적인 대응과 함께 대안을 제시해 줄 수 있어야 하는 것이다. 모든 국가와 기업이 발 빠르게 옮겨가고 있는 사회적 변동을 교회가 앞장서서 그 의미를 되새겨 줘야 할 때이다. 정보화 사회는 결코 낙관적인 세계만은 아니다. '그 안에 무엇을 담을 것인가?'란 도전이 우리 교회에 주어졌다. 정보화 시대를 맞는 한국교회, 그리고 목회현장은 새로운 도전을 진지하게 받아 들여 미래를 예측하고 이를 위한 대안을 마련되어야 하고 이를 위한 아래와 같은 목회적 준비가 있어야 할 것이다.

첫째, 새로운 신학적 패러다임의 현대화가 요구된다. 교회의 임무는 시대와 역사의 도도한 물줄기가 어디로 흘러가는가를 간파하고 인간에게 나아갈 방향을 하나님의 말씀에 비추어 제시해 주는 것이라 할 수 있다. 그리스도의 케리그마(Kerygma)와 현대 사회의 정황(Context)를 연결하는 고리로서의 교회 역할을 감당하기 위한 새로운 신학적 해석이 요구된다. 미래사회의 새로운 신학적 패러다임은 앞서도 밝힌 바와 같이 가부장적이고도 권위주의적인 교회의 모습을 벗어 버리고 성령 안에서 교통하는 성령적 교회를 만들어 가야 할 것이다. 영은 그리스도와의 교제에서 교회를 새롭게 하는 것이다. 영은 새로운 창조, 그것의 자유, 그리고 그것의 평화의 능력으로서 교회를 채우는 것이다. 그러므로 성령의 능력, 가능성, 희망 안에 있는 교회가 미래사회에 희망을 줄 수 있는 교회가 될 수 있을 것이다.

둘째, 목회자의 확고한 성서적 신념 위에 열린 목회로서의 기능적 접근이 있어야 한다. '구관(舊觀)이 명관(名觀)'이라는 속담도 있지만 '온고지신(溫故知新)'이라는 말도 함께 있다. 현재 목회의 현장은 전자의 것에 더 무게를 두고 있는 듯싶다. 교회의 성장을 위해서는 보수화, 근본화가 있어야 한다고 말하는 목회자가 많다. 하지만 그것은 오래 가지 않을 것이다. 속칭 '보수적 목회'의 형태는 현재의 교인을 붙잡아 놓는 효과적인 목회 방법이 될 수 있을지는 몰라도 새롭게 다가오는 신세대들을 복음으로 이끌어 내기에는 역부족이고도 시대착오적인 방법이다. 앞으로 21세기를 이끌어 갈 교회의 주인공은 지금 자라나는 컴퓨터 세대이다. 그들에게 의미 있는 교회가 되기 위해서는 먼저 성서적 근본을 확고히 가지면서도 그 해석과 전달 방법에 있어서는 오늘날 우리에게 주어진 모든 방법과 도구를 활용하여 전달해야 할 사명이 교회에 있다. '발은 땅에, 눈은 하늘을……'이란 말처럼 우리의 영혼은 성서 위에, 우리의 손과 발은 첨단 정보화 매체 위에 있어야 할 것이다. 이러한 목회를 가능하게 하는 요소는 열린 목회여야 한다. 정보사회란 '투명성'이 보장되는 사회여야 한다. 자유롭고 거리낌 없이 대화가 오고 가며, 민주적인 의사결정이 이루어지는 목회형태가 바로 미래사회를 담을 수 있는 목회적 그릇이다. 더 이상 교회는 지배자의 위치가 아니라 새로운 시대가 가져다주는 '탈 중심적' 사고를 수용할 수 있어야 한다. 역사 가운데 교회가 지배자의 위치에 앉기 위해 그리스도의 복음을 왜곡하고 인류의 구원을 이루는 종의 길을 벗어나는 적이 있었지만, 다가 올 미래의 정보화 사회는 모든 권위가 무시되거나 권위의 평준화가 이루어질 것이기 때문이다.

셋째로, 하나님의 형상을 지닌 인간에게 더욱 관심을 가지는 목회가 되어야 한다. 기술적(Technical) 비약(飛躍)은 '전능'이라는 허울 좋은 가면으로 우리를 유혹하고 있다. 사무행정 자동 – 전산화, 행정조직의 완벽한 구조, 철저한 성도 관리, 치밀한 목회 계획……등과 같은 기술적 조건을 갖추는 것이 목회적 완성을 이루는 것이 아님을 분명히 알아야 할 것이다. 우리의 관심은 하나님의 형상을 지닌 인간, 바로 그 자체에 있다. 모든 과학적 진보의 귀결도 결국 '인간'에게 그 초점이 맞춰지지 않는다면 아무런 의미도 없는 것이다. "하나님은 영이시니 예배하는 자가 신령과 진정으로 예배할지니라." 란 말씀대로 영으로서의 하나님을 만나는 우리는 '신령'과 '진정'이라는 미디어를 사용하지 않고서는 만날 수 없다는 것을 분명히 알아야 할 것이다.

넷째로, 과학의 한계를 뛰어 넘는 목회가 되어야 한다. 모든 과학적 발전의 부산물들을 목회의 범주 안에 녹여 낼 수 있는 기능적 요구도 현대의 목회자들에게는 요구된다. 교회는 역사 속에서 시대가 낳은 발명품을 활용하여 가장 효과적인 복음전파의 수단으로 삼는 지혜를 발휘하였다. 시대적 대세에 민감하게 따라가는 것을 비판적으로 보는 목회자라 할지라도 교회에 전화를 설치해 놓지 않는 경우는 없을 것이다. 지극히 있는 것이 당연하고, 또 편리한 목회의 도움으로서 전화는 없어서는 안 될 도구이다. 조만간 컴퓨터와 PC통신은 전화를 사용하는 것보다 더욱 깊숙이 우리의 목회 현장에 활용될 것이다. 이런 변화에 대하여 회피나 반대가 아니라 수용하여 그것을 하나님 나라 확장의 선한 도구로 활용, 변혁시킬 수 있는 목회가 되어야 할 것이다. 이러한 일이 가능하게 되기 위해서 목회자들이 먼저 기능을 배우고 익힐 뿐만 아니라, 이를 활용하여 자신의 목회에 자유자재로 적용할 수 있어야 할 것이다. 정보화 사회는 목회현장과 신학교육의 현장과도 무관하지 않다. 앞으로 신학교육 과정 중에도 교양 필수과목으로 멀티미디어를 활용할 수 있는 기능을 익혀 사용할 수 있도록 교육하는 과정도 필히 들어가야 할 것이다. 그런 준비가 있을 때만이 과학의 파도를 타고 넘어 하나님 나라 확장에 기여하는 목회자가 될 수 있을 것이다.[219]

제8절 21세기 한국교회의 성장전략

미래사회는 불확실한 것이 분명하며 공허감이 증대되는 사회가 될 것이지만 이런 미래형 특성은 교회의 존재가치를 높여준다. 교회는 미래 사회에 가

---

[219] 정연수, 미래교회의 목회적 대응 (감리교신학대학원. 1996)

지는 공허함과 자기기만에 대해 의미 있는 해답을 줄 수 있는 유일한 조직체이기 때문이다. 교회가 사회와 함께하는 존재가 될 때에 교회는 존재 의미가 있으며, 그러므로 교회는 사회에 대하여 철저하게 책임적이어야 한다.

한국 그리스도교의 제1물결은 지난 110년의 그리스도교의 전래사와 더불어 지나갔으며 대개 1950년대까지의 한국 교회의 역사를 제1의 물결시대라고 할 수 있을 것이다. 물론 1950년대 이전에도 교회의 제2물결의 징후가 전혀 없었던 것은 아니지만 1959년 대한 예수교 장로회가 합동과 통합으로 나뉘면서 한국 교회의 제2물결의 시대는 본격적으로 시작되었으며, 제2의 물결은 아직도 확산되고 있다. 제2의 물결은 물질주의와 인간 우월에 그 뿌리를 두고 있기 때문에 경쟁, 자기보전, 소비 등을 강조하는데 이로 인한 역기능으로 개교회주의, 목회자의 윤리 부재, 그리스도교 물질주의, 사회와의 분립 등을 낳게 되었다. 이런 경쟁과 분립의 시대인 한국 교회 제2의 물결의 시대에는 분열과 경쟁의 상처와 아픔이 있지만 동시에 한국 교회가 가장 왕성하게 성장하던 시기였다. 그러나 1980년 후반에 제3의 물결의 징조가 서서히 나타나기 시작한다. 제3의 물결은 균형과 연결을 강조하며 협력에 민감하게 한다. 교단간의 협력과 통합의 모색이 활발해지며 연합과 일치를 위한 움직임과 관심이 고조되고 있다. 한국 교회도 장로교회의 교단간의 연합과 일치, 장로교 협의회를 통한 연합 운동, NCC를 비롯한 연합운동에 대한 새로운 관심, 개신교와 천주교의 대화 모색 등 근래에 와서 연합과 일치가 활발하게 된 것은 제3의 물결로 옮겨가는 과정에 있다고 볼 수 있다.[220]

1. 개교주의의 퇴조

한국 교회의 개교회주의는 교회성장이라는 교회의 대 명제 때문에 한국

---

220) 칼 F. 조지, 「성장하는 미래교회 메타교회」서울: 요단출판사, 1997.

교회의 한 특징이 되었고, 교단주의와 교파주의의 근거를 마련하게 되었다. 한국에는 대형 교회가 유난히 많다. 개교회주의의 발달은 대형 교회를 양산하게 되었으나 최근에 와서 한국의 대형 교회도 서서히 성장이 느려지는 추세이다. 경쟁과 분리의 세계관은 교회로 하여금 어떤 신학사전에도 나오지 않는 개교회주의를 지향하게 하였으며, 개교회는 강하지만 교단이나 다른 연합기구는 왜소하게 만든 결과를 초래하였다. 그 결과 한국 교회는 개교회는 크지만 노회와 총회는 작고 힘이 없으며, 교회가 연합하여 어떤 프로젝트를 계획하는 것보다 개 교회가 하는 것이 더 편하고 잘된다. 근래에 와서 이러한 교회의 외적 성장은 사회의 발전과 더불어 외부로부터의 도전의 대상이 되었고 많은 젊은이들은 교회를 외면하게 되었다. 미래형 교회관은 상당한 변화가 예상된다. 소유 개념이 지배하던 교회관이 미래에는 임대 개념으로 전환될 것이다. 그럼으로써 반드시 부모의 교회가 바로 자녀인 나의 교회라는 소유 개념이 희박해지고, 내 교회에 반드시 출석해야 한다는 의무감도 사라질 것이다. 개교회주의를 퇴조시킬 또 하나의 미래 현상은 이동성(mobility)이다. 미래 사회의 이동성의 증대는 교인들로 하여금 거리 개념을 희박하게 하고 흩어지게 만들 것이다. 이러한 외부적 사회 변화는 개 교회주의를 퇴조시키는 중요한 요인이 될 것이나 이것 외에도 내부적 교회 개혁의 목소리는 개 교회주의를 퇴조시키는 압력이 될 것이다.

2. 출석교인의 감소와 헌금의 상승 현상

사회 변동의 제반 요인은 교인들로 하여금 교회에 출석하기 힘든 원인을 제공할 것이고, 그럼에도 불구하고 헌금은 경제성장과 더불어 상승할 것이다. 첫째, 전반적인 출생률의 감소는 출석교인 감소의 근본 요인이다. 둘째, 이동성과 임시성이 출석교인의 감소 요인이다. 지난 20년 간 한국 사회의 이동성을 가속화한 주요 요인은 크게 몇 가지로 대별할 수 있다. 그 하나는 자녀에 대한 교육열이 한국 사회의 이동성을 가속화하였다. 또 다른 하나는 공업화로 인한 이농현상과 농어민의 도시 유입으로 말미암은 도시화가 교인의 이동성을 가속화하였다. 셋째, 출석교인의 감소 요인의 하나는 교회가 수행하던 여러 가지 위로, 도움, 안정, 긴장해소의 기능을 대신해 주는 기능적 대행물의 발달이다. 레저문화는 교회의 기능을 대행하는 가장 발달된 미래형 생활문화이며, 교인의 이동이라기보다 교인감소의 요인일 것이다. 기능적 대행물의 또 다른 하나는 정보매체의 발달이다. 특히 컴퓨터와 커뮤니케이션의 발달은 가상교회를 가속화하여 교회의 유형적 가시성은 사라지고 컴퓨터와 연결된 화상 예배를 통하여 만족을 얻게 될 것이다.

3. 평신노 사역의 극대화

전 세대는 목회자 한 사람의 역량에 따라서 교회가 특징지어지고 교회 성장도 목회자 한 사람에게 절대 의존적이었다. 이전의 목회에서 평신도는 목회자와의 종속적 관계에서 협력하였으나 미래 목회에서는 목회자와의 동등한 관계에서의 동역자가 될 것이다. 그래서 미래 교회는 카리스마적 목회자의 출현보다 평신도 사역이 극대화하고 평신도 사역을 통한 교회 성장을 도모하게 될 것이다. 미래 교회를 연구하는 학자들은 한결같이 미래 목회를 대중적 카리스마적 목회가 아니라 소그룹을 통한 평신도 중심의 목회라고 한다. 목회자 스스로가 구역 조직의 지도자가 될 수도 있지만 구역의 지도자를 훈련하는 역할을 해야 하며 평신도 훈련이 미래 교회에서 중요한 목회의 내용이 될 것이다.

교회를 다양한 측면에서 그 기능을 논할 수 있겠지만 본질과 사명을 동시적으로 표현하는 것으로 모이는 교회와 흩어지는 교회로 구분할 수 있을 것이다. 첫째, 모이는 교회에서의 평신도의 사명은 하나님의 백성으로서의 교회에서의 주체사상이다. 둘째, 흩어지는 교회에서의 평신도의 사역은 하나의 작은 교회로서의 사명이다. 진정한 교회의 모습은 모일 때의 모습이 아니라 흩어질 때의 모습이다. 흩어지는 교회가 교회의 참 모습이라고 볼 때에 교회의 주체는 성직자가 아니라 오히려 평신도이며 삶의 현장에서의 평신도의 자리는 교회의 중요한 자리가 되는 것이다. 앞으로 한국 교회의 목회도 평신도를 중요한 목회적 자원으로 개발하는 일과 동역자적 개념에서 재발견하는 일이 시급하다.

4. 조직 교회에 대한 반대

조직이란 인간 사회의 하나의 필수적인 요건이었고 인간을 공동체의 요소로 만드는 가장 중요한 것이다. 일반적으로 조직이란 "일정한 공동 목표를 추구하고 있는 사람의 집단"을 의미하는데 그 집단 자체를 넘어서서 "공동 목표를 수행하기 위한 업무의 체계"를 뜻한다. 공동의 목표를 수행하려면 이미 집단은 업무를 발생하고 조직은 그 업무를 체계화하게 된다. 미래형 인간은 통제를 싫어한다. 미래 교회 교인들은 그들이 성장하고 교적을 가진 교회에 대한 충성심이 지극히 미약하게 변하고 그들의 부모와 같은 전 세대와는 전혀 다른 교회관을 가지게 된다. 그러므로 미래 교회 교인들은 조직 교회에 대하여 거부감을 가지며, 그들이 새로운 교회를 찾는 근본 목적은 그들의 자녀를 위한 봉사와 프로그램 때문이 될 것이다. 교회의 조직은 전통적 구조에서 새로운 미래형 구조로 혁신해야 할 것이다. 미래 교회의 조직이 중요한 것은 미래형 인간이 조직을 거부하기 때문이다. 조직을 거부하는 미래 사회에 적응하기 위하여 교회 조직도 미래형으로 개혁되어야 하며 이런 시도는 빠를수록 좋을 것이다.221)

---

221) 이성희, 「미래목회 대예언」,서울: 규장문화사, 1998

5. 교회의 일치와 에큐메니즘의 활성화

교회 연합을 의미하는 '에큐메니칼' 운동은 1900년대에 들어오면서 관심의 중심으로 떠오르기 시작하였다. 19세기까지 분열을 거듭하던 개신교회는 20세기에 접어들면서 교회 연합과 일치에 관심을 가지기 시작하였다. 이 가운데 교회가 주목해야 할 변화의 요소는 다양성의 포용이라는 점이다. 특히 미래 교회는 다양성의 포용이라는 새로운 가치를 가지게 될 것이며 '서로 다르기 때문에 분리되어야 하는' 제2물결의 가치를 초월하여 '서로 다르기 때문에 포용해야 하는' 제3의 물결의 가치를 존중하게 될 것이다.

6. 교회 마케팅 이론의 발달

미래 교회의 교인들은 다양성을 인정받기를 원할 것이다. 자신의 개성을 보존하고 자신의 프라이버시를 침해받지 않고 살기를 원할 것이다. 교회에 대한 요청도 다양하게 발달하여 교회에 대한 기대도 각인각색이 될 것이다. 이러한 새로운 세대를 교회에 끌어들이려면 미래 교회는 적극적인 마케팅 전략을 구사해야 할 것이다. 마케팅이란 소비자의 취향과 기회에 직접 호소하는 판매 전략이기 때문에 치밀하고 전문적인 계획을 요구한다. 마케팅 과정은 다음과 같다.

(1) 시장조사(market research)
(2) 컨셉트 플래닝(concept planning)
(3) 생산(production)
(4) 판촉활동(sales promotion)
(5) CI (corporate identity) 또는 PL(personal identity)

근래에 미국에서 상당한 성장을 보이고 있는 미국 개신교 제2의 대형교회인 윌로우 크릭 커뮤니티 교회(Willow Creek Community Church)

의 하이벨스(Bill Hybels)목사나 새들백 교회의 릭 워렌목사는 이웃들에게 교회에 대한 요청을 설문으로 조사하여 지역 주민이 원하는 교회를 설립하였다. 그는 "우리는 성경과 배치되는 것을 제외하고는 고객을 따르기로 결정하였다"고 하였다. 이것이 교회의 마케팅 전략이다. 근래에 와서는 미국에서는 전신을 통한 마케팅도 활발하게 전개하고 있다. 전화나 우편 등을 통하여 고객을 유치하듯이 주위의 사람들을 교회로 인도하는 것이다. 적어도 다음의 비전들이 있어야 한다.

(1) 창조적이고 영감 있는 예배

(2) 성경적이고 실생활에 관련된 가르침

(3) 활기 있고 도움을 주는 친교

(4) 봉사와 전도로 지역 사회에 미칠 수 있는(outreach)기회

교회의 미래 비전을 성공적으로 성취하기 위하여 교회는 위의 단계를 지역 주민에게 관심을 끌 수 있도록 구성해 나가는 것이 필요하다. 교회를 분명히 알릴 수 있는 테이프나 스티커 등의 홍보 자료, 잘 디자인된 교회의 로고, 현장감 있는 프로그램, 그리고 새 교우에게 친밀감을 주는 일 등은 필수적인 것이다. 교회 마케팅이란 무엇인가? 교회 마케팅의 관심은 그리스도인이라면 반드시 알아야 하는 그리스도를 다른 사람에게 어떻게 알게 하고 그리스도인의 생활양식을 살게 하는 것이다. 그러나 교회 마케팅은 물론 그리스도가 누구냐는 근본적인 문제를 논하는 것이 아니다. 이것 때문에 비판의 대상이 될 수도 있으나 현실 속에서 그리고 미래 사회 속에서 발달하는 기능적 대행물의 매력에 맞서 경쟁하며, 그리스도의 복음을 미래의 소비자들에게 공감을 일으키게 만드는 것이 교회 마케팅이라는 것이다. 교회의 마케팅은 교회가 가지고 있는 전도나 봉사라는 상품을 조직의 존재 가치를 부여하는 고객이나 지역 사회에 어떻게 효과적으로 전달할 수 있을까 하는 것이 관심사이다. 이러한 관심사는 적절한 마케팅 수단으로 해결하여야 한다. 일반적으로 교회는 일반 사회방법론이나 행정이론이 적용되는 것을 거부해왔다. 교회는 은혜스러워야 한다는 것이다. 이러한 생각은 은혜와 학문을 너무

지나치게 이원론적 구조로 분리하였기 때문에 생긴 결과이다. 교회는 지금까지도 마케팅 이론을 적용하였고 미래 교회는 더욱 필요하게 될 것이다. 교회 경영의 또 다른 마케팅은 자신 있는 일에 초점을 두고 접근해야 한다는 것이다. 그리고 어떠한 확실한 결실을 가져오지 못할 곳에 귀중한 자원을 투입하지 말라는 것이 유효한 마케팅의 제1법칙일지도 모른다. 특히 목회자들의 기능과 개인적 소명은 다양하다. 그러므로 모든 교회가 모든 것을 다 할 수 있는 것은 아니다. 최근 한국 교회의 가장 큰 병중의 하나는 어떤 교회든지 모든 것을 다 할 수 있다고 생각하는 것이다. 그래서 다른 교회가 하는 것은 무엇이든지 해본다. 여기에서 발생하는 시행착오로 말미암아 낭비되는 예산과 계획의 연기 및 무산은 막대한 피해를 초래하게 될 것이다. 그러므로 교회는 자신이 가장 잘 할 수 있는 프로그램을 하나님이 주신 은사에 따라 개발해야 한다. 그 다음의 마케팅 법칙은 고객을 아는(적극적, 소극적, 출석은 하지 않지만 전도가 될 사람 등)것이다. 나아가서 교회는 정확한 마케팅 전략을 세우는 데에 가장 기본적인 과제인 시장에 관한 지식과 조사를 요구하는 것이다. 흔히 일반 마케팅에서의 시장조사는 중요한 과제이다. 교회도 마찬가지로 주변의 조사를 더 면밀하게 해야 할 것이다. 개척교회를 시작할 때에 단순하게 몇 천 가구의 아파트가 건립된다는 정도의 시장조사로 교회를 개척하는 경우를 많이 볼 수 있다. 교회 리서치 회사들이 생기게 되었는데 교인들의 의식, 교회 주변의 환경, 미래 전망적 목회 정보, 바람직한 지역사회에 대한 사업 등 광범위한 조사를 대행해 주고 있다. 교회의 마케팅을 위하여 교회는 이러한 리서치 기관을 이용하는 것도 필요할 것이다.

미래의 교회는 마치 사업가가 고객의 요구에 부응하기 위해 마케팅을 하는 것처럼 교회가 기존의 고정관념을 벗어나서 성경에 배치되는 것 외에는 신자들의 요구에 따르게 될 것이다. 222)

---

222) 21세기 위원회, 「미래전망 2020년의 한국과 세계」서울: 문화공보부, 1993

7. 영성적 기능의 부활

1990년대의 마지막 몇 년은 많은 사람들에게 영성을 추구하게 만들었다. 왜냐하면 지난 수십 년 동안 물질과 과학만능으로 살아온 인류는 이것들에게서 만족과 행복을 얻지 못하고, 오히려 타락과 고갈을 체험했다. 21세기에 진입하게 되면 이러한 영성적 추세는 더욱 발달할 것이다. 그래서 과학적, 물질적 세계에 사는 사람들은 교회만이라도 영성적이기를 기대하며 교회까지 물질적이기를 바라지 않을 것이다. 과학기술이 극도로 발달하는 미래 사회에서 교회를 찾는 그리스도인들은 과학기술이나 물질을 추구하러 교회에 나오는 것이 아니라 영성적인 것을 얻기 위하여 교회에 나오게 되므로 교회는 더욱 영성적이어야 하고 덜 물질적이어야 한다. 물질문명의 발달로 영적 기근에 빠지게 될 미래 교회에 영성적 기능의 부활은 새로운 교회 갱신의 길을 제공할 것이다.

8. 디아코니아의 발달

미래 목회는 분명히 내향성보다는 외향성을 요구하게 될 것이고 이러한 사회적 요청은 결국 목회자로 하여금 사회성에 관심을 가지게 할 것이다. 그런 의미에서 위와 같은 미래 교회가 상당히 뚜렷이 부각될 미래 목회의 내용은 디아코니아의 발달일 것이다.

디아코니아란 '시중들다', '봉사하다'는 의미를 가진 디아코네인이라는 동사에서 온 말로 봉사, 구제, 혹은 섬기는 일을 의미한다. 실제로 디아코니아는 교회의 한 목적이다. 교회의 3대 목적을 케리그마, 디아코니아, 코이노니아라고 하는데 케리그마의 내적 기운이 코이노니아라면 케리그마의 외적 작용은 디아코니아다.

미래 사회는 교회에 교회의 것을 나누기를 요청한다. 최근에 와서 한국

교회는 이에 대한 자성이 소리가 높다. 교회의 사명은 결국 사회를 위한 것이고, 사회의 구원이 교회의 사명임을 알게 되었으며, 디아코니아에 대해서도 많은 관심을 가지게 되었다. 이러한 관심이 미래 교회에는 증대될 것이며 디아코니아는 교회의 생존 방식인 것을 알게 될 것이다. 그러므로 미래 교회에서 한국 교회에 남은 일은 디아코니아이며, 디아코니아는 미래 사회에 발전하게 될 것이다.

9. 교회 정치의 민주화

한국 사회가 지방화 시대를 맞이하면서 가장 크게 변한 것은 중앙집권적 사고에서 지방분권적 사고로의 전환이다. 지방분권적 사고로의 전환은 민주적 사고로의 발전을 의미하며 교회도 이미 이러한 지방분권적 사고가 발달하고 있다. 얼마 전까지만 하더라도 장로교회의 당회는 상당한 중앙집권적 권위를 가지고 있었고, 당회의 결정은 불복할 수 없는 힘이 있었다. 그러나 최근에는 교회의 기관이나 부서에서 당회의 일방적 결정에 이의를 제기하는 예가 늘고 있다. 지방화와 세계화의 영향으로 교인들의 사고구조가 관료적인 틀에서 벗어나게 되어 관료적이며 지배적인 중앙집권적 교회구조는 더 이상 교인들에게 매력적이지 못할 것이다.

10. 여성의 교회 정치 참여의 증대

산업사회의 부산물인 분열과 경쟁은 갖가지 차별을 낳게 되었다. 인간과 자연의 차별성, 자본가와 근로자의 차별성, 그리고 남성과 여성의 차별성 등이 그 결과이다. 남성과 여성의 차별성은 그 역사가 산업사회에 와서 시작된 것이 아니라 오랜 역사를 가진다. 더구나 사회에서의 기업이나 교회에서의 정치와 직제는 남성을 위하여 만들어진 것이었다. 이러한 유물이 성차별은 미래 사회에 가서는 극소화하고 여성의 사회참여가 증대될 것이다.

11. 목회 구조의 대변혁

거대한 인간 교류, 속도감의 증대 그리고 정보의 발달 등으로 현재와 같은 목회구조는 사라지고 새로운 목회 구조가 출현할 것이다. 미래 교회에 적응하는 목회 구조를 다음과 같이 예측한다.

1) 성장 구조에서 성숙 구조로

한국 교회는 일반적으로 성장 구조를 택하고 있다. 미래형 교회인 메타교회를 위해서는 구역 조직이 필요하지만 미래 교회의 구역은 종래의 구역과는 다른 기능을 가질 것이다. 즉 지금까지의 구역은 성장을 위한 구조로서 교인들에게 연대감을 심어주며 실종교인을 방지하기 위한 기능이 강조되었으나 미래 교회는 이보다 평신도의 훈련이 강조될 것이다. 왜냐하면 미래 교회는 성장 위주의 구조가 아니라 성숙 위주의 교회로 개혁되어야 미래 사회가 요구하는 교회가 될 것이기 때문이다.

2) 개인 목회에서 팀 목회로

미래 사회의 또 다른 변화의 하나는 다양성의 극대화이다. 그러므로 미래 교회는 다양성을 포용해야 하며 동시에 통일성을 추구해야 하는 이중성을 가지게 된다. 다양한 목회구조 속에서 일치와 통일성을 이루기 위하여 연구 시도되고 있는 것이 팀 목회이다. 이것은 목회자와 평신도가 함께 목회에 참여하는 총체적 개념을 가진다.

3) 블록화 조직

정보화 시대를 맞이하여 인간의 사고 구조는 정보로 변화하고, 지역화 시대를 맞이하여 인간의 사고는 지역화 할 것이다. 이러한 시대를 맞이하여 교회는 교회의 구조를 블록화하고 정보화할 필요가 있을 것이다. 미래 교회의 네트워크는 다양하게 발전할 것이다. 어떤 네트워크는 교단 안에서 형성될 것이고 대부분의 네트워크는 교단이나 교회의 배경에 관계없이 서로의 동일한 목적을 성취하기 위하여 자신의 필요에 따라 네트워크를 형성하고 네트워크에 가입하게 될 것이다. 이미 사람들은 교단을 선택하는 것이 아니라 교회를 선택한다. 이전 시대에서는 교단을 선택하였고 목사를 선택하였다. 그러나 미래 교회에서는 교단이나 목사가 아니라 교회를 선택하게 될 것이다.[223]

---

223) 노승찬, "각 교단의 교회확장 계획의 성과와 전망", [목회와 신학] 93년 7월호

제8장 결 론

지난 세기의 한국교회의 경이적인 성장을 주도한 교회 지도자들의 리더십의 유형은 기리스미적 리더십이라고 할 수 있다. 이제 21세기 초입에서 한국교회는 시대적 변화에 적응하기 위해 지도자들의 새로운 리더십 전환을 모색하고 있다.

오늘 이 시대야말로 사회에서나 교회에서나 탁월한 지도자를 요청하고 있다. "우리 시대에 가장 보편적인 갈급함은 강력하고 창조적인 지도력이다"224)라고 번즈도 말한 바 있다.

새로운 리더십 패러다임을 개발하고 정착시키는 데 있어 초대교회의 가장 위대한 신학자이며 목회자요 지도자였던 바울의 리더십을 연구하는 것은 의미 있는 일이라 할 수 있다.

우리는 급격한 사회변동과 가치관의 혼란, 교회의 정체성 위기와 성장의 위기 앞에서 있다.

지금 우리에게 결단이 필요하다. 지금 내리는 결단은 우리의 미래를 결정할 것이다. "진정으로 결단을 내린다면 우리는 거의 모든 것을 할 수 있다."225)

---

224) James Burns, Leadership (N.Y.: Harper and Row, 1979), p.1.
225) Anthony Robbins, Awaken Yhe Giant Within, 이우성 역, 네 안에 잠든 거인을 깨워라 (씨앗을 뿌리는 사람들, 2002), p.42.

"지도자가 변할 때 조직이 변한다."[226]

지금 21세기 한국사회의 시대적 변화의 주역이 되어야 할 한국 교회가 붙잡아야 할 화두는 '초심으로 돌아가라'는 것이다. 성경으로 돌아가서 성경적 목회와 리더십 패러다임을 재조명하고 리더십의 원리들을 재발견해야 할 것이다.

"크리스천 지도자는 성경에서 하나님께서 계시한 가치 기준, 방법, 동기, 그리고 목표에 기반을 두고 있다. 성경은 크리스천 지도자를 평가하는 유일한 기준이다."[227] 그러나 오늘 "너무도 많은 그리스도인 조직체들이 세상의 경영 철학을 받아들이는 것은 비극이다. 그들은 성경의 원리와 정반대되는 경영철학을 사용하여 하나님의 일을 성취하려고 한다."[228]

사도 바울의 리더십을 지배하는 한 가지 중요한 중심원리는 섬김의 정신이다. 한국 민족은 보편적으로 가족주의, 운명주의, 권위주의, 주정주의, 형식주의와 같은 가치관의 영향을 받고 있다.[229] 그러나 기독교 리더십은 상명하복의 수직적 관계가 아니라 '섬김'의 원리가 지배하는 '섬김의 리더십'이 되어야 한다.

과거의 획일적인 권위주의와 형식주의 리더십만으로는 사회 조직을 통제할 수 없게 되어 가고 있다. 21세기는 과거 어느 때보다도 사회 속의 다양성을 존중하고, 다양성 속의 개인과 조직, 각분야간의 조화를 이루며, 전체의 힘을 결집시키는 통일성을 극대화시켜 유기적인 공동체를 지향하고 있다.

이런 관점에서 볼 때 '섬김의 리더십'은 교회 뿐 아니라 경직된 한국사회가 유연하고 미래 지향적인 사회로 나아가는데 있어서 가장 강력하고 효율적인 리더십의 기능을 수행할 수 있다.

또 한 가지 한국교회는 지금 성장이 멈추고 기독교가 쇠퇴할 위험까지

---

226) John C. Maxwell, Developing The Leader Within You, p.92.
227) Robert Clinton, Op.cit., p.195.
228) Myron Rush, Management: A Biblical Approach (Wheaton: Victor, 1983), p.11.
229) 백완기, 한국의 행정문화 (서울: 고려대학교 출판부. 1982). pp.37-108.

보이고 있다.

이것을 돌파해 나아가는 관건 중에 하나가 기독교 지도자들의 리더십이
다. 지도자가 교회성장에 미치는 영향력을 절대적이다. 교회성장의 중심부
에 바로 지도자가 서 있다. 소명이 확실하고, 전문성이 있으며, 열정이 있
고, 의사소통이 되는 리더십이 필요하다.

성령의 기름부음이 있고, 목자와 종의 심정으로 사람들을 섬기며, 본을
보이는 리더십이 필요하다.

비전이 있고, 목회철학이 있고, 영적인 권위가 있으며 추진력이 있는 리
더십, 은사를 따라 사역하고, 팀으로 사역하며, 상황에 맞는 적절한 리더십
을 사용하는 교회 지도자들이 절실히 요구되고 있다.

프로그램보다는 사람을 더 강조하고, 사람을 이용하기보다는 사람을 계발
시켜 주는데 관심을 가시는 리너십, 어떻게 하는가 보다는 왜 해아 하는가
를 강조하며, 방법도 강조하지만 원리를 더 강조해서 가르치는 리더십이 요
구되고 있다.

만일 한국교회와 지도자들이 깨어서 이러한 원리와 방법들을 실천하게 되
면 교회는 다시 하나님의 영광, 교회의 영광, 그리스도인의 영광을 비추고
보여주는 구원의 방주로 우뚝 서게 될 것이다.

참고문헌(Reference)

1. 영문저서

Charles Spurgeon, All-Round Ministry (penn: Banner of Truth, 1972)

Charles Swindoll, Leadership (waco: word, 1985)

Chua Wee Hian, The Making of a Leader (Downers Grove: IVP, 1987)

James Burns, Leadership (N.Y.: Harper and Row, 1979)

Jay E. Adams, The Pastoral Life (Baker, 1975)

John Kirkpatrick, A Theology of Servant Leadership (Passadena: Fuller Theological Seminary, 1988)

John W. Gardner, The Heart of the Matter: Leader-Constituent Interaction(Washington D. C.: Independent Sector, 1986)

Myron Rush, Management: A Biblical Approach (Wheaton: Victor, 1983)

Thomas Peters and Robert Waterman, In Search of Excellence (N.Y.: Warner, 1982)

Warren Benniss and Burt Nanus, Leaders: The Strategies for Taking Change (N.Y.: harper & Row, 1986)

2. 한국어 저서

김남용, 목회자의 리더십 개발전략 (그리심, 2004), pp.107-109.

김명훈, 심리학개론 (박영사, 1986)

김세윤, 예수와 바울 (참말, 1993)

김종열, 한국교회의 위기와 갱신의 과제 (목회교육연구원)

김학중, 사도 바울에게서 배우는 성공의 법칙 (제네시스21, 2001)

노승찬, 각 교단의 교회확장계획의 성과와 전망 (목회와 신학, 93년 7월호)

명성훈, 교회성장의 영적 차원 (서울말씀사, 1993)

명성훈, 성경 속의 리더십 마스터 키 (국민일보, 2000년)

명성훈, 창조적 리더십 (서울말씀사, 2000)

박형순, "갈라디아서에 나타난 바울의 리더십", 강남대학교 논문집, (제39권,
    2002)

백완기, 한국의 행정문화 (서울: 고려대학교 출판부. 1982)

손병호, 교회 행정학 원론 (서울: 도서출판 그리인, 1984)

신완선, 컬러 리더십, (더난출판사, 2002년)

양창삼, 교회경영학 (엠마오, 1994)

이부영, 분석 심리학 - C. G. Jung의 인간 심성론, (일조각, 1998)

이성희, 미래목회 대예언 (서울: 규장문화사, 1998)

이원규, 한국교회의 전망과 미래

이재철, 회복의 목회 (서울:홍성사, 1998)

정성구, 실천신학개론 (서울: 총신대학출판부, 1980)

정연수, 미래교회의 목회적 대응 (서울: 감리교신학대학원,1996)

최갑종, 바울연구 I (기독교문서선교회, 1993)

황위섭, 크리스챤 리더십 (크리스챤서적, 2004)

황의영, 교회의 직임과 리더십 (서울: 생명의 말씀사, 1993)

21세기 위원회, 미래전망2020년의 한국과 세계
    (서울: 문화공보부, 1993)

3. 한국어 번역서

Anthony Robbins, Awaken Yhe Giant Within, 이우성 역, 네 안에 잠든 거인을 깨워라 (씨앗을 뿌리는 사람들, 2002)

Blaine Lee, The Power Principle, 장성민 역, 지도력의 원칙 (김영사, 1999)

Bob Rosner, Alan Levins, Allan Halcrow, The Boss's Survival Guide, 김은령 역, 최고의 팀을 만드는 리더의 법칙 (청림출판, 2002년)

Charles C. Manz, The Leadership Wisdom of Jesus, 이종인역, 예수의 비즈니스 리더십 (네오북, 2000년)

Chua Wee Hian, Learning to Lead, 권영석 역, 오늘을 위한 성경적 리더십 (서울: 한국기독학생회출판부, 1994)

Cristopher Hodgkinson, The Philosophy of Leadership, 안성호역, 리더십철학 (대영문화사, 1992)

David L. Hocking, Be A Leader People Follow, 김영국 역, 사람이 따르는 지도자 (생명의 말씀사, 1993)

J. Oswald, Sanders, Paul The Leader, 네비게이토출판사 역, 지도자 바울 (서울: 네비게이토, 1987)

J. Oswald Sanders, Spiritual Leadership, 이동원 역, 영적 지도력 (요단출판사, 1996)

James E. Means, Leadership In Christian Ministry. 주상지 역, 그리스도인 사역의 지도력 (서울: 생명의 말씀사, 1991)

John C. Maxwell, Be All You Can Be, 오연희 역, 열매맺는 지도자 (두란노, 1991)

John C. Maxwell, Developing the Leaders Around You, 임윤택 역, 당신 주위에 있는 사람을 키우라 (서울: 두란노, 1999)

John C. Maxwell, Developing The Leader Within You, 강준민 역, 당신 안에 잠재된 리더십을 키우라 (두란노, 1998)

John W. Drane, Paul, 이중수 역, 바울 (두란노: 1991), p.17.

John White, Excellence in Leadership , 이석철 역, 탁월한 지도력 (서울: 한국기독학생회 출판부, 1995)

Lawrence O. Richards, A theory of Church Leadership, 남철수 역 창조적인 교회 지도자 (생명의 말씀사, 1994)

Leroy Eims, Be a Motivational Leader: Lasting Leadership Principles, 번역부 (네비게이토, 1983)

Michael Hammer, The Agenda, 김이숙 역, 아젠다 (한국경제신문사, 2002)

Michael Mazarr, Global Trends 2005, 김승욱 역, 트렌드2005 (작가정신, 2000)

Olan Hendrix, Management for Christion Leaders, 차종율 역, 크리스천 지도자들을 위한 경영관리 (기독교문서선교회, 1994)

Paul Stevens, Phil Collins, The Equipping Pastor, 최기숙 역, 평신도를 세우는 목회자 (서울: 미션월드 라이브러리)

Robert Clinton, The Making of A Leader, 이순정 역, 영적 지도자 만들기 (베다니, 1997)

Ron P. Simmons, Thad A. Gaebelein, A Question of Character, 김규태 역, 인격의 힘 (이지북, 2000)

Stephen R. Covey, Seven Habits Of Highly Effective, 김경섭 역, 성공하는 사람들의 7가지 습관 (김영사, 2001)

칼 F조지, 성장하는 미래교회 메타교회, 김원주, 명성훈 역 (서울:요단출판사 1997년)

저 자 프 로 필

강 대 영

- 남도답사1번지 강진태생
- 전남대학교 경영대학 경영학과(B. A.)
- 광신대학교 신학과(B. Div.equ.)
- 개신대학원대학교 목회학 석사(M. Div)
- 미국 International Theological Seminary of California 신학박사(Th. D)
- 경영학사 / 문학사 / 사회복지사
- 광신대학교 출강
- 성민대학교 겸임교수

- 저서: 『리더십과 목회 비전』
  『리더십 그리고 비전』
  『교회 경영원론』(근간)
- 논문: 「남북통일을 향한 한국교회의 선교적 과제」
  「성도의 삶과 천국에서의 상급」
  「바울의 리더십 철학과 한국 목회자 비전에 관한 연구」

리더십 그리고 비전

• 초판 인쇄	2005년 8월 1일
• 초판 발행	2006년 8월 1일
• 지 은 이	강대영
• 펴 낸 이	채종준
• 펴 낸 곳	한국학술정보㈜
	경기도 파주시 교하읍 문발리 526-2
	파주출판문화정보산업단지
	전화 031) 908-3181(대표) · 팩스 031) 908-3189
	홈페이지 http://www.kstudy.com
	e-mail(출판사업팀사업부) publish@kstudy.com
• 등 록	제일산-115호.(2000. 6. 19)
• 가 격	25,000원

ISBN   89-534-5556-1 93230 (Paper Book)
        89-534-5557-X 98230 (e-Book)